AF828716

Die Einrede aus dem fremden Rechtsverhältnis.

Eine Untersuchung
auf dem Gebiete des gemeinen, sowie des deutschen und
österreichischen bürgerlichen Rechts

von

Dr. Achill Rappaport,
k. k. Gerichtssekretär

Berlin 1904.
J. Guttentag, Verlagsbuchhandlung,
G. m. b. H.

Vorwort.

Das Problem der Einrede aus dem Rechte des Dritten, das den Kern der folgenden Untersuchung bildet, ist für die Rechtswissenschaft von Rudolf Stammler entdeckt worden.

Nicht, daß es ihr etwa nicht schon vorher bekannt gewesen wäre, war es doch in der Rechtswissenschaft vor Jahrhunderten aufgekommen, von ihr geformt und untersucht worden.

Aber die Zahl der dem Thema ausdrücklich gewidmeten Untersuchungen blieb eine sehr spärliche, ihr Inhalt ein äußerst dürftiger, und mit der letzten ausführlicheren Abhandlung von Herold reißt im Jahre 1859 der Faden der wissenschaftlichen Behandlung ganz ab.

Es ist, als ob der hier gebotenen Aufgabe jede anregende Kraft abgegangen wäre.

Erst als Stammler in seinem „Recht der Schuldverhältnisse" auf das große theoretische Interesse und die praktische Bedeutung des Gegenstandes hingewiesen und ihn in seiner für die Festgabe der Juristenfakultät Halle zu Dernburgs fünfzigjährigem Doktorjubiläum verfaßten Abhandlung mit einer Fülle überaus anregender Gesichtspunkte bearbeitet hatte, begann sich ihm die wissenschaftliche Aufmerksamkeit allgemein zuzuwenden, und man kann seither in jedem Kommentar, in jedem Lehrbuch des deutschen bürgerlichen Rechts, aber auch in monographischen, andern Zielen zugewendeten Arbeiten an einschlägiger Stelle mehr oder minder ausführliche Erörterungen jenes Problems finden.

Trotz dieses regen Interesses an der Frage ist seit Stammler niemand mit einer selbständigen Untersuchung des Problems auf den Plan getreten. Man begnügt sich damit, die Ergebnisse der Untersuchung Stammlers durchaus unselbständig wiederzugeben. Dabei scheint eine hochwichtige Anregung Stammlers gänzlich verloren gehen zu wollen: Stammler hat auf die Verwandtschaft jenes Problems mit dem der Einrede aus dem Rechte gegen den Dritten hingewiesen. Nirgends jedoch findet man eine diesem zweiten Problem gewidmete Betrachtung — wohl, weil Stammler selbst dasselbe aus seiner Untersuchung ausschaltete.

Die vorliegende Arbeit versucht es, indem sie beide Probleme unter der höheren Einheit der „Einrede aus dem fremden Rechtsverhältnis" vereinigt, dem alten Dogma von der Unzulässigkeit solcher Einreden beizukommen.

Daß solches Beginnen auch für die Praxis nicht unersprießlich sein kann, lehrt die im praktischen Rechtsleben nur zu oft gemachte Erfahrung, daß einem Einwand ohne nähere Prüfung seines Inhaltes nur deshalb rechtliche Anerkennung versagt wird, weil man in ihm eine exceptio ex iure tertii zu finden glaubte.

Der Satz „die Einrede aus dem Rechte des Dritten ist unzulässig" hat sich in der Praxis zu einem schädlichen Gemeinplatz entwickelt. Es ist gut, wenn die Praxis daran erinnert und zur Vorsicht gemahnt wird.

Bei Behandlung des Themas sieht man sich sofort und vor allem zu einer Auseinandersetzung mit dem Begriff der Einrede gedrängt, wird von hier unmittelbar zu den Begriffen von Anspruch und subjektivem Recht geführt und steht so unversehens vor den schwierigsten Fragen moderner Rechtslehre.

Hier war — sollte die Arbeit nicht unverhältnismäßig anschwellen — die größte Selbstbeschränkung geboten.

Es wurde daher nur zu dem Begriff der Einrede — auch hier aber nur, insoweit es unumgänglich war — in ausführlicher Erörterung, zu den Begriffen von Anspruch und subjektivem Recht bloß in gelegentlichen Bemerkungen Stellung genommen.

Im übrigen hatte die Erörterung überall vom gemeinen Recht auszugehen, dem ja der Begriff der Einrede aus dem Rechte des Dritten entsprossen ist. Hieran mußte sich auf das natürlichste eine Besprechung der Bestimmungen des neuen deutschen bürgerlichen Rechts schließen, weil dieses den Schlußstein der gemeinen Rechtsentwicklung bildet und weil gerade das hier zu behandelnde Problem durch dieses Recht um eine Reihe interessanter, neuer Erscheinungen — es sei hier nur auf § 986 verwiesen — bereichert worden ist.

Nun erst konnte zur Erörterung des österreichischen bürgerlichen Rechts übergegangen werden. Ist das österreichische allgemeine bürgerliche Gesetzbuch so in der Systematik dieser Arbeit an die letzte Stelle verwiesen, so steht es in Bezug auf seine Bedeutung für das Problem durchaus gleichwertig neben dem deutschen Civilgesetzbuch, bewährt sich doch auch hier wieder seine treffliche Kürze, seine große Elastizität, welche es ermöglicht, alle von der modernen Rechtswissenschaft hier aufgeworfenen Fragen aus dem Gesetze zu lösen.

Ob es den hiermit der Öffentlichkeit übergebenen Ausführungen gelingen wird, das Dogma von der Unzulässigkeit der Einrede aus dem Rechte des Dritten umzustoßen? . . . . Ihre Mission wird erfüllt sein, wenn es ihnen gelingen sollte, den Glauben an seine Unfehlbarkeit zu erschüttern.

Czernowitz, im März 1904.

Der Verfasser.

Inhaltsverzeichnis.

Seite

I. **Das Problem** . . . . 12—17

Seine historische Überlieferung S. 12—16. — Plan der Untersuchung S. 16, 17.

II. **Der Begriff der Einrede** . . . . 18—35

Seine Stellung zum Begriff des gehemmten Anspruchs S. 18, 19, — zum Begriff des suspensiv bedingten Rechtes S. 20, — zum Begriff des „Kannrechtes“ S. 20-29. — Die rechtsverfolgende Einrede S. 29—32. — Die rechtsverteidigende Einrede S. 32—35.

III. **Kasuistik** . . . . 36—231

A. Bürgschaft . . . . 36—72

Der Satz: Die Einreden des Hauptschuldners stehen dem Bürgen zu S. 36, 37. — Die Prinzipien der Bürgenhaftung im römischen Recht: Das Prinzip der Accessorietät S. 37—42. — Das Prinzip der Identität S. 42—46. — Das Prinzip des zu vermeidenden Regresses S. 46—49. — Das historische Verhältnis zwischen Accessorietäts- und Regreßprinzip S. 49, 50. — Ausschließlichkeit des Regreßprinzips? S. 50—54. — Konstitut und Mandat S. 54, 55. — Die Theorie von Mitteis für den Einredenübergang S. 56—58. — Die Theorie von Geib S. 58—62. — Eigene Ansicht S. 63—67. — Gesetzgeberische Behandlung S. 68—72.

B. Succession . . . . 72—115

Der Begriff der Succession S. 72—77. — Seine Anerkennung im Gesetz S. 77—80. — Die Einreden aus dem früheren Rechtsverhältnis, und zwar: Allgemeines S. 81—83. — Anspruchsverneinende Einreden S. 83, 84. — Rechtsverfolgende

Seite

Einreden: bei der Cession S. 84—91, — bei der Schuldübernahme S. 91—93. — Die Einreden aus dem Rechtsverhältnis zwischen dem ausscheidenden und dem neu eintretenden Obligationssubjekte, und zwar: Bei der Cession, Allgemeines S. 93, 94. — Anspruchsverneinende Einreden, insbesondere der Einwand der Simulation S. 94—100. — Rechtsverfolgende Einreden S. 101—102. — Bei der Schuldübernahme, Allgemeines S. 102—104. — Schuldübernahme durch Expromission, Anspruchsverneinende Einreden S. 104—106. — Rechtsverfolgende Einreden S. 106—109. — Schuldübernahme durch Vertrag mit dem Gläubiger S. 109—111, — durch dinglichen Vertrag zwischen Ur- und Neuschuldner S. 111—113. — Österreichisches Recht S. 113—115.

C. Delegation und Anweisung . . . . . . 115—134

Begriff der Delegation S. 115—118. — Delegation und Succession S. 118, 119. — Mechanismus der Einredewirkung bei der titulierten Delegation S. 120, 121. Römisches Recht S. 121—131. — Erklärung des Einredenüberganges S. 131—134.

D. Verträge zu Gunsten Dritter . . . . . . 134—151

Fragestellung und Begriff S. 134, 135. — Der Anspruch des Begünstigten S. 136—138. — Die Einreden des Promittenten: Im Allgemeinen S. 139, 140. — Anspruchsverneinende Einreden S. 141. — Rechtsverfolgende Einreden S. 142—145. — Österreichisches Recht S. 145—150. — Ergebnis S. 151.

E. Ansprüche mit identischem Zweck . . . . . 151—193

Typen derselben und ihre Abgrenzung S. 151—155. — Die Gleichheit ihrer Formel mit jener der Anspruchskonkurrenz S. 155. — Die Theorien der Anspruchskonkurrenz S. 155—166. — Der Zweck im Anspruch S. 166—170. — Ansprüche mit einem in ihren Begriff aufgenommenen ökonomischen Zweck S. 170—180. — Ihre Bedeutung für die Anspruchskonkurrenz S. 180—182. — Ihre Abgrenzung gegen die Ansprüche auf ein Tun S. 182--184. — Die Bedeutung der Zweckerfüllung für den konkurrierenden Anspruch S. 184, 185. — Ihre Stellung im System S. 185—188. — Abgrenzung gegen das Phänomen der compensatio lucri cum damno S. 188—192. — Ihre Beziehung zum Begriffe der exceptio ex iure tertii S. 192, 193.

Seite

F. **Ansprüche auf Rückstellung einer Sache** . . . . 194—231

Der obligatorische Anspruch als Einrede S. 194—196. — Seine Behandlung in § 986 BGB. S. 196—198. — Die Einreden des Besitzers gegenüber dem neuen Sacherwerber S. 198—201. — Die Einreden des unmittelbaren Besitzers aus dem Recht des mittelbaren bei befugter S. 202—206, — bei unbefugter Überlassung des Besitzes an den Dritten S. 206—210. — Analoge Fälle S. 210—212. — Die Berufung auf ein eigenes dingliches Recht gegenüber obligatorischer Rückgabepflicht S. 212—215. — Berufung auf ein Recht des Dritten gegenüber obligatorischer Rückgabepflicht S. 215—217. — §§ 556 Abs. 3 und 604 Abs. 4 BGB. S. 217—222. — Österreichisches Recht S. 222—229. — Der Ersatzanspruch wegen Verwendungen S. 229—231.

IV. **Bedeutung und Kritik des Satzes: „Die Einrede aus dem Rechte des Dritten ist unzulässig und nur ausnahmsweise zulässig"** . . . . 232—274

Die richtige Fragestellung, Ausscheidung unechter Anwendungsfälle, Einrede aus dem fremden Rechtsverhältnis S. 232—236. — Auflösung des Satzes in die beiden richtigen Sätze S. 236—239. — Kritik der Kasuistik, der Mechanismus der anspruchsverneinenden Einrede aus dem fremden Rechtsverhältnis S. 239—249. — Die richtige Kasuistik S. 250—263. — Die rechtsverteidigende Einrede als Einrede aus dem fremden Rechtsverhältnis S. 264—268. — Die einredeweise Verfolgung fremder Rechte S. 268—273. — Kritik des Leitsatzes und Schlußergebnis S. 273, 274.

Abkürzungen.

A. BGB.: Österreichisches Allgemeines Bürgerliches Gesetzbuch.
BGB.: Bürgerliches Gesetzbuch für das Deutsche Reich.
Gl.U.: Die Glaser-Ungersche Sammlung von civilrechtlichen Entscheidungen des k. k. obersten Gerichtshofes, gegenwärtig herausgegeben von Pfaff, Schey und Krupsky.
Mot.: Motive zum Bürgerlichen Gesetzbuch für das Deutsche Reich.
Die Pandekten Windscheids sind nach der 8. von Kipp besorgten Auflage, Kipps Zusätze zu derselben als „Zusätze", die Pandekten Dernburgs nach der 6. von Biermann besorgten, die von Brinz nach der 2. Auflage des Corp. jur. civ. nach der Krüger-Mommsenschen Ausgabe citiert.

Berichtigungen.

Es wird um die Berichtigung nachstehender sinnstörender Druckfehler gebeten, die sich infolge der Entfernung des Druckortes vom Ursprungsorte dieses Buches eingeschlichen haben:

S. 27 Anm. 3 a. E. lies: (vgl. unten S. 70 Anm. 6) statt unten S. 69 Anm. 7.
S. 37 Z. 18 lies: Aussprüchen statt Ansprüchen.
S. 42 Anm. 2 lies: S. 58 f. statt S. | .
S. 69 Z. 14 lies: muß statt muß".
S. 77 Anm. 3 lies: Danz statt Daup.
S. 84 Z. 16 ist das Wort: „eintreten" fortzulassen.
S. 128 Z. 8 lies: Ungiltigkeitsgrundes statt Ungiltigkeitsgrades.
S. 159 Z. 1 lies: ziehen statt zuziehen.
S 170 Z. 7 von unten lies: Verwendung statt Vermerkung.
S. 171 Z. 6 von unten lies: teuereren statt teueren.
S. 178 Z. 3 von unten lies: Bedürfnisse" statt Bedürfnisse.
S. 194 Anm. 2 (der vorigen Seite) Z. 11 von unten lies: entstand in der . . . statt . . . entstand der.
S. 243 Anm. 2 Z. 9 von unten lies: zulässig" statt zulässig.

„Bei einer Menge von Erscheinungen glaubt man Ähnlichkeit mit einander wahrzunehmen und gibt darum allen denselben Namen, weit entfernt angeben zu können, worauf die Ähnlichkeit beruhe oder wo sie aufhöre. So besteht der Name zunächst für einen Begriff ohne Anfang und Ende, d. h. für einen Nichtbegriff . . . .“

Bekker, Aktionen S. 97 Anm. 5.

I. Das Problem.

1.

Es besteht „eine latente Tradition der Juristen: exceptio ex iure tertii non datur — jedoch mit Ausnahmen".

Mit diesem lapidaren Satz kennzeichnet Stammler in seiner Abhandlung über „die Einrede aus dem Rechte eines Dritten" [1]) in unübertrefflich scharfer Weise den Stand der Frage.

Eine latente Tradition! Eine Juristengeneration übernahm den Satz unbesehen und ungeprüft von der andern, ohne daß es jemandem auch nur entfernt eingefallen wäre, den Satz einer Prüfung auf seine Richtigkeit zu unterziehen. Man begnügte sich damit, für seine „Ausnahmen" mehr oder minder einheitliche Erklärungen zu suchen. Es ist dies um so auffallender, als man es hier keineswegs mit einem von den römischen Juristen formulierten und von ihrer Autorität getragenen Dogma zu tun hatte.

Den Römern war der Satz fremd. Seine „Ausnahmen" waren ihnen wohl bekannt — aber nicht als „Ausnahmen". Wo die Gestaltung der Rechtsverhältnisse die Berufung auf Einreden eines Dritten ermöglichte, dort behandelten die Römer die Einreden dieser Art unbefangen als zulässig, und sie verstanden es, ihre Anwendbarkeit mit bewundernswürdigem Feinsinn, nach den verschiedenen Nuancen eines Falles, aus den Gesichtspunkten der Billigkeit, der richtigen Interessenausgleichung, aus dem juristischen Gefüge der Verhältnisse zu bestimmen. Daß sie dabei das Bewußtsein gehabt hätten, Ausnahmen von einem großen, durchgreifenden Prinzip zu formulieren,

[1]) Hallenser Festgabe für Dernburg, 1900.

ist ihren Entscheidungen nirgends zu entnehmen. — Wie richtig sie auch hier wieder einmal fühlten, wird sich am Schlusse ergeben, wenn bewiesen sein wird, daß jenes „Prinzip" durch und durch falsch ist.

Es war den Postglossatoren vorbehalten, den Satz zu entdecken.

In l. 6 C. 6. 1 wird davon gesprochen, daß jemand gegenüber dem Anspruch auf Rückstellung eines entflohenen Sklaven Eigentum am Sklaven einwendet. Die Glosse warf hier die Frage auf, ob es sich um die Einwendung des Eigentums nur des Beklagten oder auch eines Dritten handle und beantwortete sie dahin, es habe auch das Eigentum des Dritten eingewendet werden können.[1])

Auf diesen Satz der Glosse scheint dann die Behauptung gestützt worden zu sein, man könne auch das Recht des Dritten einwenden.

Dagegen richtet Baldus seinen Angriff. Er stellt den Satz auf: „de non suo iure nemo potest excipere" und beruft sich zu seiner Rechtfertigung auf l. 4 § 7 D. 8. 5.: Jemand, dessen Haus mit der servitus altius non tollendi zu Gunsten des einen Nachbars belastet ist, wird von einem andern Nachbar am Höherbauen gehindert. Ulpian erklärt solche Hinderung für unberechtigt: „licet enim serviant aedes meae, ei tamen cum quo agitur non serviunt".

Baldus führt zur Begründung seines Satzes an: „nam ius tertii, nemo potest intentare, nec in iudicium deducere sine mandato. Si lex diceret contrarium esset lex fatua. Und nun wird eine Reihe von Gründen angeführt, welche alle auf den Gedanken zurückgehen, daß niemand ohne weiteres legitimiert sei, Rechte eines Dritten geltend zu machen. Dazwischen wird auch mangelndes Interesse als Grund der Unzulässigkeit angegeben. So wird ausgeführt:

1. Nam si posset intentare, ergo succumbendo praeiudicaret iuri alterius, quod esset absurdum.

---

[1]) So nach dem Referate des Baldus: In sextum Codicis librum Commentaria, Venetiis 1586. ad l cit. Die Glosse selbst sagt ebenso einfach als richtig: ad. verb. opponit: dicens, quod sit suus, vel non sit petentis.

2. Item excipiens dicitur agens. Sed agens non potest intentare ius tertii, ergo non excipiens.

3. Item non interest opponentis. Ergo non debet audiri, quia in opponente requiritur interesse.

4. Item exceptio, quae non adiuvat excipientem, non debet audiri: . . . exceptio de iure tertii non favet excipienti. ergo non debet admitti tamquam impertinens.

5. Item in opponendo de iure tertii requiritur mandatum, cessio vel successio, ergo alias opponi non potest.

Bei Bartolus [1]) finden wir den Satz unter Hinweis auf Baldus bereits als Axiom aufgestellt, und so hatte die Behauptung, de iure tertii nemo excipere potest, ihren Einzug in die Rechtswissenschaft gehalten mit dem festzuhaltenden Grundgedanken, es handle sich dabei um ein Recht des Dritten, dessen sich ein anderer nicht bedienen könne, ohne es erworben zu haben oder zu seiner Geltendmachung ermächtigt zu sein.

Der Nächste, bei dem wir ausführlichere zusammenhängende Erörterungen über die exceptio ex iure tertii finden,[2]) der Wittenberger Professor Zanger,[3]) der unmittelbar auf jenen beiden Postglossatoren fußt, unternimmt es nicht mehr im entferntesten, den Satz näher zu prüfen, den er vielmehr als selbstverständliche Regel an die Spitze seiner Erörterungen stellt:

„Sit ergo regula negativa, ius tertii ad excipiendum non prodesse."

Gegenstand der Untersuchung ist blos „an" (regula) „in aliquo elidetur et suum officium perdat".

Und so ist es geblieben bis auf die neueste Zeit.[4]) Der Satz

---

[1]) In seinem Kommentar ad l. 2 D. 44. 2.

[2]) Über die Note des Gothofredus ad l. 18 § 1 D. 10. 2: „Excipere de iure tertii neminem posse hinc colligunt" s. Stammler a. a. O. S. 7 f. Die Stelle wird schon bei Baldus (a. a. O.) als Beispiel einer unzulässigen exceptio ex iure tertii angeführt.

[3]) Tractatus de exceptionibus (1598) P. III c. 26 u. 212 sqq, 232 sqq.

[4]) Vgl. die bei Stammler Citt. (zu denen noch Mühlenbruch, die Lehre von der Cession der Forderungen, 3. Aufl. S. 602, zu nennen wäre). Das

wird nicht weiter untersucht,[1]) die Aufmerksamkeit wendet sich sofort den Ausnahmen zu. Der Fehler lag dabei nicht darin, daß die „Ausnahmen" zum vornehmsten Gegenstand der Untersuchung gemacht wurden, da vielmehr — wie sich ergeben wird — nur solche Forschungsweise in unserer Frage zum Ziele führt. Er lag vielmehr darin, daß man die Ergebnisse dieser Untersuchung der Ausnahmsfälle nicht zur kritischen Nachprüfung des Satzes verwendete, daß man die „Ausnahmen" auch zuletzt noch als Ausnahmen von dem Satze betrachtete, den man unantastbar an der Spitze hatte stehen lassen.

Den Weg zur richtigen Lösung hat neuestens Stammler dadurch angebahnt, daß er — allerdings nur als einheitlichen Erklärungsgrund für die „Ausnahmen" — in der besonderen Verknüpfung der Ansprüche das lösende Moment sah. Stammler hat seine Untersuchung absichtlich dadurch in doppelter Hinsicht beschränkt, daß er sie nur auf das Gebiet des Bürgerlichen Gesetzbuchs für das Deutsche Reich einengte und die Erscheinungen der sog. Einrede aus dem Rechte gegen den Dritten bei Seite ließ.[2]) [3])

---

im Text Gesagte gilt insbesondere von der einzigen umfangreicheren Erörterung unseres Problems vor Stammler durch Herold in Gruchots Beiträgen III (1859) S. 361 ff. Herold ist bei seiner Untersuchung von einem richtigen Gefühl geleitet, welches ihn in nahezu allen von ihm erörterten Ausnahmsfällen zu dem Resultate führt, es liege gar keine exceptio ex iure tertii vor. Sehr natürlich! Ist es doch eigentlich immer nur die eine Einrede, der fremde Anspruch bestehe nicht zu Recht, welche hier gegeben ist, und keineswegs das Vorschützen eines Rechtes des Dritten. Herold findet das Richtige jedoch nicht, vielmehr steht er mit seinem Endergebnis, es handle sich bei der exceptio ex iure tertii um eine Frage der Sachlegitimation, vollständig auf dem Boden der überlieferten Lehre.

[1]) Auch der Praxis erschien der Satz als ein unumstößliches „Axiom". So finden wir bei Mevius, Deciss. P. V Nr. 33 die Berufung auf das „vulgatum iuris axioma, exceptionem de iure tertii non proficere".

[2]) a. a. O. S. 12.

[3]) An weiteren selbständigen Erörterungen unseres Problems fehlt es vollständig. Wo sich Erörterungen im Zuge anderer Untersuchungen mit unserem Problem befassen, folgen sie bedingungslos den Stammlerschen Deduktionen. So Langheineken, Anspruch und Einrede, S. 288 ff., siehe

Eine endgiltige Lösung des Problems ist aber u. E. nur zu erreichen, wenn alle irgendwie damit zusammenhängenden Erscheinungen in die Untersuchung einbezogen werden.

2.

Die hiermit unternommene Untersuchung knüpft also an den alten Satz der Postglossatoren an: „Die Einrede aus dem Rechte des Dritten ist unzulässig". Ihn will sie prüfen, in seinen begrifflichen Grundlagen untersuchen, sein Anwendungsgebiet abstecken, für seine „Ausnahmen" (falls sie sich als solche auch zum Schluß noch erweisen sollten) womöglich einen einheitlichen Ausdruck finden.

Eine kritische Beschäftigung mit diesem Satze ergibt jedoch gar bald, daß die Erscheinungen, als deren Ausdruck er bis in die jüngste Zeit betrachtet wurde, sich keineswegs restlos unter den Begriff der Einrede aus dem Rechte *des Dritten* bringen lassen, daß vielmehr auf manche von ihnen der Begriff der Einrede aus dem Rechte *gegen* den Dritten paßt.

Während nun Stammler — wie erwähnt — in seiner Bearbeitung unseres Problems seine Aufgabe absichtlich auf die Einrede aus dem Rechte *des Dritten* beschränkte,[1]) halten wir es für ersprießlicher, von einem gemeinsamen Oberbegriff aller dieser Erscheinungen auszugehen, den wir in dem Begriff der *Einrede aus dem fremden Rechtsverhältnis* gefunden zu haben glauben. Die Begründung für Konstruktion und Ausdruck kann allerdings erst am Schlusse bei Zusammenfassung der Ergebnisse aus der Prüfung der einschlägigen Erscheinungen gegeben werden. Es ist nämlich eine Eigentümlichkeit unseres Themas, welche in seiner Dogmengeschichte deutlich hervortritt, daß es die Erörterung eines umfangreichen kasuistischen Materials

namentlich S. 289 Anm. 1. Endemann, Lehrbuch des bürgerlichen Rechts I (8. Aufl.) § 88. Ferner Jung, die Bereicherungsansprüche und der Mangel des rechtlichen Grundes (1902) Anm. 140. — In neuester Zeit hat Martin Wolff in der Festgabe der Berliner juristischen Gesellschaft für Richard Koch (1903) den hochinteressanten in unser Problem einschlagenden § 986 BGB. geistvoll, jedoch mit wenig glücklicher Polemik gegen Stammler behandelt.

[1]) Hallenser Festgabe für Dernburg (1900) § 4.

notwendig macht, und diese Eigentümlichkeit drängt zur induktiven Behandlung des Stoffes, so daß die Aufstellung und Rechtfertigung einer abschließenden Formel erst nach Prüfung jenes Materials zu unternehmen ist.

Andererseits steht ein bestimmtes Dogma zur Prüfung, welches von einem Rechtsgebilde bestimmter Art eine Aussage macht. „Die Einrede aus dem Rechte des Dritten ist unzulässig" klingt wie eine sich notwendig aus dem Begriffe der Einrede ergebende Wahrheit. Wollen wir demnach diese Aussage von dem Begriffe der Einrede auf ihre Richtigkeit prüfen, so stehen wir zunächst vor der Notwendigkeit, zum Begriffe der Einrede präzise Stellung zu nehmen.

Es ergibt sich daraus eine natürliche Dreiteilung der Untersuchung. Es ist vorerst der Begriff der Einrede, wie ihn die Untersuchung zur Grundlage nimmt, festzustellen, sodann an dem durch Dogmengeschichte und Praxis gelieferten Material die Anwendung und Anwendbarkeit des Satzes und seiner Ausnahmen zu untersuchen, und auf dieser Grundlage eine Kritik jenes Satzes zu geben, eventuell eine an seine Stelle zu setzende richtigere Formel zu suchen.

II. Der Begriff der Einrede.

1.

In dem fast hundertjährigen Zeitraum zwischen der Abfassung des österreichischen allgemeinen bürgerlichen Gesetzbuches und jener des bürgerlichen Gesetzbuches für das Deutsche Reich hat sich über den Begriff der materiellrechtlichen Einrede ein tiefer Gegensatz der Meinungen herausgebildet, der auch mit der deutschen Kodifikation keine Ausgleichung gefunden hat, obzwar die deutschen Redaktoren bestrebt waren, einem bestimmten Einredebegriffe gesetzliche Anerkennung zu verschaffen.

Über jene Art der Verteidigung des Beklagten, welche in bloßer Leugnung des Klagsvorbringens oder in dem Hinweis auf rechtshindernde oder rechtsvernichtende Tatsachen besteht, ist man freilich so ziemlich einer Meinung; dagegen besteht jener Gegensatz in größter Schärfe bezüglich des Begriffes der sog. „technischen Einrede", der „Einrede im engeren Sinne".

Hier soll nach Ansicht der einen ein selbständiges Recht des Beklagten vorliegen, wesensgleich mit der römischen exceptio (Dernburg, Pand. I. § 137), ein Gegenrecht (Birkmayer, Die Exceptionen im bonae fidei iudicium S. 298, Fischer, Recht und Rechtsschutz S. 103, Dernburg a. a. O., Crome, System des deutschen bürgerl. Rechts, I. (1900), § 36), ein „negatives" Recht (Bekker, Pand. § 28, Aktionen II. S. 299 f., Zeitschr. d. Savigny-Stiftung, rom. Abt. XV. S. 205 u. das. Anm. 1), „ein Abwehrrecht" (Friedenthal, Einwendung und Einrede S. 10), während nach Ansicht der anderen auch die technische Einrede in bloßer Verneinung der Existenz des erhobenen Anspruches bestehen soll. Diejenigen, welche der Einrede den Charakter eines Rechtes beilegen, behaupten weiters, sie hebe die Existenz des ihr gegenüberstehenden Anspruches nicht auf, sondern hemme blos den an sich gültigen Anspruch in seiner Wirksamkeit, wogegen die Anderen den

Begriff des dauernd gehemmten Anspruches als widerspruchsvoll und logisch unhaltbar verwerfen.[1])

Ihre schärfste Formulierung hat die zweite Ansicht durch Lenel gefunden, der aussprach:

> „Die Idee eines existierenden und doch rechtlich unwirksamen Rechts enthält eine contradictio in adjecto und ist daher durchaus und überall zu verwerfen."[2])
>
> „Das exceptionsmäßige Recht ist kein Recht"[3]) . . . „es gibt nur eine Art materiellrechtlicher Verteidigung: Verneinung der Existenz des erhobenen Anspruchs."[4])

Die Redaktoren des Bürgerlichen Gesetzbuches für das Deutsche Reich haben sich in diesem Streite auf die Seite der Verfechter des Rechtscharakters der Einrede gestellt, und die Einrede ausdrücklich als Recht konstruiert, die Leistung zu verweigern.[5]) Es hat sich aber, wie natürlich,[6]) die gesetzliche Formulierung gegenüber der wissenschaftlichen Analyse machtlos erwiesen, und es besteht der Kampf der wissenschaftlichen Meinungen in unverminderter Stärke weiter.

Inzwischen haben aber die Ansichten auch eine Klärung und Vertiefung erfahren, einerseits durch die grundlegenden Forschungen von Leonhard[7]) und Mitteis[8]) auf dem Gebiete der Ungiltigkeitslehre, andererseits durch die erhöhte wissenschaftliche Aufmerksamkeit, welche neuestens den sogen. „Rechten des rechtlichen Könnens" zugewendet wird.

1) Vgl. die Übersichten bei Thon in Iherings Jahrb. XXVIII. S. 37 ff. und Windscheid-Kipp, I., § 47 Anm. 1.

2) „Über Ursprung und Wirkung der Exceptionen" (1876) S. 104 f., s. neuestens trefflich Kipp, „Rechtswahrnehmung und Reurecht" in der Festgabe der Berliner juristischen Gesellschaft für Richard Koch (1903) S. 133 f.

3) a. a. O. S. 112. 4) a. a. O. S. 137.

5) Kipp, Zusätze I. S. 180 ff., Langheineken, Anspruch und Einrede S. 44 II. ff., Kipp, Rechtswahrnehmung und Reurecht S. 131.

6) Schon Lenel hat es ausgesprochen (a. a. O. S. 105 f.), daß der Versuch des Gesetzgebers, die juristische Logik in die Fessel einer gesetzlich die Einrede als Recht und damit die Möglichkeit des gehemmten Anspruches proklamierenden Formel zu schlagen, scheitern müsse. Und ähnlich neuestens Kipp, Zusätze I. S. 182.

7) Der Irrtum bei nichtigen Verträgen (1883).

8) „Zur Lehre von der Ungiltigkeit der Rechtsgeschäfte" in Iherings Jahrb. XXVIII. S. 85 ff.

2.

Leonhard und Mitteis haben die Vielgestaltigkeit der sich unter dem gemeinsamen Namen der Ungiltigkeit bergenden Bildungen aufgedeckt, Mitteis insbesondere hat auf die „Exceptionsmäßigkeit“ als eine besondere, den Obligationen eigene Ungiltigkeitsform hingewiesen, die er als „das nicht vollgiltige, sondern bedingte, keimende Forderungsrecht“[1]) bezeichnet. Die Bedingung der Giltigkeit des Forderungsrechtes ist ihm eine suspensive und liegt in dem Verzicht auf die Exceptio.[2]) Stimmt diese Lehre auf das beste mit der Wirkungslosigkeit peremtorisch einredemäßiger Forderungen, mit der Kondizierbarkeit einer auf sie geleisteten Zahlung,[3]) mit dem Ausschluß des Verzuges, des Verfalles einer Vertragsstrafe[4]) überein, so ist es doch mißlich, den Verzicht auf einen Ungiltigkeitsgrund, also einen Ausnahmsfall, zu einem notwendigen Element des Begriffes zu machen. Man könnte ebenso das unvollendete Geschäft durch die Setzung des fehlenden Tatbestandselementes bedingt sein lassen. Und wie ist es, wenn nicht eines, sondern mehrere solcher Elemente fehlen? Wo ist hier die Grenze?

3.

Auf der anderen Seite ist die Einrede auf ein sog. „Kannrecht“ zurückgeführt worden,[5]) allerdings zunächst nur für den Bereich des deutschen bürgerlichen Gesetzbuches, doch tritt die Lehre mit einem über dieses Rechtsgebiet hinausreichenden Geltungsanspruch auf, wie ja überhaupt mit der Festlegung des Einredebegriffes im BGB. nichts Neues eingeführt, sondern nur Bestehendes gesetzlich bekräftigt werden sollte.[6])

Mit der Fassung der Einrede als „Kannrecht“ ist auch die Annahme eines durch die Einrede dauernd gehemmten Anspruchs[7]) wieder aufgetaucht. Wider diesen Begriff[8]) läßt sich nun nichts Besseres sagen,

---

[1]) a. a. O. S. 139. [2]) a. a. O. S. 133.

[3]) Mitteis, a. a. O. S. 133.

[4]) Kipp, Rechtswahrnehmung und Reurecht S. 137, s. jedoch Langheineken a. a. O. S. 353.

[5]) Langheineken, Anspruch und Einrede S. 43 und die dort in Anm. 2 u. 3 Citt.

[6]) Kipp, Zusätze S. 180 ff.

[7]) Langheineken a. a. O. S. 46 ff.

[8]) Vgl. über diesen insbesondere Wendt, Pandekten § 96.

als dawider von Lenel,[1]) Thon [2]) u. a., neuestens von Kipp[3]) bereits vorgebracht wurde. Hier mag noch folgendes Bedenken Platz finden: Die Formulierung des „Einrederechtes" ergibt nur dann eine Sonderbedeutung, wenn man seine Wirkung an die Ausübung, an die Geltendmachung der Einrede knüpft, und zwar ob man das „Einrederecht" nun im Sinne der früheren oder im Sinne der modernen Lehre vom Kannrecht faßt.

In der bekannten Streitfrage, ob das Wesen des subjektiven Rechtes in dem rechtlich geschützten Genusse oder in der dem einzelnen zu seiner Realisierung verliehenen Macht bestehe, scheint die zweite Meinung mit Fug den Sieg davonzutragen. Es hat insbesondere Zitelmann, dem wir die bedeutsame Scheidung der subjektiven Rechte nach den Gesichtspunkten des rechtlichen Sollens, Dürfens und Könnens verdanken, das Wesen des subjektiven Rechtes in einer Macht erblickt, die speziell beim „Kannrecht" den Charakter einer „Macht über eine Rechtswirkung" habe.[4])

Dies ist richtig, doch möchten wir hinzusetzen: „Unmittelbare Macht über eine Rechtswirkung."

Es ist die Frage nach dem Gegenstande des Kannrechtes, die hier berührt wird, auf deren Schwierigkeit neuestens Seckel[5]) treffend hingewiesen hat. Es sei gestattet, den obigen Zusatz zur Definition Zitelmanns an einem Bilde zu erläutern und zu rechtfertigen:

Die vom Rechte gewährte Macht ist eigentlich in letzter Linie immer die Macht über eine Rechtswirkung. Auch die Rechte des rechtlichen Sollens, sowie jene des rechtlichen Dürfens laufen in eine solche aus. Der Unterschied liegt aber u. E. in folgendem: Bei den Rechten des rechtlichen Sollens und des rechtlichen Dürfens ist der Zwangs-

---

[1]) a. a. O. S. oben S. 19.

[2]) Rechtsnorm und subjektives Recht S. 264.

[3]) „Rechtswahrnehmung und Reurecht".

[4]) Internationales Privatrecht, Bd. II. S. 45, s. auch S. 34 f. u. S. 43.

[5]) Festgabe der Berliner juristischen Gesellschaft für Richard Koch (1903) S. 214 unten. Er prägt für Rechte dieser Art den Ausdruck „Gestaltungsrechte", dessen Begriff sich mit jenem der Kannrechte Zitelmanns jedoch nicht ganz decke. S. 209 bei und in Anm. 4. Gerade die „Einrederechte" schaltet Seckel — u. E. zutreffend — aus. Er charakterisiert sie als „nur den einzelnen Akt der Geltendmachung paralysierende Hemmungsrechte" (S. 209 Anm. 1), womit wir allerdings auch nicht einverstanden sind.

apparat des objektiven Rechtes, die Rechtsmaschine, zu Gunsten bestimmter Personen bereits in Tätigkeit. Der Berechtigte hat den dirigierenden Hebel in der Hand. Er kann die Maschine gegen denjenigen richten, der sich seinem Rechte widersprechend benimmt. Die Ausübung seines Rechtes bewirkt hier nur eine Änderung der bereits früher zu seinen Gunsten vorhandenen und sich in einer Motivation der Andern zu Tun oder Unterlassen äußernden Funktion der Rechtsmaschine.

Beim Kannrecht hat der Berechtigte nicht den dirigierenden, sondern jenen Hebel in der Hand, der die Maschine ein- und ausschaltet. Wer eine ihm gemachte Offerte acceptieren kann, der kann die Rechtsmaschine zu seinen Gunsten in Gang, wer durch einseitige Erklärung ein Rechtsverhältnis zerstören kann, der kann sie zu Ungunsten des Andern außer Gang setzen.

Es ist hier also nicht eine Richtungsänderung der bereits funktionierenden Maschine, sondern eine Ein- oder Ausschaltung derselben überhaupt, vor welcher eine Funktion zu Gunsten des Berechtigten überhaupt nicht besteht. Die Macht über die Rechtswirkung ist hier eine unmittelbare, weil sie sich an der unmittelbar in der Gewalt des Berechtigten befindlichen Maschine äußert.[1])

Jedenfalls ist auch das Kannrecht eine Macht,[2]) die Rechtsnatur des Kannrechtes kann sich folglich nur in seiner Ausübung, in seiner fallweisen, es mit dem einzelnen Akt konsumierenden, Betätigung

---

[1]) Es erklärt sich aus dem Gesagten der Unterschied des im Kannrechte steckenden rechtlichen Könnens, von jenem Können, das immerhin auch im Rechte des Sollens und Dürfens steckt, Seckel S. 209 f., andererseits der Unterschied dieser Rechte von der bloßen Geschäftsfähigkeit. Der Geschäftsfähige, der ein Kannrecht noch nicht hat, hat bloß die allgemeine Möglichkeit, den Hebel der Rechtsmaschine einmal in die Hand zu bekommen. Mit Recht hebt Zitelmann (S. 43) hervor: „Die allgemeine Möglichkeit, durch Errichtung eines Rechtsgeschäftes rechtliche Wirkungen herbeizuführen, eine Möglichkeit, die für jeden geschäftsfähigen Menschen vorliegt, ist noch kein Recht über diese rechtlichen Wirkungen"; s. auch Seckel a. a. O. S. 211.

[2]) Weil es Macht gewährt, ist es ein subjektives Recht. Es muß die Einrede als subjektives Recht gelten lassen, wer sie zu den Kannrechten stellt. A. A. Langheineken, Anspruch und Einrede bei und in Anm. 4 S. 43.

kundgeben. Folglich ergibt die Formulierung des „Einrederechtes“ nur dann eine Sonderbedeutung, wenn man seine Wirkung an die Ausübung, an die Geltendmachung der Einrede knüpft. Dies geschieht aber nicht. Es wird anerkannt, daß das „Einrederecht“ mehrmals ausgeübt werden kann, in dem Sinne, daß die Ausübung ein etwa den Anspruch vernichtendes und deshalb unwiederholbares Moment nicht ist.[1]) Nicht die Ausübung des Rechtes, sondern der Bestand des Einrederechtes ruft also nach dieser Lehre die Hemmung hervor. Der Bestand des Einrederechtes wäre aber eine bloße Tatsache, von rechtshindernden und rechtsvernichtenden Tatsachen nicht in ihrem Wesen, sondern nur in ihrer Wirkung verschieden — eine anspruchshemmende Tatsache. Der mit dem Anspruch Angegriffene, der seine Einrede vorbringt, übt kein Recht aus, denn er bringt — zumindest für den außerprozessualen Bereich[2]) — keine Veränderung in der Rechtslage hervor, er verweist nur auf eine Tatsache: die Hemmung des Anspruches durch sein (des Einwendenden) „Recht“.[3]) Man steht hier also vor einer ähnlichen Situation, wie sie in dem bekannten Musterfall des Gegenüberstehens von Eigentum und Nießbrauch gegeben ist, und alles was wider eine Verwendung dieses Falles als Beleg für die Einrede als Gegenrecht gesagt wurde,[4]) scheint sich auch von dem durch das „Kannrecht“ dauernd gehemmten Anspruch sagen zu lassen. Während aber der Nießbrauch den Rechtscharakter dadurch nicht einbüßt, daß wir ihm die Fähigkeit, ein „Einrederecht“ zu erzeugen, absprechen, entsteht die Frage, worin sich denn der Rechtscharakter des als „Kannrecht“ auftretenden Einrederechtes, abgesehen von der durch seinen Bestand hervorgerufenen Hemmungswirkung, kundgebe. Denn

[1]) Zitelmann, Allgemeiner Teil S. 30 und dazu die Bemerkung Langheinekens, a. a. O. S. 43 Anm. 3, s. darüber Kipp, a. a. O. S. 134 f., Seckel, Die Gestaltungsrechte des Bürgerlichen Rechts, in derselben Festgabe S. 216.

[2]) Daß auch die prozessuale Wirkung der Einrede nicht eine notwendige Folge einer im Vorschützen der Einrede liegenden Rechtsübung ist, darüber s. Kipp a. a. O. S. 133 f.

[3]) Vgl. Hölder im AcPr. (Archiv für die civilistische Praxis) Bd. LXXXXIII. S. 89. „Die Berechtigung zur Verweigerung einer Leistung bedeutet den Ausschluß der Leistungspflicht.“

[4]) Vgl. Thon, Rechtsnorm und subjektives Recht S. 76 ff., Ihering, Jahrb. XXVIII. S. 57 f.

— um es noch einmal zu sagen [1]) — das Kannrecht ist wie jedes subjektive Recht Macht, und die Macht offenbart sich in der Wirkungsfähigkeit des Willens, in der Möglichkeit ihrer fallweisen Betätigung, in der „Ausübung“. Worin besteht die Wirkung der „Ausübung“ des Einrederechtes?

Hier ist nicht an jene materiell-rechtlichen Wirkungen gedacht, die sich an die Tatsache der Ausübung knüpfen [2]) und bei denen es wohl gleichgültig ist, ob die Ausübung im Prozeß oder außerhalb desselben erfolgt, [3]) sondern es wird nach dem Machtinhalt gefragt, der durch die Ausübung zu Gunsten des Einredeberechtigten realisiert wird. Hier wird nun im allgemeinen nur eine Wirkung genannt, und zwar eine prozessuale, bestehend darin, daß die Geltendmachung der Einrede im Prozeß durch die einredeberechtigte Partei Erfordernis für ihre Beachtlichkeit bei der Entscheidung ist. [4]) Denn die für die praktische Bedeutsamkeit der Annahme eines Einrederechtes und eines dadurch nicht in seiner Existenz, sondern blos in seiner Wirksamkeit beeinflußten Anspruchs, in einem Atem mit der vorigen Wirkung angeführte [5]) Möglichkeit des Einredeverzichtes und einer dadurch herbeigeführten Vollkräftigung des gehemmten Anspruches, bezieht sich offenbar nur auf den Bestand des Einrederechtes und die dadurch bewirkte Anspruchshemmung, nicht aber auf die Wirkung der Ausübung des Einrederechtes.

Eine materiellrechtliche Wirkung der Ausübung des Einrederechtes als Rechtsübung (nicht als Tatsache) kann also nicht aufgezeigt werden. Daß die prozessuale Regelung aber keinerlei Rückschluß auf die materiellrechtliche Bedeutung der Einrede zuläßt, ergibt sich daraus, daß diese Regelung keine notwendige Folge der Rechtsnatur der Einrede ist. Der Anspruch ist ja durch den Bestand des Einrederechtes gehemmt. Folgerichtig müßte also der Richter, wenn ihm aus dem Klagsvortrage der Bestand des Einrederechtes als Tatsache und damit die Hemmung des Anspruches bekannt wird, mit der Abweisung der Klage gerade so vorgehen, als ob er auf diese Weise eine rechtshindernde oder

---

[1]) S. vor. S. [2]) Beispiele bei Langheineken a. a. O. § 21, I. 1.

[3]) Langheineken a. a. O. u. S. 342 Anm. 2.

[4]) Windscheid, Pand. I. S. 174 Anm. 1, Langheineken a. a. O. S. 47 u. § 21, III. 2 S. 352.

[5]) Windscheid, Pand. I. S. 174 Anm. 1.

rechtsvernichtende Tatsache erfahren hätte.[1]) Es ist also vom Standpunkte der Lehre von dem durch den Bestand des Einrederechtes gehemmten Anspruches eine keineswegs aus der Natur der Sache hervorgehende, sondern nur eine exoterischen Rücksichten entspringende Folge, wenn die Beachtlichkeit der Einrede an ihre Geltendmachung im Prozesse geknüpft wird,[2]) wie denn auch diejenigen, welche in der Einrede der Verjährung eine Tatsache erblicken, darin keinen Widerspruch finden, daß sie nur über Vorbringen des Beklagten zu berücksichtigen ist. Das Vorbringen der Einrede im Prozesse hat ebensowenig materielle Rechtswirkungen, als ihr Vorbringen außerhalb desselben. Die Unmöglichkeit, einen infolge peremtorischer Einrede abgewiesenen Anspruch nochmals geltend zu machen, beruht nicht auf einer durch das Vorbringen der Einrede auf den Anspruch materiellrechtlich hervorgebrachten Wirkung, sondern auf der Rechtskraftwirkung des abweisenden Urteils.[3])

Es liegt eine Anerkennung des eben Gesagten darin, wenn Vertreter der Lehre von der Rechtsnatur der Einrede — hierin u. E. zu weit gehend — selbst der Geltendmachung jener Einreden, welche auf einem obligatorischen Rechte auf Einwilligung in die Aufhebung des Anspruches oder auf Befreiung von der Verpflichtung beruhen, die Wirkung des betreffenden obligatorischen Rechtes absprechen. So wird z. B. von Langheineken hervorgehoben, es sei ungenau, in solchem Falle von einredeweiser Geltendmachung jenes Rechtes zu sprechen, es erwachse nur auf Grund desselben Tatbestandes gleichzeitig Anspruch und Einrede,[4]) ferner wird die Geltendmachung der Wandelungseinrede nicht als Ausübung des Wandelungsrechtes angesehen[5]) usw. Ist

---

[1]) Vgl. Langheineken S. 352 „die vom Gegner in den Prozeß eingeführte Tatsache des Bestehens einer Einrede ist nicht befähigt, zur Bildung der Urteilsgrundlage beizutragen. Darnach kann der Richter genötigt sein, eine Entscheidung zu fällen, deren Widerspruch mit dem materiellen Recht ihm bekannt ist . . .“ Woher der „Widerspruch“, wenn der geltendgemachte Anspruch besteht, das Gegenrecht aber nicht ausgeübt ist?

[2]) Derselben Ansicht — wenn wir recht verstehen — auch Langheineken a. a. O. § 21, III. 3. – S. Kipp, Zusätze, I. S. 176 (unten) ff.

[3]) Siber, Der Rechtszwang im Schuldverhältnis (1903) S. 147 f. Kipp, Rechtswahrnehmung und Neurecht, S. 134.

[4]) a. a. O. S. 297, II. S. 283 § 16 I. 1 u Anm. 3.

[5]) a. a. O. S. 239 ff.

dem so und wird die Anspruchshemmung schon durch den bloßen Bestand der Einrede bewirkt, dann bleibt für die „Ausübung" des Einrederechtes keine jener Wirkungen übrig, die man sonst von der Ausübung eines Rechtes erwarten darf.

4.

Von diesen Bedenken frei und dem Rechtscharakter des Einrederechtes, weil dessen Wirkungen an seine Ausübung knüpfend, angemessener, ist jene Lehre, welche in dem Einrederecht ein Anfechtungsrecht, in dessen Ausübung eine den Anspruch zerstörende Anfechtung erblickt, welche also den exceptionsmäßigen Anspruch von der Geltendmachung der Einrede resolutiv bedingt sein läßt.[1]) Indessen ist diese Lehre u. E. gegen die dawider vorgebrachten Einwände nicht zu halten.[2])

5.

Läßt sich so eine materiellrechtliche Wirkung der Ausübung des Einrederechtes, im Sinne einer Realisirung des in diesem Rechte steckenden Machtinhaltes nicht aufzeigen, so werden andererseits von seinem bloßen Bestande erhebliche derartige Wirkungen behauptet, aus denen sich nicht nur die Rechtsnatur der Einrede, sondern auch der Bestand eines giltigen Anspruches gegenüber peremtorischer Einrede ergeben soll.

Hier wird einerseits die schon im gemeinen Recht als Hauptargument verwendete Behauptung aufgestellt, daß „der nicht existierende Anspruch . . . ., um vorhanden zu sein, erst erzeugt werden (muß), während derjenige, dem eine Einrede entgegen steht, durch Wegfall der Einrede volle Kraft gewinnen kann, ohne daß eine Wiederholung der Tatsachen, durch welche er erzeugt wird, erforderlich wäre,"[3]) andererseits — für das Gebiet des BGB. — auf die Aufnahme von Bestimmungen wie

---

[1]) So Hölder, Kommentar, Vorbem. vor § 194 S. 405 f., 407, ferner in „Das Recht" IV. S. 163 (dagegen aber Zeitschr. f. deutsch. Civ. Proz. XXIX. S. 74 f., ACPr. LXXXXIII. S. 74 f.), Hellwig, Verträge auf Leistung an Dritte, S. 292 ff., Anspruch und Klagerecht, S. 10, S. 17 f., Lehrb. des Civilprozeßr., I. S. 248 ff. — Vgl. dagegen Langheineken a. a. O. S. 43 f., S. 343 ff. Siber, Der Rechtszwang im Schuldverhältnis (1903), S. 143 ff., Kipp, Rechtswahrnehmung und Neurecht, V. S. 131 ff. Seckel a. a. O. S. 216 Nr. 2.

[2]) Vgl. die in voriger Anm. Genannten, namentlich die vorzüglichen Ausführungen von Kipp a. a. O.

[3]) Windscheid, Pand. I. § 47 Anm. 1 S. 174.

z. B. § 886, § 1169 und § 1254 und ihre selbständige Bedeutung gegenüber den Vorschriften von § 894 und § 1223 Abs. 1, verwiesen.[1])

Es ist aber zutreffend schon wiederholt darauf hingewiesen worden, daß das Wort von der „Wiederbelebbarkeit" doch nichts mehr als ein Bild ist, dessen Verwendung nicht zu weit getrieben werden darf. Rechtsgebilde sind eben doch etwas anderes als lebende Organismen. Den toten Organismus kann man nicht beleben, über das Rechtsgebilde sind die Parteien, unter denen es zunächst wirken soll, so weit Herren, daß sie es beliebig wiederbeleben, d. h. es so behandeln können, als sei es nie „tot" gewesen. Daß hier aber doch nicht mehr als eine abgekürzte Formel für die Herstellung gewisser von den Parteien beherrschter Rechtswirkungen vorliegt, ergibt sich klar aus der Wirkungslosigkeit des Einredenverzichtes gegenüber dritten Personen, welche aus der Exceptionsmäßigkeit des Anspruches Vorteile gezogen haben. Es ist übrigens treffend darauf verwiesen worden,[2]) daß die Parteien selbst anspruchszerstörende Tatsachen derart „umdeuten" können, daß der zerstörte Anspruch wieder Kraft und Leben bekommt — allerdings nur unter den Parteien, nicht gegenüber Dritten.[3])

Und was Bestimmungen, wie die in §§ 886, 1169 und 1254 BGB. betrifft, so ist es ja nicht zu leugnen, daß sie dem den Redaktoren vorschwebenden Gedanken eines durch die Einrede in seiner Giltigkeit

---

[1]) Langheineken a. a. O. S. 47. Die von Langheineken sonst (S. 47 u. § 21 II. 3) zum Beweise eines praktisch bedeutsamen Unterschiedes zwischen peremtorischer Hemmung und Erlöschung des Anspruches angeführten Beispiele sind u. E. deswegen nicht maßgebend, weil sie sich vorwiegend (a—e) auf die eine Sonderstellung einnehmende Verjährungseinrede beziehen, welche wohl gleichfalls auf einer bloßen Tatsache beruht, jedoch nicht die Existenz, sondern die Erzwingbarkeit des gegenüberstehenden Anspruches verneint. Das Beispiel f. erklärt sich daraus, daß die Leistungsverweigerung des Erben im Falle des § 1973 Abs. 1 nicht auf dem Gedanken des Unterganges der Forderung, sondern auf jenem der Uneinbringlichkeit derselben aus dem Nachlaß beruht. Zu dem Beispiel g (aus § 2345 Abs. 2, § 2083) s. unten S. 32.

[2]) Mitteis, Iherings Jahrb. XXVIII. S. 138. Kipp, Zusätze, I. S. 178.

[3]) Vgl. den interessanten Rechtsfall in RG. XXIX. Nr 29: Jemand schuldete einem Anderen eine verbürgte und eine unverbürgte Schuld und leistete Zahlungen, ohne die Schuld, zu deren Tilgung sie geschähen, zu bezeichnen. In der Folge kam er mit dem Gläubiger überein, daß die Zahlungen als auf die unverbürgte Schuld gezahlt gelten sollten. RG. erklärte solche Abrede dem Bürgen gegenüber für unwirksam, da die Zahlungen kraft Gesetzes mangels ausdrücklicher Abrede als auf die schwerere d. i. die verbürgte Schuld geleistet zu gelten hätten; s. auch Gl.U. 761 unten S. 69 Anm. 7.

unbeeinflußten Anspruches ihre Entstehung verdanken, es ist aber nicht zu übersehen, daß diese Bestimmungen sich mit der Idee eines giltigen Anspruches im Grunde genommen noch viel weniger vertragen, als mit jener eines ungiltigen. Ein Anspruch, dessen Beseitigung der Verpflichtete jeder Zeit herbeiführen kann, ist ein leerer Schemen, ein Verzicht, der vom Verpflichteten erzwungen werden kann, eine hohle Komödie; wären sie mehr, so läge eine geradezu unbegreifliche Vergewaltigung des Gläubigerrechtes vor.[1])

So erscheint das „Leistungsverweigerungsrecht" — soweit nicht rechtsverfolgende Einrede[2]) in Frage kommt — materiellrechtlich blos als Ausdruck der Tatsache, daß der die Leistung fordernde Anspruch nicht zu Recht besteht. „Er habe ein „Recht", die Leistung zu verweigern" kann auch von demjenigen gesagt werden, gegen den ein überhaupt nicht zu Recht bestehender Anspruch erhoben wird. Es ist die bloße Freiheit von einer Verpflichtung, nicht aber eine Gegenwirkung gegen ein bestehendes Recht, die hier in Frage steht. Das Leistungsverweigerungsrecht ist — soweit es sich nicht mit der rechtsverfolgenden Einrede deckt — eine Form der anspruchsverneinenden Einrede.[3])

Will man aber dennoch in den Leistungsverweigerungsrechten des bürgerlichen Gesetzbuches für das Deutsche Reich wirkliche, die ihnen gegenüberstehenden Ansprüche hemmende Rechte sehen, so vereinigen sich diese Einreden mit den bisher als anspruchsverneinend bekannten unter dem gemeinsamen Oberbegriff einer durch ihren Bestand[4]) als solchen,

[1]) Dies wird von einsichtigen Vertretern der Idee des gehemmten Anspruches zugegeben; so gibt Langheineken zu, daß jene Bestimmungen eine bloße Form sind, durch welche die „wirtschaftliche Gleichwertigkeit des peremtorisch gehemmten Anspruches mit dem erloschenen Anspruche zur Geltung" gebracht werden soll. (a. a. O. S. 347).

[2]) s. S. 29 ff.

[3]) Festzuhalten ist dabei natürlich, daß das BGB. das „Leistungsverweigerungsrecht" als hemmendes Gegenrecht behandelt und aus diesem Gedanken entspringende Bestimmungen — wie die im Text angeführten — können natürlich nur aus diesem Gedanken verstanden und interpretiert werden. Daß sich hieraus Widersprüche ergeben, wie sie die Literatur aufgedeckt hat, ist klar.

[4]) Vgl. z. B. Langheineken S. 283 § 15 II. 4, „Eine besondere Wirkung wird an das Bestehen einer einzelnen dilatorischen Einrede geknüpft" und ähnlich das. Anm. 1. — Das „Bestehen" ist aber eine Tatsache, es handelt sich also um die Wirkung einer Tatsache.

d. h. als bloße Tatsache, den Anspruch in seiner Wirksamkeit beeinflussenden Einrede, als deren Repräsentant die eigentliche anspruchsverneinende Einrede betrachtet werden kann und in der folgenden Untersuchung betrachtet werden wird.[1])

6.

Neben dieser Art von Einrede behält die von Thon [2]) aufgestellte Kategorie der rechtsverfolgenden Einrede ihre selbständige Bedeutung, als einer Einrede, die nicht durch ihren Bestand, sondern durch ihre Geltendmachung im Prozesse [3]) den gegenüberstehenden Anspruch kraft des mit ihr verfolgten Rechtes beeinflußt, sei es, daß sie ihn zerstörend (Anfechtung) oder befriedigend (Aufrechnung) zum Untergange bringt, sei es, daß sie, indem sie seine Giltigkeit unberührt läßt und ein Recht auf Gegenleistung an ihm vorbei durchsetzen will, seine Befriedigung von der Erbringung der Gegenleistung abhängig macht.

Der Gegensatz im Wesen der Einrede — der, wie schon hier hervorzuheben, für unsere Untersuchung besonders wichtig ist — lautet also: Dort eine Einrede, die durch ihren Bestand, als Tatsache, den gegenüberstehenden Anspruch in seiner Giltigkeit oder mindestens Wirksamkeit beeinflußt — hier die einredeweise Verfolgung eines Rechtes, dessen Bestand den gegenüberstehenden Anspruch ganz unberührt läßt,

---

[1]) In dem weiten Sinne, in dem sie auch jene Erscheinungen umspannt, welche das BGB. dem Begriffe der Einwendung überweist. Es ist für die Zwecke unserer Aufgabe nicht nötig, die Kategorie der dilatorischen Einreden besonders hervorzuheben, denn auch sie gehen in dem Gedanken der anspruchsverneinenden bezw., wenn man will, anspruchshemmenden Einrede auf. Es ist übrigens anzuerkennen, daß bei der dilatorischen Einrede die Vorstellung der Anspruchshemmung jenes Widerspruchsvolle nicht an sich hat, das ihr bei der peremtorischen Einrede anhaftet. Es ist eben etwas anderes, ob gesagt wird: „Du darfst fordern, der andere darf aber dauernd verweigern", oder: „Du darfst fordern, aber erst von dann an, bis dahin darf der andere verweigern". Brinz (Pand. I. § 108) hat hierin vollkommen Recht.

[2]) Rechtsnorm und subjektives Recht (1878) S. 261 f. Der Begriff wurde dann in einem Aufsatz über „die rechtsverfolgende Einrede" in Iherings Jahrb. XXVIII. S. 37 ff. ausgeführt und befestigt.

[3]) Thon, Iherings Jahrb. XXVIII. S. 65.

das ausgeübt werden muß, um auf den Anspruch eine Wirkung zu üben, ausgeübt aber, den Anspruch zum Untergange bringt oder doch in seiner Befriedigung von gewissen an sich außerhalb desselben liegenden Momenten abhängig macht.

Für den Bereich des BGB. hat — wie bekannt — die rechtsverfolgende Einrede ein gutes Teil ihres Anwendungsgebietes dadurch verloren, daß die Anfechtung und Aufrechnung zu außerprozessualen einseitigen Dispositivakten gestaltet wurden.

Was infolgedessen an „Einrede" noch von den rechtsverfolgenden Einreden der Anfechtung und Aufrechnung übrig geblieben ist, das ist eine rein anspruchsverneinende Einrede, welche auf die Tatsache des außerprozessual durch Anfechtung oder Aufrechnung herbeigeführten Anspruchsunterganges hinweist.

7.

Trotzdem läßt sich im BGB. eine Form von rechtsverfolgender Anfechtungseinrede nachweisen.

Das BGB. hat das Recht der Wandelung so geordnet, daß der wandelungsberechtigte Käufer die „Rückgängigmachung des Kaufes verlangen" kann (§ 462) und die Wandelung erst vollzogen ist, wenn „der Verkäufer auf Verlangen des Käufers (sich) mit ihr einverstanden erklärt" (§ 465). Es besteht also bis zum Vollzuge der Wandelung das Rechtsgeschäft vollgiltig und vollwirksam. Es ist die Rechtslage in dieser Hinsicht jener bei der Anfechtbarkeit ganz analog. Der Unterschied liegt in dem Mittel der Vernichtung der rechtsgeschäftlichen Wirkung. Bei der Anfechtung ein einseitiger, dinglich wirkender Akt des Berechtigten, bei der Wandelung ein kraft obligatorischen Rechtes erzwingbares einverständliches Handeln beider Teile.[1])

Das für und wider diese Regelung Gesagte kann hier als bekannt und nicht unmittelbar mit unserm Zwecke zusammenhängend außer Betracht bleiben.

Nun hat das Gesetz dem Wandelungsberechtigten auch eine Einrede gegeben, deren Bestand nach Verjährung des Wandelungs-

[1]) „Obligatorische Anfechtung" (Zitelmann, Internationales Privatrecht, II. S. 32, 42).

anspruches in § 478 ausdrücklich festgesetzt ist, während ihr Bestand schon vor diesem Zeitpunkte wohl nur auf dem Wege der Interpretation zu erschließen ist, u. E. aber auch zweifellos aus jener Bestimmung sich ergibt.[1])

Wird nun angenommen, daß diese Einrede sich in nichts von sonstigen Leistungsverweigerungsrechten unterscheide, also nach Ansicht jener, die in der Einrede ein Recht sehen, den Anspruch hemme, so ergibt sich ein unlösbarer Widerspruch in der Regelung des Institutes, da der Wandelungsanspruch, so lange er nicht ausgeübt wird, seinem Sinne nach den Anspruch des Verkäufers gänzlich unberührt lassen soll, während die Einrede ihn durch Hemmung sehr intensiv beeinflussen würde.[2])

In der Geltendmachung der Wandelungseinrede im Prozesse liegt daher u. E. mehr als die sonst in dem Einredevorbringen zu erblickende defensive Erklärung,[3]) es liegt darin eine unmittelbare Realisierung der Wandelungswirkungen zu jenem Teile, der der unmittelbaren Beherrschung des Wandelungsberechtigten unterworfen ist, also eine einseitige partielle Ausübung des Wandelungsrechtes, und da die Einseitigkeit dem Charakter des Wandelungsrechtes widerspricht, eine partielle Anfechtung des Rechtsgeschäftes.[4]) Insofern hat Hellwig vollkommen Recht.

Der Verkäufer wird solchenfalls, ohne erst seine ausdrückliche Zustimmung zur Wandelung erteilen zu müssen, die Wandelung als vollzogen betrachten und daraus die entsprechenden Konsequenzen ziehen können, der Käufer wird an die Wandlung gebunden sein, ihre

---

[1]) Hellwig, Verträge auf Leistung an Dritte S. 294 f., Anspruch und Klagerecht S. 23. — Langheineken S. 239 f. und S. 240 Anm. 2.

[2]) Mit Recht daher Kipp, Zusätze II. S. 656, die Gewährung der Einrede sei „nicht folgerichtig". — Unrichtig Langheineken S. 240 Anm. 2.

[3]) Kipp, Rechtswahrnehmung und Reurecht, S. 111.

[4]) An dieser Formulierung dürfen diejenigen am wenigsten Anstoß nehmen, welche den Antrag auf Verurteilung zur Einwilligung in die Wandelung aus der Wandelungsklage ausschließen (so Langheineken S. 244 IV. 1 und die das. Anm. 2 cit.) — soferne zwischen diesem und jenem „auf Verurteilung zur Rückgängigmachung des Kaufes" (Langheineken a. a. O.) überhaupt ein Unterschied besteht.

sonstigen Wirkungen aber seinerseits erst durch Realisierung des Wandelungsanspruches mittelst Klage gegen den Verkäufer, der ihnen etwa abgeneigt wäre, herbeiführen können.

Ist der Wandelungsanspruch verjährt, dann bleibt in der die Verjährung überdauernden Einrede ein Recht partieller Anfechtung, das freilich bloß im Wege der Verteidigung ausübbar ist (s. jedoch § 813 Abs. 1 Satz 1 und Langheineken S. 241), dem Käufer erhalten.

Wird die Wandelungseinrede so aufgefaßt, so bleibt man vor jenem dem Rechtsgefühl widersprechenden [1]) Schlusse bewahrt, vermöge dessen dem Bürgen und Schuldübernehmer die Wandelungseinrede des Hauptschuldners gegeben wird.[2])

Das gleiche gilt von den Einreden „des Minderungsanspruches" (§ 462, § 478 Abs. 1 Satz 1 BGB.), „des Bereicherungsanspruches" (§ 812, § 821 BGB.), „des Anspruches aus einer unerlaubten Handlung" (§ 853 BGB.), „der Einrede aus dem Schuldbefreiungsvermächtnis" (§ 2174 BGB.).[3])

Dasselbe läßt sich auch für das österreichische Recht von den Einreden des Gewährleistungsanspruches und des Anspruches wegen Verkürzung über die Hälfte behaupten, vermöge der Fassung der §§ 932 (verbb.: „kann der Verkürzte die gänzliche Aufhebung des Vertrages fordern") und 934 (verbb.: „so räumt das Gesetz dem verletzten Teile das Recht ein, die Aufhebung und die Herstellung in den vorigen Stand zu fordern"), sowie von allen sonstigen Fällen einredeweiser Geltendmachung obligatorischer Ansprüche, z. B. von dem Falle des Schuldbefreiungsvermächtnisses (§ 663 A. BGB.)[4])

8.

Eine Sonderstellung ist ferner jenen Einreden einzuräumen, welche auf einer besonderen dinglichen Rechtstellung des Beklagten beruhen.

---

[1]) Crome, System II. § 203 Anm. 7.

[2]) Langheineken S. 241 f. „Es ist wenigstens kein Grund erfindlich, weshalb hier eine Ausnahme von den allgemeinen Vorschriften Platz greifen sollte." (!)

[3]) S. Langheineken a. a. O. S. 298 Nr. 1—5.

[4]) Pfaff und Hofmann, Komm. II. S. 441, Krainz-Pfaff-Ehrenzweig, System des österreichischen allgemeinen Privatrechts (künftighin als „Krainz" citiert) II. § 520 Anm. 4 e.

Der Schulfall solcher Einrede ist die Einrede des Nießbrauches gegenüber der Eigentumsklage. Thon hat diesem Falle besonders eingehende Erörterung gewidmet und u. E. überzeugend dargetan, daß man es auch hier mit anspruchsverneinender Einrede zu tun habe.[1])

Wenn Thon aber energisch hervorhebt, daß man es hier nur mit anspruchsverneinender Einrede zu tun habe, die von sonstiger derartiger Einrede in nichts verschieden sei, schießt er u. E. über das Ziel hinaus.

Wir gehen von der Stellung eines Dritten zu solcher Einrede aus und fragen: darf der dritte Besitzer, — der sein Recht nicht vom Nießbraucher ableitet, — dem vindizierenden Eigentümer mit der Einrede aus dem Nießbrauch begegnen? Gewiß nicht. Ihm gegenüber wird der Vindikationsanspruch durchdringen, denn seiner Einrede würde der Kläger mit der Erwiederung begegnen: „Der Nießbrauch steht nicht dir, sondern einem andern zu".

Noch reiner tritt das Wesentliche des Verhältnisses bei Rechten hervor, deren Inhalt sich darin erschöpft, die Betätigung eines gegenüberstehenden dinglichen Rechtes in einer ganz bestimmten Richtung zu hindern.

Hierher gehört der schon von den römischen Juristen behandelte, uns in dem Digestenfragmente l. 4 § 7 D. 8. 5 mit einer Entscheidung Ulpians überlieferte Rechtsfall, an welchen die Postglossatoren gerade bei Erörterung der exceptio ex iure tertii anknüpfen.[2])

C, dessen Grundstück mit der servitus altius non tollendi zu gunsten des Nachbars A belastet ist, wird vom Nachbar B am Höherbauen gehindert und bekommt von ihm auf seine negatorische Klage den Hinweis auf die zu gunsten des A bestehende Servituteinredeweise entgegengesetzt. „Solche Einrede ist unzulässig", sagt der römische Jurist.

Nun liegt hier allerdings eine Argumentation nahe: Die Einrede steht hier dem A zu, dem B aber nicht, weil das Eigentum des Klägers allen andern außer A gegenüber frei ist.

---

[1]) „Rechtsnorm und subjektives Recht" S. 276, 279, Iherings Jahrb. XXVIII. S. 55 ff. Übrigens schon von Wetzell erkannt und ausgesprochen, s. Schwalbach in Iherings Jahrb. XIX. S. 60 Anm. 1.

[2]) Vgl. oben S. 13.

So argumentiert der römische Jurist: „quantum enim ad eum" (den B) „pertinet, liberas aedes habeo".

Ihering, der den Fall in seiner Untersuchung über die Reflexwirkungen rechtlicher Tatsachen auf dritte Personen (Iherings Jahrb. X S. 250 f.) bespricht, schließt sich dem Argumente Ulpians an: „denn die Verpflichtung des C" (des Eigentümers) „ist bloß eine relative, sie besteht dem A, nicht dem B gegenüber . . ."

Auch Hölder [1]) findet für den Fall des Nießbrauchs dieselbe Begründung.

Wir glauben jedoch, daß in solchem Falle in der Einrede ein über die bloße Anspruchsverneinung hinausgehendes Element steckt. Daß die Einrede nur dem A und nicht dem B zusteht, beruht eben darauf, daß nur A ein Recht bestimmter Art hat.

Stellen wir die Einrede der Zahlung und die des Nießbrauchs neben einander. Sollen wirklich beide wesensgleich sein?

Wer Zahlung behauptet, betätigt damit seinen Willen, den Anspruch nicht zu erfüllen. In dieser Willensbetätigung gibt sich nichts weiter kund, als die Freiheit von einer Verpflichtung.

Wer aber den Nießbrauch einwendet, der macht damit seine ihm rechtlich verliehene Macht an der Sache geltend, es ist rechtliche Willensbetätigung, Rechtsübung, die hier zum Vorschein kommt.[2])

Wenn wir hier von Rechtsübung sprechen, so ist es nicht so gemeint, als wäre es die Übung eines auf dem Rechte des Beklagten beruhenden Verteidigungsrechtes besonderer Art, welches vom Beklagten geltend gemacht werden müßte, um zu wirken.

Wäre dem so, dann dürfte der Richter den Bestand des Nießbrauchs nicht berücksichtigen, wenn er etwa nur vom Kläger behauptet wurde. Trotz solcher Behauptung müßte der Richter Versäumnisurteil im Sinne der Klage gegen den ausgebliebenen Beklagten ergehen lassen,[3]) was unleidlich wäre.

---

[1]) ACPr. LXXXIII S. 76.

[2]) Dagegen Leonhard, Der Erbschaftsbesitz (1899) S. 121. Hölder, ACPr. LXXXIII S. 80.

[3]) Solcher Konsequenz begegnet Kipp, Zusätze I. S. 177 f., mit der Vermutung des Verteidigungswillens des Beklagten.

Die Einrede des Nießbrauchers ist anspruchsverneinende Einrede, aber gebunden an die Zuständigkeit des Nießbrauchsrechtes, welches sie verteidigt.

Solche Einrede ist überall dort gegeben, wo ein Anspruch gegen eine Besitzerposition gerichtet wird, wobei der Begriff des Besitzes in dem weitesten Sinne jeder unmittelbaren Beziehung zwischen Rechtssubjekt und Objekt des Rechtsgenusses zu nehmen ist.[1])

Ihr Wesen besteht darin, daß sie den gegenüberstehenden Anspruch verneint, dadurch aber ein Recht verteidigt, an dessen Inhaberschaft sie gebunden ist.

Wir möchten sie „rechtsverteidigende" Einrede nennen, die also als dritte Art zwischen die anspruchsverneinende und rechtsverfolgende Einrede einzuschieben wäre, an jene durch Anspruchsverneinung, an diese durch die Gebundenheit an ein von ihr verteidigtes Recht sich anlehnend.

9.

Mit dieser Dreiteilung, welche gleichzeitig die von uns zu prüfenden Erscheinungen in den weitesten Rahmen faßt, betreten wir das Gebiet unserer Sonderuntersuchung. Diese erheischt eine möglichst weite Formel für die Einrede, gilt es doch nicht zu einer für die Einrede im technischen Sinne von irgend einer Seite aufgestellte Formulierung die Erscheinungen aufzusuchen, auf die sie sich anwenden läßt, sondern einen Satz zu prüfen, der einer Zeit entstammt, die es noch nicht verstand, zwischen den einzelnen Verteidigungsmitteln eines Beklagten zu unterscheiden, der jedes Vorbringen, mochte es sich auch auf bloße Leugnung der Klagebehauptungen beziehen, als Einrede galt,[2]) und ihn an Erscheinungen zu prüfen, welche die Dogmengeschichte zur Untersuchung stellt, von denen wir vorläufig noch nicht wissen, wie sie sich zu dem Begriffe der Einrede verhalten, von denen wir nur das eine Gemeinsame wissen, daß es Verteidigungen eines Beklagten sind.

---

[1]) Z. B. Klage des Patentinhabers gegen den Licenzberechtigten.

[2]) S. Albrecht, Die Exceptionen des gemeinen teutschen Civilprozesses geschichtlich entwickelt (1835) § 21.

III. Kasuistik.

A. Bürgschaft.

1.

Die Einreden des Hauptschuldners stehen dem Bürgen zu. Dieser Satz, im modernen Rechte unbestritten geltend, vom BGB.[1]) zur ausdrücklichen Gesetzesbestimmung erhoben, hat seine Wurzel im römischen Rechte. Seine Erläuterung und Begründung ist für das gemeine Recht stets in engstem Anschlusse an das römische Recht unternommen und der Grund der römischen Rechtsregel unbefangen als auch für das heutige Recht giltig behandelt worden.

Die Beantwortung der Frage, inwiefern und warum die Einreden des Hauptschuldners dem Bürgen zustehen, ist natürlich in erster Linie von der Auffassung des Einredebegriffes abhängig. Wer in der heutigen Einrede die römische exceptio wiederfindet, der wird die Grundsätze der Römer unbedenklich auf das heutige Recht übertragen.

Nun ist aber, abgesehen von aller sonstigen Verschiedenheit der Meinungen, gerade für unsere Frage eine Eigentümlichkeit des römischen Exceptionsrechtes maßgebend, die mit der römischen Beamten- und Prozeßorganisation zusammenhängend, im modernen Rechte verschwunden ist. Wir meinen den Umstand, daß die römische exceptio ein individuell ausgeprägtes, vom Prätor nach bestimmten Kriterien an bestimmte Personen verliehenes Verteidigungsmittel war. Dieses konnte der Prätor auch andern als den ursprünglich bedachten Personen verleihen und so gab er denn auch die Exceptionen des Hauptschuldners dem Bürgen.

Für das römische Recht hat daher die Frage ihren guten Sinn, welche Gründe den Prätor veranlaßten, ein Verteidigungsmittel, das er für den Hauptschuldner bestimmt hatte, auch dem Bürgen zu ge-

[1]) § 768.

währen,[1]) und die Antwort auf diese Frage ist den römischen Rechtsquellen zu entnehmen.

Für das moderne Recht ist dagegen die Frage, wieso Einreden des Hauptschuldners vom Bürgen geltend gemacht werden können, vom Standpunkte des heutigen Einredebegriffes zu beantworten. Gleichwohl empfiehlt es sich, von den Grundsätzen der römischen Juristen auszugehen, weil diese gerade hier eine unmittelbare Antwort auf unsere besondere Frage enthalten und weil sie — wie erwähnt — die Grundlage der wissenschaftlichen Behandlung unseres Leitsatzes abgegeben haben.

Der Satz, daß die Einreden des Hauptschuldners dem Bürgen [2]) zustehen, ist von der Wissenschaft auf verschiedene Prinzipien zurückgeführt worden, die man alle aus den Ansprüchen der römischen Juristen herausfand.

2.

Das Prinzip der Accessorietät. Die Bürgschaft ist ein accessorisches Rechtsverhältnis, d. h. sie enthält begrifflich die Beziehung auf eine fremde Schuld. In diesem weitesten Sinne wird Accessorietät daher bei jeder Bürgschaft nachzuweisen sein. Wo eine fremde Schuld derart nicht besteht, daß nicht einmal der äußere Schein, nicht einmal die irrige oder bewußt vorgetäuschte Vorstellung einer solchen vorhanden ist, dort wird man nie von einer Bürgschaft sprechen.[3])

Ist diesem allerweitesten Sinne ist das Prinzip aber auch ohne rechtliche Bedeutung. Diese erlangt es erst in jener Begrenzung, in welcher es die Giltigkeit der Bürgschaft von jener der Hauptschuld

---

[1]) Geib, Zur Dogmatik des römischen Bürgschaftsrechtes (1874) S. 10.

[2]) Die Römer haben die Bürgschaftsformen der fideiussio (sponsio, fidepromissio), des Konstituts und des mandatum (qualificatum) gekannt. Soweit im folgenden von der Bürgschaft des römischen Rechtes die Rede ist, wird immer die fideiussio gemeint, es würden denn die anderen Bürgschaftsformen ausdrücklich genannt.

[3]) Insoweit ist Brinz (Pandekten II. § 255 bei Anm. 24) zuzustimmen, vgl. Geib a. a. O. S. 92, 146 f.

abhängig sein läßt. In negativer Form ausgedrückt, lautet das Prinzip in dieser engeren Begrenzung: Die Ungiltigkeit der Hauptschuld muß stets auch jene der Bürgschaft zur Folge haben.

Wir können diesem Satze jene apodiktische Gewißheit, welche ihm die herrschende Lehre beimißt, nicht zuerkennen.[1]) Für die römische fideiussio allerdings bezeugen zahlreiche Quellenstellen [2]) seine ausnahmslose [3]) Geltung.

Ist die fideiussio bei ipso iure nichtiger Hauptschuld nichtig und steht peremtorische Exceptionsmäßigkeit der „ipso iure Nichtigkeit" gleich, so muß auch die Bürgschaft ungiltig sein, die sich an eine mit peremtorischer exceptio behaftete Hauptschuld anschließt. Auf diesem einfachen Wege gelangt die herrschende Lehre zu dem Ergebnis, daß die Bürgenhaftung aufgehoben werde, wenn der Hauptschuld eine peremtorische exceptio entgegenstehe. Noch einfacher gelangt sie zum Satze vom Übergang gerader dieser exceptio des Hauptschuldners auf den Bürgen. Sie schließt ihn nämlich ohne weiteres als Folgerung

---

[1]) S. jedoch neuestens Hellwig, Wesen und subjektive Begrenzung der Rechtskraft S. 30.

[2]) § 1 J 3. 20; l. 16 § 3; l 6 § 2; l. 47 pr; l. 56 pr; l. 70 § 4 D h t.; l. 5 § 4 D. 24. 1; l. 6 D. 45. 1; l. 23, 29 D. 46. 1; l 16 § 1 D. 16. 1; l. 18 D. 14. 6; vgl. für das Konstitutum l. 3 § 1 D. 13. 5, s. dazu Brinz II § 255 Anm. 8, Gradenwitz, Die Ungültigkeit obligatorischer Rechtsgeschäfte S. 275, s. aber auch Windscheid II § 477 Anm. 10.

[3]) In zwei Quellenstellen könnten Ausnahmen gesehen werden, wenn sie nicht sehr gewichtigen Einwänden ausgesetzt wären. l 25 D. 46. 1 steht, wenn man sie auf die fideiussio bezieht — darüber Pernice, Abhandl. der Königl. Akad. d. Wissensch. in Berlin, 1886, S. 1191 —, in unlöslichem Widerspruch mit anderen Quellenaussprüchen, besonders mit der gleichfalls Ulpians Schriften entnommenen l. 6 D. 45. 1. — Die zahlreichen seit der Glosse gemachten, mit den verschiedensten zum Teil sehr willkürlichen Suppositionen arbeitenden Interpretationsversuche, haben (vgl. dar. Girtanner, Bürgschaft, S. 20 ff.) eine befriedigende Aufklärung nicht ergeben (vgl. Windscheid § 477 Anm. 2 und die dort Citt. Gegen Geib a. a. O. S. 92 Anm. 3, s. Girtanner S. 22). — l. 37 D. 46. 1 enthält den Satz „erroris fideiussio nulla est", woraus man folgerte, die wissentlich für eine nicht existente Schuld übernommene fideiussio sei giltig. Die Unrichtigkeit dieses Schlusses a contrario hat Brinz (II § 255 Anm. 23) treffend dargetan (vgl. auch Windscheid II § 477 Anm. 10 „sehr zweifelhaft").

an. So sagt z. B. Brinz:[1]) „Peremtorisch exceptionsmäßige Schulden gelten auch hier den ipso iure nichtexistenten gleich; die effektive Nichtigkeit der Hauptschuld, nicht etwa erst ein etwaiges Regreßrecht des Bürgen ist hierbei der Grund für die Nichthaftung oder Befreiung des Bürgen. Folgerecht steht jede peremtorische exceptio, die der Hauptschuldner erlangt hat, auch dem Bürgen, und zwar diesem auch gegen Willen und Wunsch des Hauptschuldners (der eben den Bürgen zahlen lassen und ihm dann ersetzen möchte) zu. . ." So einfach ist aber die Frage doch nicht zu erledigen. Stand die peremtorische Exceptionsmäßigkeit der Hauptschuld ihrer absoluten Nichtigkeit gleich, warum folgerten die Römer daraus nicht die Nichtigkeit, sondern die peremtorische Exceptionsmäßigkeit der fideiussio?[2]) Und wenn sie dies schon taten, warum hatte der Bürge nicht immer dieselbe, die Ungiltigkeit der Hauptschuld zum Ausdruck bringende exceptio, sondern vielmehr gerade immer die exceptio des Hauptschuldners?

Es sind dies Fragen, die für jene noch viel schwerer zu beantworten sind, welche in der exceptio ein besonderes, dem Schuldner zustehendes und den an sich giltigen Anspruch hemmendes Recht („Gegenrecht") sehen. Wie kommt nach dieser Ansicht der Bürge zu dem Rechte des Schuldners?[3])

Ohne hier den Versuch einer zu weit abführenden eingehenden Erörterung dieser Fragen zu unternehmen, kann im Vorübergehen auf zwei Erklärungsmöglichkeiten verwiesen werden. Die eine liegt in den Eigentümlichkeiten des prätorischen Rechts. Die Ungiltigkeit der peremtorisch exceptionsmäßigen Schuld war eine durch den Prätor geschaffene oder wenigstens vermittelte. Civilrechtlich war die Hauptschuld giltig. Folglich war es nach Civilrecht auch die Bürgschaft.

[1]) Pand. II. § 255 S. 185.

[2]) l. 19, l. 32 D. 46. 1, l. 15 pr. D h. t, vgl. Geib a. a. O. S. 90 f.

[3]) Man begreift es, daß Girtanner hier auf seine abenteuerliche (siehe Vangerow, Pand. III. S. 139 f., Unger, Die Verträge zu gunsten Dritter [Iherings Jahrb. X.] S. 21 Anm. 24) Lehre von der Cession der Einreden verfiel. Vom Standpunkt der Auffassung der Einrede als Recht war diese Lehre ganz plausibel und zum mindesten nicht unkonsequent.

Es bedurfte auch bei dieser des Eingreifens des Prätors, um die Lösung der Bürgenhaftung herbeizuführen. Dazu hatte der Prätor das Mittel der exceptio, und es war am einfachsten, die exceptio des Hauptschuldners auf den Bürgen zu übertragen.[1]) Diesen Weg läßt etwa l. 16 § 1 D. 16. 1 (Julian) erkennen: Julianus autem recte putat fideiussori exceptionem dandam . . . ., quia totam obligationem senatus improbat.

Es ist aber auch möglich, daß die römischen Juristen von einer formalen, begrifflich strengen Auffassung der accessio ausgingen, deren Bedeutung sie etwa darin sahen, daß die accessio die Schicksale der Hauptschuld teilte, so daß sie auch derselben Einreden teilhaftig wurde. So sagt Ulpian (LXXVI. ad edict.): [2]) Ex persona rei et quidem invito reo exceptio et caetera rei commoda fideiussori caeterisque accessionibus competere potest.[3])

Daraus ergibt sich, daß der Begriff von der Accessorietät der fideiussio gerade für unser Problem keineswegs unfruchtbar war.[4]) Man kann ihn vermöge seiner durch das Wurzeln im Begriff der fideiussio bewirkten allgemeinen Geltung füglich überall dort als Grund des Einredenüberganges betrachten, wo nicht ein besonderer anderer Grund zu finden ist.[5])

Andererseits darf man allgemeine Aussprüche, wie jenen von Marcian (XIII. instit.).[6]) „omnes exceptiones, quae reo competunt, fideiussori quoque, etiam invito reo competunt“ nicht

---

[1]) Vgl. Gradenwitz a. a. O. S. 276.

[2]) l. 32 D. 46. 1.

[3]) Vgl. Gaius, Inst. III. 126, l. 43 D. 46. 1, l 71 pr. D. 46. 1 — siehe Girtanner S. 82, vgl. auch Mühlenbruch, Cession S. 442.

[4]) Es ist daher eine arge Übertriebenheit, wenn man den Begriff der Accessorietät als gänzlich wert- und wesenlos hinstellt. So Strube, Inwiefern stehen die Einreden des Hauptschuldners dem Bürgen zu? Erl. Diss. 1895 S. 16, der aber bei den exce. S. C. Vellejani (l. 16 § 1 D. 16. 1), doli und metus (l. 49 pr. D. 46. 1, l. 1 pr. D. 36. 4) die Befreiung des Bürgen von der Haftung aus der Stärke des die Hauptschuld aufhebenden Ungiltigkeitsgrundes folgert, der auch die Accessionen ergreife!

[5]) So bei den exce. doli und metus, l. 49 pr. D. 46. 1, l. 1 pr. D. 36. 4.

[6]) l. 19 D. 44. 1.

allzu wörtlich nehmen und etwa aus ihnen folgern wollen, daß die Exceptionen des Hauptschuldners stets und ausnahmslos dem Bürgen zustehen. Aus solcher Folgerung wird dann freilich die Widerlegung des Accessorietätsgedankens leicht.[1]) Auf das richtige Maß wird der Gehalt jenes Ausspruches durch l. 32 D. 46. 1 und § 4 J. 4. 14 zurückgeführt, woselbst ausgesprochen ist, daß die Einreden des Hauptschuldners keineswegs immer dem Fidejussor zustehen müssen.

Übrigens ist es bekannt, daß die Römer sich nicht lange besannen, ein allgemeines Prinzip aufzugeben, wo es konkrete Gründe der Billigkeit und Zweckmäßigkeit verlangten.

Nun mag es mit dem Accessorietätsgedanken noch in Einklang zu bringen sein, daß die römischen Juristen diejenigen Einreden, welche die Hauptschuld nicht gänzlich aufhoben, sondern sie blos zur Naturalobligation abschwächten, dem Bürgen versagten.[2])

Ebenso läßt der Gedanke, die Nichtigkeit der Hauptschuld ziehe jene der Bürgschaft nach sich, uns in jenen Fällen freie Hand, wo wir die Einreden des Bürgen diejenigen des Hauptschuldners überdauern finden, indem hier der Gesichtspunkt der erworbenen Rechte in Betracht kommt, die durch Handlungen Dritter nicht beeinträchtigt werden können.[3])

Dagegen wäre es mit jenem Gedanken nicht vereinbar, daß der nachträgliche Untergang der Hauptschuld nicht auch jenen der Bürgschaft zur Folge habe.[4])

---

[1]) S. Geib a. a. O. S. 104 f.

[2]) § 1 J. 3. 20; l. 16 § 3 D. 46. 1; l. 6 § 2 D. 46. 1; l. 18 D. 14. 6; l. 21 § 2 D. 46. 1; l. 95 § 3 D. 46. 3 (mit der durch die Basiliken unterstützten Emendation des Cujaccius, obss. XI 34; s. Girtanner a. a. O. S. 42 Anm. 12), l 127 D. 45. 1; l 35 D. 4. 8; l. 42 pr D. 12. 2; l. 9 § 3 D. 14. 6.

[3]) Seuffert, Arch. II. 185, IV. 224, XV 23, betreffend die einseitige Anerkennung der Hauptschuld seitens des Hauptschuldners (vgl. § 768 BGB.).

[4]) Die Verfechter des Accessorietätsprinzipes behaupten denn auch den Übergang selbst nachträglich entstandener Einreden auf den Bürgen, siehe Brinz II. § 255 S. 185 f. — Andere wieder helfen sich mit dem sophistischen Argument, die Giltigkeit der Hauptschuld sei zwar für die Entstehung, nicht aber für den Fortbestand der Bürgschaft notwendig, so Girtanner S. 43 ff., 515 ff., Hasenbalg, Die Bürgschaft des gemeinen Rechts (1870) S. 385.

Dies hat aber Girtanner für eine Reihe von Fällen dargetan.[1]) Es ist hier also das Accessorietätsprinzip durchbrochen, und vermöge desselben Gedankenganges würde sich ergeben, daß dem Hauptschuldner nachträglich, d. h. nach Entstehung der Bürgschaft, erwachsene Einreden auf den Bürgen nicht übergehen.

Indeß ist gerade für die wichtigste dieser Einreden, nämlich die der nachträglichen Verjährung der Hauptschuld, eine unzweifelhafte Entscheidung den Quellen nicht zu entnehmen.[2])

Als maßgebend werden hier l. 60 u. l. 37 D 46. 1 herangezogen.[3]) Die erste Stelle spricht blos von der Abschwächung der Hauptschuld zur Naturalobligation, ist also nur vom Standpunkte jener Ansicht verwendbar, welche der Verjährung die Wirkung beilegt, eine Naturalobligation zu hinterlassen[4]) und erledigt sich für uns eben dadurch, daß sie nicht vollständigen Untergang der Hauptschuld betrifft.[5])

l. 37 cit. läßt aber einen sicheren Schluß e contrario nicht zu.[6])

3.

Das Prinzip der Identität hat auf den Satz vom Übergange der Einreden auf den Bürgen viel geringeren Einfluß genommen.

---

[1]) a. a. O. S. 84 ff.

[2]) Auch für die andern Einreden ist der Schluß wenigstens bei der fideiussio nicht ganz sicher. l. 7 § 1 D. 44. 1 läßt die exc. rei iudicatae, iurisiurandi und pacti auch für den Bürgen wirken. Allerdings kommt bei den beiden ersten das Identitätsmoment und die damit zusammenhängende prozessuale Konsumption in Betracht, allein es ist nicht ausgeschlossen, daß dahinter der allgemeine Grundsatz der Accessorietät gleichfalls wirksam war und die exceptio pacti wird wohl in l. 32 D 2. 14 auf den Regreßgedanken zurückgeführt, doch ist diese Stelle in Widerspruch mit andern und jedenfalls nicht unbedenklich (vgl. unten S. |).

[3]) Vgl. Savigny, Syst. Bd. V. § 251 Anm. h. und Hasenbalg a. a. O S. 353 ff.

[4]) Windscheid, I. § 112 Anm. 3—5.

[5]) Der gewaltsame Versuch Hasenbalgs, das „teneri" im Sinne von „ipso iure teneri" zu fassen, scheitert u. E. an dem Umstande, daß der zum ersten Satz in entschiedene Antithese gestellte Satz: „cum vero" ꝛc. nicht nur die Befreiung ipso iure, sondern auch exceptione als Wirkung anführt, woraus hervorgeht, daß diese Wirkung im ersten Satze nicht mitgedacht ist.

[6]) s. S. 38 Anm. 3.

Es ist nie verkannt worden, daß die fideiussio ein Element der Identität enthält, welches sich ja auch in ihrer Formel wörtlich ausspricht. Die vornehmste Wirkung der Identität war die prozessuale Konsumption. Daß solche hier möglich war, beweist, daß die römischen Juristen trotz Verschiedenheit der causa hier eadem res annahmen.[1]) Diese Identität kommt jedoch für den Satz vom Übergange der Einreden nicht in Frage. Mochte sie auch völlige Korrealität zwischen Haupt- und Bürgschaftsschuld begründen,[2]) so blieb sie in dieser Form für die Frage nach dem Übergange der Einreden doch ohne Bedeutung, vermochte sie doch solchen selbst bei der echtesten Korrealität nicht zu bewirken.[3]) Bedeutung erhielt sie erst durch die spezifische Färbung, die ihr die Accessorietät gab.[4]) Der Fidejussor nahm die Verbindlichkeit des Hauptschuldners auf sich,[5]) er verpflichtete sich für die Hauptobligation,[6]) er versprach nicht einen identischen Leistungsgegenstand wie der Adpromissor, sondern er garantierte für die fremde Schuld, er ließ sie auf seine Gefahr ins Leben treten, bestehen, verpflichtete sich, wenn die Persönlichkeit des Hauptschuldners versagen sollte, für diese in die Bresche zu treten und sich ganz so zu verhalten, wie sich der Hauptschuldner hätte verhalten sollen.[7]) Gegenüber der Identität des bloßen Leistungsgegenstandes bei der sponsio und fidepromissio war hier die Identität eine breiter fundierte, innigere geworden. Es war die Hauptschuld, die man in der Bürgschaft wiederfand,[8]) nur eben mit dem Unterschiede, daß an Stelle des Hauptschuldners der Bürge stand. So konnte Baron mit Recht sagen:[9]) „Es läßt sich kein Prozeß über die accessorische Obligation denken, welcher nicht zugleich ein Prozeß über die Hauptobligation wäre. Jede actio aus

---

[1]) Geib a. a. O. S. 13.

[2]) Darüber Windscheid, II. §§ 293, 476. Dagegen Dernburg, II. § 76 S. 208 f. Geib, §§ 2, 3.

[3]) Windscheid, II. § 293 Anm. 4, 13.

[4]) „Accessorisches idem“ bei Geib a. a. O. S. 76.

[5]) Windscheid, II. § 476.

[6]) Geib, a. a. O. S. 45.

[7]) S. über die Bedeutung der Fidejussionsformel Geib, a. a. O S. 37 f.

[8]) Baron, Gesamtrechtsverhältnisse S. 265, 272.

[9]) a. a. O. S. 359 Anm. 1.

der Bürgschaft (fideiussio) enthält zugleich eine actio aus der Hauptschuld."[1])

War dem so, dann mußten sich in der Bürgschaftsobligation alle jene Voraussetzungen für die Zuständigkeit einer bestimmten exceptio wiederfinden, welche nicht ausschließlich in den persönlichen Verhältnissen des Hauptschuldners begründet waren. So entstand der Satz, daß Exceptionen, die blos mit der Person des Hauptschuldners zusammenhängen, dem Bürgen nicht zukommen. Er findet sich in der bekannten l. 7 pr. D. 44. 1 (Paulus l. III. ad Plautium): Exceptiones quae personae cuiusque cohaerent, non transeunt[2]) ad alios. Seine Fassung ist offenbar zu weit, hätte aber zu Zweifeln wohl wenig Anlaß gegeben, wenn dem negativen Satze nicht eine positive Formulierung angehängt worden wäre: § 1 ibid. „Rei autem cohaerentes exceptiones etiam fideiussoribus competunt . . .", eine Wendung, die nichts als den positiven Gehalt jenes negativen Satzes ausdrücken sollte, jedoch den Schein hervorrief, als sollte sie noch etwas Besonderes sagen. Der Schwerpunkt des Ausspruches war jetzt naturgemäß in den positiven Teil der Stelle verlegt, und wenn man in ihr Verständnis eindringen wollte, fragte man nicht darnach, wann eine exceptio „personae cohaerens", also dem Bürgen nicht zu verleihen sei, sondern wann sie ihm zu geben, also rei cohaerens sei. So kam es, daß man die exc.

[1]) Es ist ein anderer Gedankengang, wenn Hasenbalg (S. 346) ausführt: „Von welchem Standpunkte gelangt man überall dahin, dem Fidejussor die Benutzung der Einreden des Hauptschuldners zu gestatten? Man erblickt in dem Fidejussor das andere Ich des Schuldners, man läßt nach dieser Richtung hin die Persönlichkeiten beider zusammenfließen." Die Identität der Verbindlichkeit ist hier außer Betracht gelassen. Von der Auffassung der Einreden als rechtlicher Zuständigkeiten des Hauptschuldners ausgehend sucht Hasenbalg nach einer Erklärung dafür, wie der Person des Hauptschuldners plötzlich jene des Bürgen substituiert werden könne, und er findet die Erklärung in einer Fingierung der Personenidentität.

[2]) Das „transeunt" ist interessant. Es deutet auf die Vorstellung von einem wirklichen Einredenübergang, ebenso, wie das sich in verschiedenen Stellen (l 19 D. 44. 1, l 24 D. 39. 5, vgl. a. l. 15 pr. D. 46. 1) findende „invito reo" die Vorstellung erweckt, als handle es sich um Rechte des Hauptschuldners, über die disponiert werde.

doli und metus als rei cohaerentes exc. anführte, obzwar diese doch auf rein persönlichen Momenten beruhten, die allerdings ebenso in der Person des Gläubigers als in der des Schuldners gegeben waren. Man wollte eben damit ausdrücken, daß es sich um Einreden handle, die nicht ausschließlich in der Person des Hauptschuldners begründet seien. Dieser negative Grund kam aber in jener positiven Fassung nicht zum Vorschein.

Erscheint so der sprachliche Ausdruck dieser Stelle ihrem Gedanken nicht adäquat, so verläßt uns vollends jede Orientierung, wenn wir unter den Exceptionen, die auf den Bürgen übergehen, also mit der Person des Hauptschuldners nicht zusammenhängen, die exc. S. C. Macedoniani und Vellejani finden. Daß es sich hier um Exceptionen handelt, die nur auf persönlichen Verhältnissen des Hauptschuldners beruhen, ist zum mindesten für das S. C. Vellejanum zweifellos, aber auch wohl für das S. C. Macedonnianum anzunehmen, obwohl dieses nicht sowohl „favore debitoris“ als „odio creditoris“ die exceptio einführte.[1]) Ihr Übergang auf den Bürgen läßt sich daher aus dem Gedankengang dieser Stelle nicht rechtfertigen.

Andererseits finden wir als personae cohaerentes exceptiones auch die exc. „quod facere possit“ und „si bonis cesserit“ angeführt, die aber beide dem Bürgen nicht wegen ihrer höchstpersönlichen Natur, sondern deswegen nicht zukommen, weil sie die Giltigkeit der Hauptschuld überhaupt unberührt lassen und sich nur auf die Vollstreckbarkeit beziehen.[2])

So ergibt sich schließlich, daß jene Quellenstelle einen sichern Schluß überhaupt nicht zuläßt. Es ist vielmehr zu bereits vorhandenen Ergebnissen ein Grund angegeben, der an sich richtig, jene Ergebnisse doch nicht erklären kann, weil er für sie nicht erzeugend war. Es läßt sich aus der Stelle ebensogut aus dem Übergang der exceptio ihre rei

[1]) l. 9 § 4 D. 14. 6, „qui ob poena creditorum actione liberantur“, s. Vangerow, I. S. 800 Anm. 2, Windscheid, II. § 289 Anm. 22.

[2]) Brinz, II. § 255 S. 186 u. Anm. 34, Windscheid, § 477 Anm. 7. — Einen andern Grund gibt § 4 J. 4, 14 an, s. Geib S. 134 ff.

cohaerente Natur, als aus dieser Natur jener Übergang folgern. Mit Recht wirft Mitteis diesem Quellenfragmente vor, es enthalte einen fehlerhaften Zirkel, ein idem per idem.[1])

4.

Das Prinzip des zu vermeidenden Regresses (im folgenden der Einfachheit wegen „Regreßprinzip" genannt) enthält eine interessante Methode der Römer, richtiges Recht zu verwirklichen.

Im Rechtsverhältnis der Bürgschaft führen zwei Wege vom Gläubiger zum (Haupt-)Schuldner: der eine direkt, der andere indirekt, über das Haupt des Bürgen. Wird nämlich dieser vom Gläubiger in Anspruch genommen und leistet er für den Hauptschuldner Zahlung, so hat er gegen diesen normaler Weise Anspruch auf Ersatz, den er im Wege Regresses mit der actio mandati oder neg. gest. contraria verlangt.[2]) So ist es schließlich doch der Hauptschuldner, auf dem die Zahlung sitzen bleibt. Soll dieser Vereitlung des dem Hauptschuldner durch seine Einrede gewährten Schutzes vorgebeugt werden, so muß auch der Bürge gegen den Gläubiger geschützt werden; es wird ihm also die Einrede des Hauptschuldners gegeben. Die Quellen sprechen diesen Gedanken wiederholt, teils allgemein, teils in Anwendung auf einen besonderen Fall aus.

Was dieses Prinzip auszeichnet, ist die Klarheit des Gedankens. Im Gegensatz zu den Prinzipien der Accessorietät und Identität, welche den Übergang der Einreden des Hauptschuldners auf den Bürgen mittels formal logischer Deduktionen aus der Natur des Verhältnisses zwischen Hauptschuld und Bürgschaft zu erklären suchen, wird hier der Gedanke der Billigkeit und Zweckmäßigkeit herangezogen. Dies tritt in den einschlägigen Quellenentscheidungen klar hervor. Es wird wiederholt betont, daß es die Rücksicht auf den Hauptschuldner ist, welche die Übertragung seiner Einreden auf den Bürgen veranlaßt.[3])

---

[1]) Iherings Jahrb. XXVIII. S. 141 f.

[2]) § 6 J. 3. 20; l. 6 § 2 D. 17. 1; l. 4 D. 3. 5; l. 5 § 1 D. 3. 5.

[3]) § 4 J. 4. 14: „recte quia, quod ab his petitur, id ab ipso debitore peti videtur"; l. 46 D. 46. 1: „eo magis quod per eiusmodi actionem ad reum pervenitur"; l. 49 pr. D. 46. 1: „quae prodesse reo debuerat, si conveniretur"; l. 19

Es handelt sich um eine Abwägung der Interessen der drei im Bürgschaftsverhältnisse verbundenen Personen gegen einander. Regelmäßig ist der Gläubiger derjenige, dessen Interesse dem der beiden anderen Personen hintangesetzt, geopfert wird. Eine Unbilligkeit kann hierin nicht gefunden werden. Der Bestand einer exceptio beim Hauptschuldner weist ja immer auf einen Mangel des Anspruches des Gläubigers hin, der infolgedessen der Berücksichtigung nicht fähig oder nicht würdig erscheint.[1])

Diese Art der Regelung war jedoch nur der gewöhnliche, regelmäßige Fall. Wo die Billigkeit einen anderen Interessenausgleich erforderte, da wußten die römischen Juristen sehr fein zu unterscheiden.

Es konnte vorkommen, daß der Hauptschuldner ein Interesse daran hatte, daß der Bürge die Zahlung an den Gläubiger leiste und im Regresse an den Hauptschuldner Ersatz suche. Man denke z. B. an einen insolventen Schuldner, dem daran liegt, daß der ihm persönlich nahe stehende Gläubiger keinen Schaden leide. Wäre der Einredenschutz rein nur nach dem Interesse des Hauptschuldners geregelt worden, so hätte solchenfalls dem Bürgen die Einrede versagt sein müssen. Dies läßt jedoch Julian mit nichten gelten. Er entscheidet (LXI. Dig. — l. 15 pr. D. 46. 1): Si stipulatus esses a me sine causa et fideiussorem dedissem et nollem eum exceptione uti, sed potius solvere, ut mecum mandati iudicio ageret, fideiussori etiam invito me exceptio dari debet: interest enim eius pecuniam retinere potius quam solutam stipulatori a reo repetere. Der Bürge wird um seinetwillen geschützt. Derselbe Gesichtspunkt leitet die Entscheidung Javolens in l. 24 D. 39. 5 (XIV. ex Cassio): . . „ex-

§ 5 D. 16. 1: „ne in mulierem mandati actio competat . . . quando haec actio periculo mulieris futura sit"; l. 3 § 3 D. 34. 3: „alioquin cum a conreo petitur ego inquietor"; l. 5 pr. D. 34. 3: „alia ratione reus convenitur"; am deutlichsten l. 32 D. 2. 14: „Quod dictum est, si cum reo pactum sit, ut non petatur, fideiussori quoque competere actionem: propter rei personam placuit, ne mandati iudicio conveniatur". Vgl. noch l. 23, l. 27 § 1 D. 2. 14; l. 1 § 8 D. 44. 5: „cum enim propositum sit praetori in huiusmodi obligationibus reo succurrere, non servaturum propositum suum, nisi fideiussorem quoque et eum, qui rogatu liberti reus factus fuerit, adversus patronum defeuderit . . ."

[1]) l. 16 § 1 D. 16. 1.

ceptio dari debet", (fideiussori) „etiam invito reo, ne si forte reus solvendo non fuerit, pecuniam fideiussor amittat."[1])

Es konnte aber auch im einzelnen Falle der Schutz des Gläubigers gegen unbillige Schädigung die Richtschnur für die Zuteilung der Einrede abgeben. Hatte z. B. der Gläubiger, die Verpflichtungsunfähigkeit des Hauptschuldners kennend, nur auf das Bürgenwort hin Kredit gegeben, so soll der Bürge sich nicht unredlicherweise hinter die Minderjährigkeit des Hauptschuldners verschanzen können, gegen die er gerade den Gläubiger zu sichern versprochen hatte. Er haftet dem Gläubiger, ohne sich bei dem minderjährigen Hauptschuldner seines Schadens erholen zu können. Dies führt l. 13 pr. D. 4. 4 (Ulpian XI. ad edict) schön aus: „itaque si cum scirem minorem et ei fidem non haberem, tu fideiusseris pro eo, non est aequum fideiussori in necem meam subveniri, sed potius ipsi deneganda erit mandati actio. In summa perpendendum erit praetori, cui potius subveniat, utrum creditori an fideiussori: nam minor captus neutri tenebitur. Facilius in mandatore erit ei non subvenire: hic enim velut adfirmator fuit et suasor, ut cum minore contraheretur.[2])

Es läßt sich schließlich auch eine solche Regelung bei primärer Berücksichtigung des Gläubigerinteresses denken, daß der Bürge, der dem Angriffe des Gläubigers unter Versagung der Einrede voll ausgesetzt war, seinen Schaden bei dem Hauptschuldner einbringt, so daß dieser durch seine Einrede wohl gegenüber dem Gläubiger, nicht aber gegenüber dem Bürgen geschützt wäre.[3])

---

[1]) War so der Bürge vom Willen des Hauptschuldners in Bezug auf die exceptio unabhängig gestellt, so war andererseits der Gebrauch der exceptio nicht gänzlich seinem Belieben überlassen. — War ihm eine Einrede des Hauptschuldners bekannt, so mußte er sie vorbringen. Die Unterlassung der Einwendung hätte ihn um seinen Regreß gebracht. — Befand er sich aus Irrtum in Unkenntnis über den Bestand der Einrede, so blieb ihm der Regreß nur erhalten, wenn es ein Tat- nicht wenn es ein Rechtsirrtum war. l. 29 § 1 D. 17. 1 und dazu die scharfsinnigen Erläuterungen von Karl Adler in Iherings Jahrb. XXXIII. S. 202 f.

[2]) S. l. 12 § 13 D. 17. 1 (Ulp.).

[3]) l. 22 D. 2. 14.

Ob eine solche Regelung auch bei dem benef. competentiae stattfand[1]) ist zweifelhaft. Dagegen scheint zu sprechen l. 58 § 1 D. 17. 1 (Paulus l. IV quaest): „. . . nec enim si quis dixerit summovendum creditorem heredi consulitur, sed mandatori vel fideiussori, quibus mandati iudicio eandem partem praestaturus est.“ [2])

Es war also rein nur die billige Abwägung der Interessen, welche nach diesem Prinzipe die Zuteilung der Einrede bestimmte.[3])

5.

Rein historisches Interesse hat die Frage, welches von den beiden Prinzipien der Accessorietät und des Regresses das ältere gewesen sei. Die herrschende Ansicht leitet das höhere Alter des Regreßgedankens

---

[1]) So Gradenwitz, die Ungiltigkeit obligatorischer Rechtsgeschäfte. S. 268 f.

[2]) Windscheid, II. § 477 Anm. 9; Girtanner S. 515 Nr. 34, 520 Anm. 39; Hasenbalg, S. 322 ff.; vgl. auch l. 24, l. 41 pr. i. f. D. 42, 1. Die Frage ist im modernen Konkursrecht zu besonderer Wichtigkeit gelangt. Der Gläubiger hat Konkursdividende erhalten und sich wegen des Ausfalles beim Bürgen erholt. Kann der Bürge nunmehr seine Regreßforderung gegen die Konkursmasse geltend machen? Die Frage wird vom RG. mit Recht verneint. Die richtige Regelung der Interessen der drei beteiligten Personen verlangt, daß der Schuldner nur mit seiner Konkursquote zur Zahlung herangezogen werde, der Gläubiger in seinem Garanten volle Deckung finde, der Ausfall also auf diesem sitzen bleibe. Diese Konsequenzen ergeben sich ohne Bedenken, wenn der Gläubiger sofort den Bürgen voll in Anspruch nimmt und dieser mit dem vollen Regresse sich an die Konkursmasse hält. Warum sollte es anders sein, wenn der Gläubiger sich zunächst an die Konkursmasse wendet? — In entgegengesetztem Sinne spricht sich neuestens Dr. F. W. Erlinghagen (Der Rückgriff des Bürgen auf den Schuldner im Konkursfall des Letztern) aus. — S. die Besprechung dieser Arbeit durch Ehrenzweig in Goldschmidts Zeitschr. Bd. LIV. 2. Heft S. 345. Vgl. Bolze, Bd. II. Nr. 2000 und die Besprechung dieser Entscheidung von Bähr in der Krit. Vierteljahrschr. Bd. XXVIII.

[3]) Vgl. noch die charakteristische l. 29 § 2, 3 D. 17. 1 (Ulp. l. VII. Disput.) wo der Regreß dem Bürgen gegeben oder versagt wird, je nachdem der Hauptschuldner gegen ihn, oder er gegen den Hauptschuldner die Pflicht der Benachrichtigung von der erfolgten Zahlung verletzt hat.

aus l. 16 § 1 D. 16. 1 ab, wo Cassius als Gewährsmann des Regreß-, Julian als Gewährsmann des Accessorietätsgedankens genannt ist.[1])

Gradenwitz hat nachgewiesen,[2]) daß der Schwerpunkt der Entscheidung Julians im „quia totam obligationem senatus improbat" zu suchen ist, in einer besonders intensiven Mißbilligung der dem Vellejanischen Senatsbeschlusse zuwiderlaufenden Verpflichtung, welche ihre Wirkung bis auf die für sie übernommene Bürgschaft erstreckt. Man könnte nun behaupten, es handele sich hier um eine auf einem Ausnahmsmotiv (Mitteis:[3]) öffentliches Interesse) beruhende Entscheidung, welche nicht beweise, daß das allgemeine Prinzip des Regresses zu Gunsten eines andern allgemeinen Gedankens aufgegeben wurde. Man übersieht dann aber, daß die Wirkung der Ungiltigkeit der Hauptschuld auf die Bürgschaft nur vermöge des Accessorietätsgedankens erklärlich ist. Dagegen ist auf l. 14 § 6 D. 4. 2 zu verweisen, die ja analog erklärt wird[4]) und bis auf Labeo zurückgeht und wird erwogen, daß innere Gründe für ein höheres Alter des Regreßprinzipes keineswegs sprechen, so kommt man zum Schlusse, daß ein sicherer Beweis für den zeitlichen Vorrang eines der beiden Prinzipien der l. 16 cit. nicht zu entnehmen ist.

6.

Wichtiger ist die Frage, ob sich nach dem Stande der Quellen die ausschließliche Herrschaft des Regreßprinzipes behaupten läßt, wie dies von hervorragender Seite geschieht.[5])

Es wird in dieser Hinsicht zweierlei vorgebracht: einerseits, daß für die Zuteilung der Einreden an den Bürgen nach den Aussprüchen der römischen Juristen nur der Regreß maßgebend gewesen sei, andererseits, daß infolgedessen der Einredenübergang überall dort nicht stattgefunden habe, wo der Regreß aus irgend einem Grunde entfiel.

---

[1]) Brinz, II. § 255 Anm. 27; Dernburg, II. § 79 Anm. 5; Mandry, Familiengüterrecht, I. S. 480 Anm. 4; Mitteis, Iherings Jahrb. XXVIII. S. 141 (bei Anm. 1) S. 149 Anm. 1.

[2]) Die Ungiltigkeit obligat. Rechtsgeschäfte S. 148 ff., vgl. Mitteis a. a. O. S. 148.

[3]) a. a. O. S. 148.

[4]) Gradenwitz a. a. O. S. 149 Anm. 1.

[5]) So Geib a. a. O.

Dem Widerspruch, in dem die erste dieser Behauptungen mit l. 16 § 1 D. 16. 1, l. 49. pr. D. 46. 1, l. 1 pr. D. 36. 4 steht, wird dadurch begegnet, daß man sagt, es handle sich bei den hier in Rede stehenden exce. S. C. Velleiani, doli und metus um Fälle besonderer Mißbilligung der Obligation.[1]) Es wird dabei — wie erwähnt — übersehen, daß das Übergreifen der Ungiltigkeit auf die Bürgschaftsschuld trotzdem nur aus dem Gedanken der Accessorietät erklärbar ist.

Läßt sich so der Satz von der ausschließlichen Herrschaft des Regreßprinzipes nicht positiv beweisen, so ist auch der negative an das Fehlen des Regresses anknüpfende Beweis nicht zu erbringen. Man sagt, der Einredenübergang entfalle, wo der Regreß fehle, übersieht aber, daß damit ein schlüssiger Beweis gegen das Accessorietätsprinzip nicht hergestellt ist, so lange nicht auch bewiesen wird, daß in jenen Fällen der Accessorietätsgedanke zutrifft. Erst dann, wenn dargetan wird, daß bei fehlendem Regresse, trotz Zutreffens des Accessorietätsgedankens, der Einredenübergang nicht stattfinde, erst dann ist bewiesen, daß Regreß und nicht Accessorietät das Regulativ in unserer Frage abgeben.

Es ist dabei aber im Auge zu behalten: erstens, daß das Accessorietätsprinzip den Übergang ausnahmslos aller Einreden keineswegs erfordert,[2]) zweitens, daß sich die Prinzipien der Accessorietät und des Regresses keineswegs ausschließen. Die Interessen des Bürgen und des Hauptschuldners, die von den beiden Prinzipien geschützt werden,[3]) stehen durchaus nicht notwendig in Gegensatz zu einander und können gerade in der Frage vom Einredenübergange gegenüber dem Gläubiger Hand in Hand gehen. So ist es sehr gut möglich, daß eine Einrede dem Bürgen aus beiden Gesichtspunkten zukommt, wenngleich nur gerade der eine in dem betreffenden vom römischen Juristen besprochenen Falle hervorgehoben ist.[4])

---

[1]) Geib a. a. O. S. 128 ff.

[2]) S. oben S. 41 Anm. 2 (Naturalobligation).

[3]) Das Prinzip der Accessorietät entspricht dem Bürgeninteresse, jenes des Regresses dem Interesse des Hauptschuldners.

[4]) Anders bei Aussprüchen von allgemeiner Bedeutung, wie § 4 J. 4. 14, dessen Beweiskraft groß wäre, wenn man nicht gegenüber derartigen allgemeinen Aussprüchen römischer Juristen zur Vorsicht und zu ihrer Kontrolle durch die Entscheidungen konkreter Fälle gemahnt wäre.

Wird dies festgehalten, so gibt es nur zwei Quellenstellen, welche zu Gunsten der hier bekämpften Meinung schwer ins Gewicht fallen. l. 9 § 3 D. 14. 6. (Ulp. l. XXIX. ad edict) spricht von der Verleihung der exc. SC. Macedoniani an den Bürgen. Der Maced. Senatsbeschluß richtet seine Spitze gegen den Gläubiger.[1]) Dessen Schlichen soll begegnet werden und deshalb nicht nur dem Hauptschuldner, sondern auch seinem Bürgen die Einrede gegeben werden.[2]) Insoweit scheint der Einredenübergang vom Gedanken des Regresses ganz unabhängig zu sein: „non solum filio familias et patri eius succurritur, verum fideiussori quoque et mandatori eius." Der anschließende Satz, „qui et ipsi mandati habent regressum, nisi forte donandi animo intercesserunt," muß nicht kausal, sondern kann rein relativisch, aussagend, auf ein zweites Hilfsmittel des Bürgen hinweisend aufgefaßt werden. Nun kommt allerdings ein Nachsatz, der diese Auslegung ausschließt: tunc enim cum nullum regressum habeant senatus consultum locum non habebit. Es ist also doch der reine Regreßgedanke, folglich die Rücksicht auf den Hauptschuldner, die hier entscheiden soll, ein offenbarer Widerspruch zu der in l. 9 § 4 D. 14. 6 ausgedrückten Tendenz.[3])

---

[1]) l. 9 § 4 D. 14. 6 (Ulp. l. 29 ad edict) sagt von den Haussöhnen „hi demum solutum non repetunt, qui ob poenam creditorum actione liberantur, non quoniam exonerare eos lex voluit. Vgl. Vangerow I. S. 800, Hasenbalg, Bürgschaft S. 154.

[2]) l. 7 § 1 D. 44. 1 (gleichfalls aus dem 29. Buch des Ulpian'schen Ediktskommentars).

[3]) S. Anm. 1. Es ist (so von Hasenbalg) versucht worden, die l. 9 § 3 cit. dadurch umzudeuten, daß man das donandi animo als Schenkung an den Gläubiger auslegte, dem gegenüber auf die Einrede verzichtet werde. Es fiele dann der Regreß gegen den Hauptschuldner fort, weil nicht in seinem Interesse gehandelt wäre. So würde der Fortfall des Regresses aus dem Fortfall der Einrede des Bürgen folgen, womit der Gedanke von „tunc enim cum nullum regressum habeant, senatus consultum locum non habebit" gerade auf den Kopf gestellt wäre. — Übrigens enthielte der Verzicht auf die Einrede keine Schenkung. Der Gläubiger würde nicht bereichert, er erhielte nur das Seine zurück. (l. 19 § 4 D. 39. 5.) Hasenbalg legt konsequent das donandi animo im Sinne einer Schenkung an den Gläubiger aus. Seine Argumente sind gänzlich unhaltbar. Eine Widerlegung im einzelnen würde zu weit führen.

Ein stringenter Beweis gegen das Accessorietätsprinzip kann indeß in diesem Ausspruch nicht erblickt werden, weil ja die exc. S. C. Macedoniani eine Naturalobigation hinterläßt, welche nach dem Accessorietätsprinzip die Bürgenhaftung genügend erklärt.[1])

Die zweite zu Gunsten der bekämpften Meinung sprechende Quellenstelle ist l. 32 D. 2. 14 (Paulus l. III. ad Plautium) Quod dictum est, si cum reo pactum sit, ut non petatur, fideiussori quoque competere exceptionem: propter rei personam placuit, ne mandati iudicio conveniatur. Igitur si mandati actio nulla sit, forte si donandi animo fideiusserit, dicendum est non prodesse exceptionem fideiussori.

Die Stelle besagt mit unanfechtbarer Deutlichkeit, daß die exc. pacti dem Bürgen nur wegen des Regresses gegeben werde und mit diesem fortfalle.

Diejenigen, die dem pactum de non petendo blos die Wirkung beilegen, daß es die Klagbarkeit aufhebe, dagegen die Obligation als solche bestehen lasse,[2]) werden auch l. 32 cit. mit dem Accessorietätsgedanken in Einklang bringen können. — Aber auch jene, die das Zurückbleiben einer Naturalobligation bestreiten, geben doch zu, daß hier gegenüber dem Erlaß in der Form der acceptilatio eine inhaltlich schwächere Wirkung vorliegt.[3]) Es ist nicht sowohl ein Rechtsgrund, der hier die Giltigkeit der Forderung aufhebt, als vielmehr ein factum, welches ihre Realisierung verhindert.[4])

So kann denn hier die Verbindung mit dem Accessorietätsgedanken in der Annahme einer schwächeren Ungiltigkeitsform bei der Hauptschuld gesucht werden.

---

[1]) S. Mitteis, Iherings Jahrb. XXVIII. S. 151 Anm. 1.

[2]) O. v. Völderndorf-Waradein, zur Lehre vom Erlaß; Rudorff zu Puchta, Inst. § 297a (vgl. Puchta, Inst. § 280 Note gg). Dagegen Savigny, Syst. V. S. 400, Windscheid, II. § 357 Anm. 6 und die dort Citt. Vgl. ferner Vangerow, III. § 578 und gegen ihn Mitteis a. a. O. S. 149 Anm. 1.

[3]) Windscheid a. a. O.: „Das Forderungsrecht soll an und für sich bestehen bleiben, es macht sich aber der Gläubiger anheischig, dasselbe nicht geltend zu machen, so daß, wenn er es dennoch tut, eine Einrede gegen ihn begründet ist." (Dazu vgl. Anm. 6.)

[4]) l. 27 § 2 D. 2. 14: „in stipulationibus ius continetur, in pactis factum versatur".

Möglicherweise aber bezieht sich l. 32 cit. nur auf ein pactum de non petendo in personam[1]) und schließlich wird sie durch den Widerspruch abgeschwächt, in dem sie nicht nur mit l. 7 § 1 D. 44. 1 steht, wo die exceptio pacti als rei cohaerens, somit kraft des Identitätsgedankens auf den Bürgen übergehend erscheint, sondern auch mit l. 5 pr. D. 34. 3, von der Mitteis[2]) mit seiner Interpretationskunst einen mit l. 7 § 1 cit. übereinstimmenden Gedankeninhalt nachgewiesen hat.[3])

Es läßt sich somit in Bezug auf die Bedeutung für den Satz vom Übergange der Einreden des Hauptschuldners auf den Bürgen ein Vorrang des Regreßprinzipes vor dem der Accessorietät nicht nachweisen.[4])

Ihrem Grundgedanken nach konnten beide recht gut nebeneinander gelten und, wo dies nicht stattfand, einander ergänzen, indem das eine dort einsprang, wo das andere versagte, so ergänzte im Falle der l. 9 § 3 D. 14. 6 das Regreßprinzip jenes der Accessorietät, im Falle der l. 24 D. 39. 5 das Accessorietätsprinzip jenes des Regresses.

7.

Die bisher dargestellten Grundsätze finden sich im römischen Rechte im Anschluß an die fideiussio entwickelt. Die Bürgschaftsformen

---

1) Mitteis a. a. O. S. 150. — Brinz findet den Widerspruch unserer Quellenstelle mit dem von ihm verteidigten Accessorietätsprinzip überhaupt nur in der Beschränkbarkeit des pactums auf die Person des Hauptschuldners und tröstet sich damit, daß hier „die Schuld selbst, und zwar nicht blos nominell (ipso iure), sondern materiell fortdauere, gegen die Erben des Schuldners nämlich". II. § 255 bei Anm. 37.

2) a. a. O. S. 148 ff.

3) Vgl. auch l. 46 D. 46. 1, l. 49 pr. D. 46. 1, l. 19 § 5 D. 16. 1, l. 3 § 3 D. 34. 3. — Daß l. 28 D. 2. 14 neque enim quoquo modo etc. einen allgemeinen Gedanken zum Ausdrucke bringt und deswegen nicht hierhergehört, hat Hasenbalg (a. a. O. S. 319) gut bewiesen. S. Mitteis a. a. O. S. 150 Anm. 2.

4) Es wäre andererseits ebenso verfehlt, dem Regreßgedanken jede Bedeutung absprechen zu wollen. Hasenbalg hat es versucht, dem Regreßprinzip dadurch die Spitze abzubrechen, daß er das „donandi animo" durchwegs im Sinne einer Schenkung an den Gläubiger auslegt. Vgl. S. 52 Anm. 3. Seine Argumente sind unhaltbar und verfehlen den Kern der Sache schon deswegen, weil der Fall schenkungsweiser Verbürgung nicht der einzige ist, mit dem sich der Fortfall des Regresses verbindet. (Vgl. darüber Geib a. a. O. S. 111 Anm. 3.)

des Konstituts und Mandats bieten für unser Problem keine besonderen Gesichtspunkte. Wir können uns damit begnügen, hier darauf hinzuweisen, daß das Konstitut an das Vorhandensein eines wenigstens natura giltigen debitums geknüpft war,[1]) woraus dann die Entscheidung Ulpians in l. 3 § 1 D. 13. 5 sich erklärt, wonach der Konstituent durch Hinweis auf eine der Hauptschuld entgegenstehende peremtorische Einrede den gegen ihn erhobenen Einspruch erfolgreich abwehren kann. Man folgert daraus für das gemeine Recht den Übergang der zur Zeit der Begründung des Konstituts bereits bestehenden Einreden auf den Konstituenten.[2])

Wie es sich aber mit nachträglich entstandenen Einreden verhalte, darüber geben die Quellen keinen verläßlichen Aufschluß. Für die beiden Fälle des Zeitablaufes und der Litiskontestation tun l. 18 § 1 und § 3 D. 13. 5 dar, daß diese Ereignisse die Giltigkeit des Konstituts unberührt ließen.[3])

Für die Anwendung des Gedankens der Regredienteneinrede enthalten die Quellen keinen Beleg.[4])

Auch für das Mandat mangelt es hinsichtlich unserer Sonderfrage an Quellenaussprüchen. Girtanner[5]) argumentiert hier: „Ist der Vertrag vom Mandatar mit dem Dritten ungiltig geschlossen worden, so kann jener nicht behaupten, er habe im Auftrag Kredit gegeben — also auch nicht, daß er den Auftrag ausgeführt habe. Daher müssen auch dem Mandator diejenigen Einreden des Hauptschuldners zustehen, welche die Entstehung der Hauptschuld auch ihrem naturalen Bestandteile nach verhindert haben."

[1]) l. 1 § 7 D. 13. 5. Windscheid II. § 284 Anm. 7, s. Seuff. Arch. XVI. Nr. 91.

[2]) Girtanner, Bürgschaft, S. 59; Hasenbalg, Bürgschaft, S. 778 f.; dageg. Geib a. a. O. S. 182.

[3]) Vangerow III § 579 Anm. 4; Hasenbalg a. a. O. S. 778 ff., S. 872 ff. Eine Entscheidung, die mit dem Charakter des Konstituts, das ja nicht das Versprechen einer identischen Leistung (wie die accessorische Stipulation), sondern der Erfüllung der fremden Schuld war, in schneidendem Widerspruch steht.

[4]) Girtanner a. a. O. leitet die Anwendbarkeit dieses Gedankens aus seiner allgemeinen Giltigkeit ab.

[5]) S. 541 f.

8.

In neuerer Zeit ist eine Theorie für den Übergang der Einreden des Hauptschuldners auf den Bürgen aufgestellt worden, welche es auf die Intention des Bürgen bei der Verbürgung ankommen läßt. Der Bürge soll nicht weiter haften, als er eben haften wollte. Er will aber in der Regel nie weiter haften, als der Hauptschuldner haften will. Der Urheber dieser Lehre ist Mitteis. Er unterscheidet [1]) zwischen Einreden, „welche auf einem subjektiven Dispositionsrechte beruhen, über dessen Ausübung der Hauptschuldner noch nicht entschieden hat",[2]) und solchen Einreden, „in deren Tatbestand schon das liegt, daß der Hauptschuldner die Schuld nicht haben will".[3]) Die ersteren seien dem Bürgen stets zu versagen, „da sie doch unmöglich in das Belieben anderer Personen, als des Hauptschuldners gestellt sein können," [4]) die letzteren seien ihm stets zu gewähren. „Hier ist objektiv die Obligation eine mangelhafte; es steht objektiv fest, daß der Hauptschuldner sie nicht will. Da nun anzunehmen ist, daß der Bürge sich nur für eine giltige Schuld und im Interesse des Hauptschuldners verbürgen wollte, ist auch anzunehmen, daß er sich für diese Schuld bei Kenntnis der Verhältnisse nicht verbürgt haben würde und, wenn er nachträglich vom Vorhandensein der exceptio hört, sich sofort für frei hält. Denn daß der Schuldner seinen Willen ändern werde, darauf kann der Bürge natürlich nicht rechnen; er vertraut vielmehr auf den Willen des Schuldners, nichts schulden zu wollen, und in diesem Vertrauen ist er nicht zu täuschen. Darum wird hier die exceptio auch dem nichtregreßberechtigten Bürgen gegeben." [5])

Diese Lehre von Mitteis gehört insofern nicht in den Zusammenhang einer Besprechung des römischen Rechtszustandes, als sie nicht sowohl den Gedankengang der römischen Juristen wiedergeben, als vielmehr zunächst aprioristisch das Regulativ unserer Frage finden und

---

[1]) Iherings Jahrb. XXVIII. S. 142 ff.

[2]) S. 142. [3]) S. 145. [4]) S. 142.

[5]) S. 145. Vgl. hierzu die aus demselben Jahre stammenden Bemerkungen von Danz im AcPr. Bd. LXXIV. S. 282 bei Note 29 und 283, Note 32 a. E. Für das moderne Recht kann in der Tat nur die Bürgenintention entscheidend sein.

sodann beweisen will, nicht etwa, daß die römischen Juristen sich wirklich in diesen Gedankenbahnen bewegt haben, sondern daß sich die Ergebnisse ihrer Auffassung mit dieser Theorie wohl vereinbaren lassen.[1])

Mitteis will daher die Möglichkeit schaffen, den überlieferten Zustand der Quellen, mit einer modernen, in das Wesen der Bürgschaft eindringenden Auffassung in Einklang zu bringen.

Durch die Kodifikation des bürgerlichen Rechtes in Deutschland hat diese von ihm im Jahre 1889 entwickelte Lehre ihre praktische Bedeutnug verloren. Ihr unvergängliches theoretisches Verdienst liegt aber in der zuerst von Mitteis vertretenen Scheidung zwischen jenen Einreden des Hauptschuldners, die eine Dispositionsbefugnis desselben enthalten, und solchen, bei denen es nicht der Fall ist, sowie in der energischen Betonung der Bürgenintention, als des hier maßgebenden Momentes.

Im übrigen mag hier nur noch die Bemerkung Platz finden, daß die Herstellung einer Konkordanz zwischen seiner Auffassung und den Aussprüchen der römischen Juristen Mitteis unschwer gelingen mußte.

Wer durch exceptio geschützt ist, von dem ist nach allgemeinen Vernunftgrundsätzen anzunehmen, daß er sich des ihm verliehenen Verteidigungsmittels bedienen, sich also nicht freiwillig der Leistung unterziehen wird. So trifft Mitteis' Gesichtspunkt im allgemeinen in jedem Falle von exceptionsmäßiger Hauptschuld zu, und es deckt sich in der Tat im großen ganzen sein Resultat mit den Ergebnissen des Accessorietätsprinzips.

Gerade für die Fälle jener Einreden aber, deren Geltendmachung eine Disposition über Rechte des Hauptschuldners enthielte, lassen uns die Quellen ganz im Stich. Die Verleihung der Kompensationseinrede des Hauptschuldners an den Bürgen[2]) steht mit der Theorie von Mitteis[3]) in direktem Widerspruche, der vielleicht aus der Geschichte

---

[1]) Mitteis a. a. O. S. 147.

[2]) l. 4, 5 D. 16. 2.

[3]) Die an sich die vollste Zustimmung erheischt. Vgl. die treffenden Ausführungen auf S. 143 Anm. 1.

des Institutes und der Kompilation zu erklären ist,[1]) für das gemeine Recht aber unlösbar bleibt.[2])

9.

Auf den Willen des Schuldners hat in neuester Zeit auch Geib[3]) die Erklärung des Problems vom Einredenübergange bei der Bürgschaft gegründet. Geib unterscheidet sich in dieser Lehre durch den Weg, auf dem er von seiner Theorie zu den Quellen gelangt. Ist sich Mitteis dessen wohl bewußt, daß ein Quellenbeweis im eigentlichen Sinne für seine Lehre nicht zu erbringen ist, und daß man sich bescheiden muß, die Möglichkeit einer Übereinstimmung in den Ergebnissen aufzuzeigen, so sucht Geib geradezu zu beweisen, daß schon die römischen Juristen alles auf den Willen des Hauptschuldners und des Bürgen abgestellt haben, und das Mittel dieses Beweises findet er in der Behandlung des Regresses des Bürgen.

Geib empfindet die Schwierigkeit, den Regreßgedanken der Logik eines geschlossenen Rechtsinstitutes anzupassen.[4]) Die Lösung findet er darin, daß „der vom Fidejussor in Aussicht genommene Ersatzanspruch gegen den Hauptschuldner nur ein Symptom dafür" ist, „daß der Fidejussor dem Gläubiger nur für die vollwirksame, nicht für die exceptionsmäßige Hauptschuld Sicherheit leisten, daß er also nicht sine contemplatione iuris praetorii die Bürgschaft eingehen wolle".[5])

So geistreich der Ausweg ist, so wenig können wir ihm beipflichten.

Der Regreß des Bürgen, geltend gemacht mit der actio mandati oder neg. gest. contraria, setzt allerdings voraus, daß der Hauptschuldner an der Verbürgung, so wie sie geschah, ein Interesse hatte, daß er die Verbürgung wollte und daß der Bürge diesem Willen dienen wollte. Regelmäßig wird solcher Wille sowohl bei dem Haupt-

[1]) Mitteis a. a. O. S. 151—156.

[2]) Was Mitteis selbst hervorhebt. S. 155.

[3]) Zur Dogmatik des römischen Bürgschaftsrechts.

[4]) Vgl. die wichtigen Ausführungen a. a. O. S. 108.

[5]) S. a. a. O. 109.

schuldner als auch bei dem Bürgen nur bei vollwirksamer Hauptschuld zu denken sein.

Es ist aber schon bei solcher normaler Verbürgung durchaus nicht notwendig, daß der Bürge den Regreß an den Hauptschuldner in Aussicht genommen habe. Er kann mit der Bürgschaft eine Schenkung an den Hauptschuldner beabsichtigt, ja ihm gegenüber sogar ausdrücklich auf den Regreß verzichtet haben. In solchem Falle liegt vollwirksame Hauptschuld, vollwirksame Bürgschaft, und zwar eine den Interessen des Hauptschuldners besonders entsprechende, vor, ohne daß Regreß bestünde.

Andererseits muß der Regreß bei minder wirksamer Hauptschuld durchaus nicht fehlen. Der Bestand vollwirksamer Bürgschaft bei blos naturaler Hauptschuld zeigt uns die Möglichkeit eines Interesses des Hauptschuldners an kräftigerer Bindung des Bürgen. Ist hier aber die Richtung einmal gegeben, so gibt es auch keine Schranke, die uns hindern könnte, den Gedanken zu Ende zu denken. Ist es möglich, daß der Hauptschuldner, selbst bloß naturaliter verpflichtet, somit direktem Zahlungszwange nicht ausgesetzt, ein Interesse daran habe, daß ein Bürge sich für ihn vollwirksam verpflichte, so wird ein solches Interesse auch dort denkbar und praktisch möglich sein, wo die Verpflichtung des Hauptschuldners noch schwächer, wo sie auf den Nullpunkt peremtorisch exceptionsmäßiger Schuld gesunken ist.[1]) Es ist z. B. gewiß denkbar und möglich, daß der metu Verpflichtete einen Bürgen bestelle und diesen veranlasse, sich dem Anspruch des Gläubigers nicht zu widersetzen.

In solchem Falle besteht der Regreß, trotzdem der Bürge sich ausdrücklich für exceptionsmäßige Hauptschuld verbürgen wollte. Bei den exce. S. C. Velleiani und Macedoniani wird ein solches Verhältnis die Regel sein, und wenn auch der Regreß dort im öffentlichen Interesse, hier wegen des in fraudem legis agere unterbleibt, so war er doch in Aussicht genommen, und nur auf dies soll es ja ankommen.

---

[1]) Die Möglichkeit solchen Interesses gibt Geib zu: „Zahlt deshalb der Fidejussor auf Grund der exceptionsmäßigen Hauptschuld, so kann er dafür vom Hauptschuldner, sofern er von diesem zu so weit gehender Bürgschaftsübernahme nicht geradezu beauftragt worden war" rc. S. 110.

Es kann also Regreß in Aussicht genommen sein, obzwar die Hauptschuld mit exceptio behaftet ist; es kann sein, daß Regreß nicht in Aussicht genommen wurde, obzwar die Bürgschaft vollwirksam ist. Wo bleibt hier das Symptomatische des „in Aussichtnehmens"?

Regelmäßig wird man sich allerdings sagen können, wenn der Bürge den Regreß in Aussicht nehme, so meine er offenbar, mit seiner Bürgschaft dem Hauptschuldner nützlich zu sein. Diese Meinung aber könne nur begründet sein, wenn er annehme, daß der Hauptschuldner vollwirksam verpflichtet sei.

Dagegen ist aber wieder zu sagen, daß in den wenigsten Fällen ein „in Aussichtnehmen" des Regresses gegeben sein wird, weil der Bürge an den Regreß überhaupt nicht dachte. Der Bürge geht natürlicherweise von der Voraussetzung aus, daß er gar nicht in die Lage kommen werde, für den Hauptschuldner zu zahlen, weil dieser seine Verpflichtung selbst erfüllen werde. Er bürgt, weil er den Zweifel an der Solvenz des Hauptschuldners nicht hat, den der Gläubiger hegt. Hat er aber diesen Zweifel dennoch, so wird er entweder die Bürgschaft unterlassen, weil er für seinen Regreß ebenso fürchten wird, wie der Gläubiger für seine Forderung, oder er wird sich mit dem Gedanken abfinden, eventuell ohne Hoffnung auf Ersatz zahlen zu müssen.

So wird man sich in der Regel aufrichtigerweise sagen müssen, daß der Bürge den Regreß weder in Aussicht genommen, noch ihn abgelehnt habe, weil er an ihn überhaupt nicht gedacht hat. Die Annahme, der Bürge habe den Regreß in Aussicht genommen, wäre somit in der Mehrzahl der Fälle eine Fiktion. Ein fingiertes Symptom ist aber ein Widerspruch in sich selbst.

Wem sollte schließlich dieses Symptom als Erkennungszeichen dienen? Dem Gesetzgeber? Der bedarf eines solchen nicht, da er es nicht mit dem einzelnen Falle zu tun hat und alles direkt auf das allgemeine Prinzip abstellen kann, dessen Symptom der Regreß sein soll. Dem Richter? Der kann eines solchen Symptomes allerdings bedürfen, aber es wird für ihn nur eines unter andern Erkennungszeichen sein, und zwar ein sehr minderwertiges, denn das „in Aussichtnehmen" ist geradeso eine sog. innere Tatsache, wie der daraus zu erschließende Verpflichtungswille des Bürgen selbst. Zudem wäre damit eine von Geib empfundene Schwierigkeit nicht beseitigt. Denn warum sollte sich der Gläubiger gefallen lassen, daß der Richter ihn auf Grund eines Umstandes abweise, der eine Rechtsbeziehung unter Dritten enthält, von der der Gläubiger regelmäßig keine Kenntnis bekommt?

Oder sollte das Symptom gar dem Gläubiger zur Bestimmung des Umfanges der Bürgenverpflichtung dienen? Dann käme es einfach auf den Inhalt der Vereinbarung zwischen Gläubiger und Bürgen an, und letzterer hätte die Einrede eben deswegen, weil er sie sich dem Gläubiger gegenüber vorbehalten hat. Darf der Bürge den Regreß nur dann zu seinem Schutze herbeiziehen, wenn er ihn bei Übernahme der Bürgschaft in einer dem Gläubiger erkennbaren Weise in Aussicht genommen hat, und hat er infolgedessen ein Interesse daran, diesen seinen eingeschränkten Haftungswillen dem Gläubiger kenntlich zu machen, so ist es ja viel einfacher und natürlicher, daß er dem Gläubiger direkt erklärt, er wolle nur für die vollwirksame, nicht für die exceptionsmäßige Schuld bürgen. Wenn solche Erklärung erfolgt, ist die Sachlage freilich klar, die rechtliche Regelung betrifft aber offenbar nur jene Fälle, bei denen nichts als die nackte Bürgschaftserklärung vorliegt. Wie soll der Gläubiger da auf die Idee des Regresses kommen? Soll er ihn etwa aus der regelmäßigen Natur der Bürgschaft folgern? Dann müßte er aus dem normalen Verpflichtungswillen des Bürgen auf den Regreß schließen, während sein Schluß doch gerade umgekehrt sein sollte.

In der Tat sieht sich Geib zu der ausdrücklichen Einschränkung veranlaßt: „Der Schluß aus dem Vorhandensein eines Mandats- oder Gestionsverhältnisses zwischen Fidejussor und Hauptschuldner auf minder intensive Verbürgung ist ebensowenig untrüglich, wie der aus dem Nichtvorhandensein solcher actio auf intensivere Verbürgung.“ [1])

Damit ist aber die Qualifikation des Regresses als Symptom aufgegeben, denn Symptom kann nur eine notwendige Begleiterscheinung sein.[2])

[1]) a. a. O. S. 127.

[2]) Vgl. Geib selbst S. 124: „sofern statt des Grundes eine regelmäßige aber doch prinzipiell accidentielle Begleiterscheinung desselben namhaft gemacht wird“.

Zudem wird bei solcher Auffassung des Regresses alles auf den Willen des Bürgen, somit auf dessen Interesse abgestellt, während doch die Quellen in unzweifelhafter Weise in der weitaus größten Mehrzahl der Fälle das Interesse des Hauptschuldners maßgebend sein lassen.[1]) Zwar soll nach Geib das Bürgeninteresse derart mit dem des Hauptschuldners verknüpft sein, daß in jenem dieses geschützt wird, aber wie kläglich mitunter dieser Schutz des Hauptschuldners aussieht, zeigt sich alsbald darin, daß die exce. rei cohaerentes „dem „regreßberechtigten“ Fidejussor auch gegen den Willen des Hauptschuldners zustehen, jener also über dieselben verfügen darf, ohne Rücksicht darauf, ob der Hauptschuldner von der betreffenden Einrede auch seinerseits wirklich Gebrauch machen wollte oder nicht.“

Geib selbst hat der hier bekämpften Auffassung des Regreßprinzipes keineswegs übermäßige Bedeutung beigelegt, und seine wertvollen Untersuchungen ziemlich unabhängig davon durchgeführt.[2])

Wenn ihr hier gleichwohl eine eingehende Erörterung gewidmet wurde, so geschah es, weil Wert darauf gelegt wird, den Gedanken des Regreßprinzipes in voller Reinheit herauszuheben, in welcher er sich uns bloß als ein von Zweckmäßigkeits- und Billigkeitsgründen beherrschtes, auf Abwägung der Interessen der beteiligten Personen gegeneinander beruhendes Regulativ für die Zuteilung der Einreden des Hauptschuldners an den Bürgen erweist.[3])

Wir pflichten aber andererseits Geib vollständig bei, insofern er den Einredenübergang auf die Willensintention des Bürgen zu gründen sucht. Für das moderne Recht namentlich erscheint, wie dies schon Mitteis klar erkannt hat, nur von hier aus eine befriedigende Lösung unseres Problems möglich.

---

[1]) Vgl. oben S. 46 ff.

[2]) Vgl. z. B. a. a. O S. 110 f.

[3]) Deshalb, weil es auf die Interessenabwägung im konkreten Falle ankommt und eine solche — als Regulativ für die Zuteilung der Einreden — über die Befugnisse des urteilenden modernen Richters hinausgeht, ist eine Berücksichtigung des Regresses in der Weise der Römer im modernen Rechte untunlich. S. Stammler, Hallenser Festgabe S. 34 f.

10.

Die Lösung des Problems liegt u. E. in dem Umstande, daß der giltige Bestand der Hauptschuld eine Voraussetzung für jenen der Bürgschaft ist.[1])

Man darf heutzutage den im Zivilrecht noch immer — u. E. mit Unrecht — verpönten Begriff der Voraussetzung wohl nicht gebrauchen ohne über die Grenzen dieses Gebrauches Rechenschaft zu geben. Indem wir dies im Folgenden tun, beschränken wir uns — weit entfernt eine endgiltige Antwort auf alle hier sich ergebenden Fragen finden zu wollen — auf die Bedürfnisse unserer Sonderaufgabe.

Voraussetzung ist ein notwendiger Faktor eines Zweckes, ein Moment also, dessen Mangel die Erreichung des Zweckes unmöglich erscheinen ließe.

Dies ist so gemeint: Eine Handlung erreicht den mit ihr verfolgten Zweck nie durch sich allein, sondern immer nur im Zusammenwirken mit gewissen Umständen, die folglich, sei es als vergangene, sei es als gegenwärtige oder zukünftige gegeben sein müssen, damit der Zweck überhaupt erreicht werden kann. Ohne auf die sich hier aufdrängenden heiklen Fragen des Kausalitätsproblems und die subtile Unterscheidung zwischen Ursachen und Bedingungen des Erfolges eingehen zu wollen, wird für jene Umstände der neutrale Ausdruck „Faktor" gewählt.

Von diesen Faktoren läßt sich sagen, sie seien Voraussetzungen des angestrebten Zweckes, weil jenem Zwecke zustrebendes Handeln vernünftigerweise nicht wird gesetzt werden, wenn nicht die Existenz jener Faktoren vorausgesetzt ist.

Die Voraussetzung muß gegeben sein, damit der Zweck erreicht werden könne, sie ist also offenbar nicht der Zweck selbst, und insofern der Zweck auf das Handeln motivierend wirkt, folglich als Motiv erscheint, auch kein Motiv.

Das Motiv, der Zweck wird gewollt, die Voraussetzung wird als gegeben angenommen. Es beruht daher auf einer Verwechslung von Voraussetzung und Motiv, wenn die Erreichung des mit einer Handlung verfolgten Zweckes als Voraussetzung bezeichnet wird[2]) und es ist

[1]) S. dagegen Hölder AEPr. LXXXXIII. S. 120, dem die Bürgschaftsschuld bedingt ist durch die Existenz der Hauptschuld.

[2]) So Windscheid, Die Lehre des röm. R. von der Voraussetzung S. 8

deshalb unrichtig, von einer gewollten Voraussetzung im Sinne eines verfolgten Zweckes zu reden.[1])

Die Voraussetzung als solche kann nicht gewollt, sondern nur als gegeben oder nicht gegeben gesetzt werden, es handelt sich nicht um ihr Werden, sondern um ihr Sein.

Allerdings kann ein Umstand gewollt und eigens deshalb geschaffen werden, weil er Voraussetzung ist. Er erscheint dann in Bezug auf die ihn schaffende Handlung als Zweck, als Voraussetzung aber in Bezug auf einen weiteren Zweck, zu dessen Erreichung er eben geschaffen wurde. So ist z. B. beim Ankauf von Waren die Weiterveräußerung in Bezug auf das Kaufgeschäft Zweck, in Bezug auf den aus dem Verkaufe erhofften Gewinn Voraussetzung.[2])

Voraussetzung ist ein notwendiger Faktor eines Zweckes. Vom Zweck her empfängt sie ihre rechtliche Bedeutung. Rechtlich bedeutsam sind die Voraussetzungen rechtlich bedeutsamer Zwecke.[3])

In dieser Abhängigkeit ihrer Bedeutung von jener des auf ihr ruhenden Zweckes scheint uns ein Hauptunterschied der Voraussetzung von der Bedingung zu liegen.

Die Bedingung hat ihre Bedeutung unabhängig vom Handlungszweck.[4])

---

[1]) So Windscheid a. a. O. S. 81.

[2]) So können nicht nur vergangene und gegenwärtige, sondern auch zukünftige Umstände Voraussetzungen sein.

[3]) S. Lenel im ACPr. Bd. LXXIV S. 227 ff. — Vgl. Jung, die Bereicherungsansprüche und der Mangel des rechtlichen Grundes, Anm. 108 und das Citat daselbst aus Mayer: „Die iusta causa bei Tradition und Usukapion“.

[4]) Man hat die Voraussetzung eine „unentwickelte Bedingung“ genannt. Ist die im Text vertretene Auffassung richtig, so läge der Mangel in der Entwickelung der Voraussetzung in ihrer Abhängigkeit vom Zweck, die bei der Bedingung überwunden ist. Ein weiterer wichtiger Unterschied liegt darin, daß der vorausgesetzte Umstand als gegeben oder in Zukunft eintretend angenommen, der zur Bedingung gesetzte Umstand als hinsichtlich seines Eintrittes ungewiß betrachtet wird. Aus diesem psychologischen Verhältnis ergibt sich, daß diejenigen, welche an die Ersetzbarkeit der Voraussetzung durch die Bedingung glauben (so Lenel ACPr Bd. LXXIV.), vielfach Unmögliches verlangen. Denn zur Aufstellung einer Bedingung wird sich nur veranlaßt fühlen, wer nicht den zur Bedingung zu erhebenden Umstand als gegeben voraussetzt. Wer dagegen

Anders die Voraussetzung. Stellt sich heraus, daß sie nicht gegeben war oder sich nicht erfüllt hat, so ist das an sich ohne Bedeutung. Bedeutung bekommt es erst, wenn dadurch ein auf der Voraussetzung ruhender rechtlich bedeutsamer Zweck unerreichbar geworden ist.[1]) Die Aufsuchung der rechtlich bedeutsamen Zwecke wird von der Wissenschaft gewöhnlich im Anschluß an die Lehre von der ungerechtfertigten Bereicherung unternommen. Ein Eingehen auf die sich dabei ergebenden Fragen ist hier nicht tunlich und für unsere besondere Aufgabe nicht notwendig, denn wir haben es gerade mit jener Art von Zwecken zu tun, über deren rechtliche Bedeutsamkeit ein Zweifel gar nicht bestehen kann, nämlich mit dem ersten juristischen Zweck.[2])

Daß die Unerreichbarkeit des ersten juristischen Zweckes, der geradezu zum Inhalt des Rechtsgeschäftes gehört, die rechtliche Wirksamkeit des Rechtsgeschäftes aufhebt, kann niemals bestritten werden.[3])

Letzteres tut, wird keinen Anlaß nehmen, den betreffenden Umstand zur Bedingung zu machen. Künftige Umstände werden allerdings in der Regel nicht mit zweifelloser Sicherheit vorausgesetzt und bezüglich ihrer kann eine Gesetzgebung wohl verordnen, daß die Partei, der an ihrem Eintritte gelegen ist, sie zur Bedingung setzen möge, andernfalls sie wirkungslos sein sollten. Es wird aber damit sicherlich jenen Fällen Gewalt angetan, in denen Jemand eben, weil er voraussetzte, also mit assertorischer oder gar apodiktischer Sicherheit den Eintritt jenes Umstandes vorauszusehen glaubte, es unterließ, ihn zur Bedingung zu machen.

[1]) Wir können daher der Behauptung Jungs (a. a. O. S. 81) nicht zustimmen, die Rückforderbarkeit einer Leistung wegen Ausfallens einer ausdrücklich oder stillschweigend dabei erklärten Voraussetzung sei etwas ganz Anderes, als die Rückforderbarkeit der ihren Zweck verfehlenden Leistung.

[2]) Daß Windscheid — man mag über die sonstigen Ergebnisse seines bekannten Buches von der Voraussetzung denken, wie man will — mit der Unterscheidung zwischen den ersten und den weiteren Absichten (a. a. O. S. 87 f.) nicht fehlgriff, wird immer mehr erkannt. Man vgl. neuestens die Untersuchungen Jungs (a. a. O.) über das Problem des mangelnden rechtlichen Grundes.

[3]) Erster Zweck im Sinne Windscheids, wonach es derjenige Zweck ist, zu welchem der unmittelbare rechtliche Erfolg der rechtsgeschäftlichen Handlung hervorgerufen wird (Windscheid im AcPr. LXXVIII. S. 174 f.).

Der erste juristische Zweck der Bürgschaft[1]) ist die Sicherung der Befriedigung des Anspruches gegen den Hauptschuldner. Ein offenbar notwendiger Faktor dieses Zweckes ist der giltige Bestand dieses Anspruches. Es ist das eine Eigentümlichkeit nicht nur der Bürgschaft, sondern jeder accessorischen Haftung, daß sie den giltigen Bestand eines anderen Anspruches voraussetzt, eine Eigentümlichkeit aber, die über den Bereich der Accessorietät hinaus reicht, wie die Fälle der titulierten Delegation beweisen.

11.

Besteht also der Hauptanspruch nicht, weil er mit anspruchsverneinender peremtorischer Einrede behaftet ist, so wird der Bürge, auf diese anspruchsverneinende Einrede hinweiseud, den Nichtbestand der Hauptschuld, damit die Unerreichbarkeit des Bürgschaftszweckes, und daher die Hinfälligkeit der Bürgschaft dartun. Auf diese Weise wird der Bürge sich durch das Vorbringen der anspruchsverneinenden Einreden des Hauptschuldners erfolgreich verteidigen.

Anders bei rechtsverfolgenden Einreden. Es handelt sich hier um die Geltendmachung von Rechten des Hauptschuldners. Was vor allem jene Rechte anlangt, deren Ausübung die Hauptschuld zum Untergange bringen würde, so gilt: So lange sie nicht geltend gemacht sind, besteht die Hauptschuld, folglich auch die Bürgschaft zu Recht. Es kann der Bürge aber jene Rechte, deren Ausübung die Hauptschuld zerstören und ihm damit die Freiheit von seiner Verpflichtung geben würde, nicht geltend machen, da sie ihm nicht zustehen. Es kommt hier überdies mehr als die bloße formelle Legitimationsfrage in Betracht. Die Zerstörung des Anspruches ist manchmal nur möglich durch Vernichtung des ganzen Rechtsverhältnisses, auf dem er beruht, so z. B. bei dem Rechte der Wandlung; oder: der Anspruch ist derart

[1]) Indem das Gesetz diesen Zweck des Institutes aufstellt, trägt es der normalerweise anzunehmenden Bürgenintention Rechnung, die eben auf der Voraussetzung giltiger Hauptschuld beruht. Die „Voraussetzung" postuliert immer einen „Voraussetzenden", mag dies, wie in Fällen gesetzlicher accessorischer Haftung, der Gesetzgeber oder, wie bei der Bürgschaft und titulierten Delegation, die im einzelnen Falle handelnde Partei sein.

mit dem Rechtsverhältnis, zu dem er gehört, verwebt, daß seine Vernichtung (etwa mittelst Anfechtung) auch das Rechtsverhältnis zur Lösung bringt. In beiden Fällen gehen durch Ausübung des betreffenden anspruchzerstörenden Rechtes auch Rechte und Vorteile des Hauptschuldners unter. Ebenso konsumiert die Aufrechnung diejenige Forderung des Hauptschuldners, mit welcher aufgerechnet wird.

Die Geltendmachung solcher Rechte durch den Bürgen würde daher einen gewaltsamen Eingriff in die Vermögenssphäre des Hauptschuldners mit sich bringen;[1]) deshalb bleibt das in den römischen Rechtsquellen[2]) überlieferte Kompensationsrecht des Bürgen eine schwer erklärliche Abnormität.[3])

Ein anderes Verhalten zeigt die Einrede des nicht erfüllten Vertrages, die ja nicht den Hauptanspruch zerstören, sondern einen Anspruch des Schuldners nicht gegen, sondern gewissermaßen kreuzweise an dem Hauptanspruch vorbei durchsetzen will, vermöge der Verknüpfung des durch sie geltend gemachten Gegenanspruches mit dem Hauptanspruch.

Der Hauptanspruch ist von der Erbringung der Gegenleistung durch den Kläger abhängig, kann also vorher nicht durchgesetzt werden. Auf diesen Umstand darf der Bürge hinweisen. Sein Vorbringen hat hier aber gar nicht mehr den Charakter der Rechtsverfolgung, sondern jenen der Anspruchsverneinung, denn der Bürge leugnet mit jener Einrede den Bestand des gegen ihn erhobenen Anspruches — zum mindesten für die Gegenwart —; er erhebt die Einrede nicht, um ein Recht des Hauptschuldners zu verfolgen, sondern nur, um sich zu schützen. Die Einrede müßte also eigentlich die Abweisung der Klage zur Zeit zur Folge haben.

Es ist aber dem Zwecke der Einrede unter besserer Berücksichtigung des Klägerinteresses auch gedient, wenn hier, wie bei der Hauptschuld, Verurteilung zur Leistung Zug um Zug erfolgt, womit auch der Bürgeneinrede der Schein der Rechtsverfolgung verliehen ist.[4])

---

[1]) Mitteis a. a. O. S. 143 f., bes. S. 143 Anm. 1. [2]) l. 4, 5 D. 16. 2.

[3]) Vgl. Mitteis, Iherings Jahrb. S. 151 ff., s. oben S. 57 f.

[4]) Es läßt sich nicht leugnen, daß das Zugeständnis solcher Einrede an dritte Personen etwas abnormales, dem rein rechtsverfolgenden Charakter

12.

Der Satz, daß die Einreden des Hauptschuldners dem Bürgen zustehen, ist im modernen Rechte allgemein anerkannt.[1]) Das BGB. spricht ihn im § 768 ausdrücklich aus: „Der Bürge kann die dem Hauptschuldner zustehenden Einreden geltend machen".[2]) Das A.BGB. enthält eine derartige ausdrückliche Bestimmung nicht, doch ergibt sich der Satz aus § 1351: „Verbindlichkeiten, welche nie zu Recht bestanden haben, oder schon aufgehoben sind, können weder übernommen noch bekräftiget werden", ferner e contrario aus § 1354: „Von der Einwendung,

---

der Einrede widersprechendes an sich hat. Wir stehen aber vor einer durch Gesetz und Praxis sanktionierten Tatsache und „non ex regula jus sumatur, sed ex jure quod est regula fiat". Nun hat gerade bei der Ausbildung dieser Einreden der Zweckmäßigkeitsgedanke die Logik der Entwicklung vielfach durchbrochen. Es ist deshalb so gut wie unmöglich hier eine allseitig zutreffende einheitliche Erklärung zu geben und es läßt sich nur darauf hinweisen, daß die besagten Einreden auch die Entwicklungsfähigkeit nach der Seite der anspruchsverneinenden Einrede vermöge des Gedankens in sich trugen, daß der Anspruch vor Erbringung der Gegenleistung nicht vorhanden oder mindestens nicht fällig ist. (Vgl. André, Die Einrede des nicht erfüllten Vertrages [1890] bes. § 2.) Dieser Gedanke schlägt beim Übergang der Einrede (s. unten S. 71 Anm. 3) auf Dritte vor.

[1]) Vgl. Mot. II. S. 662 Anm. 1. Vgl. ferner: Entwurf eines ungarischen allgemeinen bürgerlichen Gesetzbuches, erste Fassung, aus dem Ungarischen übersetzt im Auftrage des Königl. ungar. Justizministers (bei Karl Grill, Budapest 1901), § 1231: „Von den dem Hauptschuldner zustehenden Einreden kann auch der Bürge Gebrauch machen." Der Entwurf behandelt die Bürgschaft unter dem Titel: „Verhältnis mehrerer Gläubiger und mehrerer Schuldner" in engstem Anschluß an die Regelung der Gesamtschuldverhältnisse.

[2]) Der Nachbürge hat also die Einrede der Vorausklage des Hauptbürgen (§ 771 BGB.) neben seiner eigenen gleichen Einrede. Wird in der Einrede der Vorausklage mit Thon eine rechtsverfolgende Einrede erblickt, so liegt hierin eine Anomalie. Interessant die Regelung des benef. divisionis in l. 27 § 4 D. 46. 1. Der Gläubiger X hat den Hauptschuldner Y und die Bürgen A und B. Für A verbürgt sich der Nachbürge C. C hat das benef divis. nicht gegenüber A, wohl aber gegenüber B. Daß hier ähnliche Gedankengänge, wie bei Verleihung der exceptio des reus an den Fidejussor wirksam waren, ist nicht unmöglich. — Vgl. die Besprechung dieses Falles von Goldschmidt in Iherings Jahrb. XXVI. S. 347 ff.

wodurch ein Schuldner nach Vorschrift der Gesetze die Beibehaltung eines Teiles seines Vermögens zu seinem Unterhalte zu fordern berechtiget ist, kann der Bürge nicht Gebrauch machen".

Auch aus § 1361 [1]) kann jener Satz erschlossen werden, insofern sich daraus die Möglichkeit einer Verweigerung der Befriedigung des Gläubigers durch den Bürgen für den Fall ergibt, daß dem Hauptschuldner Einwendungen zustehen.

Er folgt schließlich auch aus § 1363 A.BGB.: „Die Verbindlichkeit des Bürgen hört verhältnismäßig mit der Verbindlichkeit des Schuldners auf", wenn an die Gleichheit der peremtorisch exceptionsmäßigen mit der nichtigen Forderung, sowie daran gedacht wird, daß eine Wirkung, die den nachträglich entstehenden Einreden beigelegt wird, um so eher den ursprünglich vorhandenen Einreden zukommen muß".[2])

Eine Ausnahme von dem Satze, die indeß durch den Gedanken der natürlichen Verbindlichkeit abgeschwächt wird,[3]) enthält § 1352 A.BGB.: „Wer sich für eine Person verbürgt, die sich vermöge ihrer persönlichen Eigenschaft nicht verbinden kann, ist, obschon ihm diese Eigenschaft unbekannt war, gleich einem ungeteilten Mitschuldner verpflichtet".

Dagegen ist in dem Satze, daß das beneficium competentiae dem Bürgen nicht zustehe,[4]) eine Ausnahme nicht zu erblicken. Es

---

[1]) „Hat der Bürge oder Zahler den Gläubiger befriediget, ohne sich mit dem Hauptschuldner einzuverstehen; so kann dieser alles gegen jene einwenden, was er gegen den Gläubiger hätte einwenden können." Vgl. Art. 505 schweizer. Oblig.R. Der Bürge ist „berechtigt und verpflichtet, dem Gläubiger die Einreden entgegenzusetzen, welche dem Hauptschuldner zustehen"; und Schneider, Schweizer. Oblig.R. S. 697 Note 14.

[2]) Vgl. Unger in Grünhuts Zeitschr. Bd. XV. S. 544, s. Gl. U. Nr. 15654: Zulassung der exc. non numeratae pecuniae beim Bürgen.

[3]) Krainz II. § 308 bei Anm. 9 und S. 36 Nr. 1. — Über die Bürgenhaftung bei bloß naturaler Giltigkeit der Hauptschuld s. Hasenöhrl, Das österr. Obligationenrecht, I. S. 46 lit. b und Stammler, Hallenser Festgabe S. 33.

[4]) § 1354 A.BGB. Ebenso der ungar. Entw. § 1232: „Der Bürge kann sich darauf, daß der Hauptschuldner oder sein Erbe wegen unzureichenden Vermögens die Leistung verweigern kann, nicht berufen."

handelt sich hier nicht um Mängel des Anspruches, sondern um faktische Unmöglichkeit seiner vollständigen Einbringung.[1]) Deshalb sind auch in der nach deutschem bürgerlichen Recht, — das im allgemeinen eine dem § 1354 A. BGB. analoge Bestimmung nicht enthält[2]) — ausdrücklich und gewissermaßen ausnahmsweise normirten Forthaftung des Bürgen nach dem Zwangsausgleich des Hauptschuldners (§ 193 KO.)[3]) und nach dessen Tode bei beschränkter Haftung[4]) des Erben eigentliche Ausnahmen nicht gegeben.

Bezüglich der rechtsverfolgenden Einreden der Anfechtung, der Aufrechnung, der Wandlung ist im A.BGB. eine Unterscheidung nicht gemacht. Da es aber an einer ausdrücklichen allgemeinen Vorschrift bezüglich der Einreden überhaupt fehlt, so kann hier die Entscheidung aus der Natur der Sache getroffen werden, und diese fordert, daß dem Bürgen der Gebrauch dieser Einreden des Hauptschuldners versagt werde.[5]) [6])

---

[1]) Windscheid II. § 477 Nr. 7, vgl. Motive II. S. 662.

[2]) s. Stammler a. a. O. S. 32 f.

[3]) Ebenso § 224 öster. KO., vgl. Gl. U. 1866.

[4]) Krainz II. § 308 Anm. 13.

[5]) A. A. für die Kompensation Unger in Grünhuts Zeitschr. Bd. XV. S. 544 bei und in Anm. 13, unter Berufung auf l. 4, 5 D. 16 2 und mit sonst ungenügender Begründung. Ihm folgend Krainz II. § 348 bei Anm. 4a. Vgl. auch den ungar. Entwurf § 1235: „Der Bürge kann dem Gläubiger das aufrechnen, was dieser dem Hauptschuldner schuldet.“ Bezüglich der Anfechtung übereinstimmend mit dem Texte: Unger, System II. § 91 Anm. 82 „Es wäre dies“ (die Geltendmachung der Anfechtungseinrede durch einen Dritten) „eine unzulässige exceptio ex iure tertii.“

[6]) Anders natürlich auch hier, wenn durch Dispositivakt des Hauptschuldners der Untergang der Hauptschuld herbeigeführt ist. Vgl. die Entscheidung des OGH. bei Gl. U. 751. Es bestand Bürgschaft für Mietszinszahlungen. Der Mietvertrag wurde vom Hauptschuldner gekündigt dann aber stillschweigend fortgesetzt. Die in der Folge gegen den Bürgen angestrengte Klage wurde vom OGH. abgewiesen, weil durch die Kündigung der alte Vertrag und mit ihm die Bürgschaft erloschen sei. (Zugleich ein Beitrag zu der in neuer Zeit viel erörterten Frage der Zurücknahme, der „Umdeutung“ ipso iure wirkender Tilgungsakte und ihrer Bedeutung Dritten gegenüber. S. oben S. 27.)

Im Rechte des BGB. entfällt eine diesbezügliche Regelung vermöge des Umstandes, daß dort jene Rechte zu außerprozessualen Dispositivakten gestaltet sind, somit gar nicht mehr unter den Gesichtspunkt der Einrede fallen.[1])

Das in § 770 BGB. dem Bürgen eingeräumte Recht, die Befriedigung des Gläubigers so lange zu verweigern, als dem Hauptschuldner die Möglichkeit der Anfechtung oder Aufrechnung offensteht, fällt nicht unter den in Rede stehenden Grundsatz, da hiermit dem Bürgen nicht eine Einrede des Hauptschuldners, sondern eine selbständige aufschiebende Einrede verliehen ist.[2])

Da, wie erwähnt, der für den Übergang der Einreden des Hauptschuldners auf den Bürgen [3]) entscheidende Gedankenzusammenhang sich bei jeder Form von accessorischer Haftung findet, so wird jene Erscheinung auch bei jeder accessorischen Haftung zu beobachten sein. Im BGB. ist diesem Umstande durch ausdrückliche Hervorhebung und Verweisung auf die Bürgenhaftung Rechnung getragen, so für den Kreditauftrag (§ 778),[4]) für die Haftung des Vermieters, der das vermietete Grundstück veräußert hat (§ 571),[5]) für die Hypothekarschuld des Grundstückseigentümers (§ 1137), für die Haftung des Verpfänders einer beweglichen Sache (§ 1211) usw.[6])

---

[1]) S. Stammler in der Hallenser Festgabe S. 31, s. insbes. auch Hellwig, Verträge, S. 295 Anm. 579.

[2]) S. jedoch Hellwig, Anspruch, S. 18, insbes. Anm. 40! Ebenso bezüglich der Anfechtung: ungar. Entw. § 1236. Bezüglich der Aufrechnung s. vor. S. Anm. 5.

[3]) Wir behalten diese dem Sinne unserer Ausführungen widersprechende, nach denselben aber wohl nicht mißzuverstehende Ausdrucksweise der Einfachheit halber bei.

[4]) Stammler, Hallenser Festgabe S. 36, Weidemann in Goldschmidts Zeitschr. f. Handelsrecht Bd. LIII. S. 476.

[5]) Stammler a. a. O., Hellwig, Verträge S. 430, und gegen diesen Romeick, Zur Technik des Bürgerlichen Gesetzbuchs, Heft II.: Die abgeleitete Schuld, S. 33 ff.

[6]) Vgl. § 1251 Abs. 2 Satz 2 BGB., s. Mitteis, Jherings Jahrb. XXVIII. S. 140 Anm. 2. Ebenso die Haftung des Gesellschafters für Schulden der Gesellschaft nach § 129 I. HGB. Vgl. Hellwig, Anspruch S. 272 f., Rechts-

Im österreichischen Civilgesetzbuch fehlt ein derartiger ausdrücklicher Hinweis, er ist durch Schlußfolgerung aus der Natur des betreffenden Rechtsverhältnisses zu ersetzen.[1] [2]

B. Succession.

1.

Während der Eintritt eines neuen Rechtssubjektes in obligatorische Rechtsverhältnisse bei dem Erbgange den Rechtsvorstellungen von altersher keine Schwierigkeiten machte,[3] hat die Möglichkeit einer Singularsuccession in Forderungen der juristischen Deduktion stets großen Widerstand geleistet. Der Grund hierfür liegt im Begriffe der Succession. Diese ist der Eintritt einer Person in ein bestehendes Rechtsverhältnis an die Stelle einer anderen, die daraus scheidet.

Ihr Wesen liegt in der Identität der beiden Rechtsgebilde, die von den beiden einander ersetzenden Personen getragen werden.[4] [5]

Die Grundlage des Successionsbegriffes ist der „transcendentale“ [6])

---

kraft S. 27 f., S. 30 Anm. 92., ROHG. XIII. 66, XXV. 126, RG. III. 58, XIII. 97, XXXIV. 365, Bolze XX. Nr. 575.

[1]) Manchmal auch aus den Gesetzesworten mittelst Interpretation herauszulesen, so z. B. § 469 Satz 1 A.BGB.: „Durch Tilgung der Schuld hört das Pfandrecht auf“. Einen ausdrücklichen Hinweis enthält § 1 des Ges. v. 12. Juli 1872, Rgbl. 112 über die Haftung des Staates für ein Verschulden richterlicher Beamten.

[2]) Unrichtig daher Gl. U. 10496, wo dem als „Bürge und Zahler“ beigetretenen Bürgen die Berufung auf den mit dem Hauptschuldner geschlossenen und von ihm erfüllten Vergleich versagt wird. — Die Haftung als „ungeteilter Mitschuldner“ (§ 1357 A.BGB.) hebt die accessorische Natur des Verhältnisses nicht auf. — Vgl. Krainz II. § 310 bei Anm. 8, 9 und 9 a, Stubenrauch, Kommentar zu § 1357 Anm. 2.

[3]) Dernburg, Pand. II. § 47.

[4]) Nicht notwendig für den Begriff der Succession ist der Begriff der „Übertragung“, d. i. des Überganges mit Willen des ausscheidenden Subjektes (vgl. Menzel, Grünhut XI. S. 599 Anm. 48, [Unger hat den hier von Menzel bekämpften Standpunkt später aufgegeben, vgl. Iherings Jahrb. XXVI. S. 404 f.], Danz, ACPr. LXXIV. S. 249, Hölder, Pand. I S. 179). Deswegen kann auch die sog. Expromission Schuldübernahme sein (§ 414 BGB.).

[5]) Savigny, Syst. III. S. 8 f.: „bloß subjektive Umwandlung eines Rechts“.

[6]) Bekker, Pand. I. S. 106², Unger, Iherings Jahrb. XXVI. S. 405.

Begriff der Identität. Vollständige Identität zweier realer Gebilde kann es gar nicht geben, denn sie bedeutet Einheit, wird also durch die Annahme von zwei realen Gebilden unmöglich gemacht.

Der Ausdruck „Identität" auf zwei reale Gebilde angewendet, ist daher nicht richtig oder zum mindesten ungenau. Identität kann immer nur ein Korrektiv gegenüber unserer Vorstellung bedeuten, d. h. bedeuten, daß zwei verschiedenen Vorstellungen ein einheitliches Ding zu Grunde liegt.

Alle Identitätsbestimmung beruht auf mehr oder minder willkürlicher Begrenzung der individualisierenden Merkmale. Es ist dies ein Vorgang, der keineswegs bloß auf Begriffsindividuen beschränkt ist.

Wenn ich meine Geige mit einer neuen Saite bespanne, meinem Stock einen neuen Griff, meinem Degen ein neues Heft, meiner Pistole einen neuen Hahn angebe, so entsteht auch hier die Identitätsfrage,[1]) deren Beantwortung im gewöhnlichen Leben keine Schwierigkeiten macht. Niemand bedenkt sich, Geige, Stock, Degen und Pistole noch immer für denselben Gegenstand zu erklären, trotzdem ein Bestandteil gewechselt hat. Die Identität des Individuums wird hier durch die unverändert gebliebenen Bestandteile getragen und Zweifel an der Identität unterliegen bei dem unkritischen Beobachter vor der Gleichheit der Gesammtvorstellung von dem realen Gegenstande.

Auf dem Gebiete des Rechtes haben wir es mit Abstraktionen zu tun. Die stützende Vorstellung einer einheitlichen realen Unterlage fehlt hier. Die Identität zweier Rechtsgebilde gewinnen wir mittelst einer Schlußfolgerung aus der Identität ihrer Elemente.

Hier kommt es nun darauf an, wie weit oder eng wir die Begriffsgrenzen abstecken. Je mehr Elemente wir für den Begriff notwendig bestimmend sein lassen, desto mehr Voraussetzungen erheischt die Identität der Begriffe.

Im Begriffe eines jeden Rechtes ist die Person, als dessen Träger, ein notwendiges Element.

Sicher ist es daher, daß die Identität des Rechtsgebildes von der Identität der Person bedingt ist. Dies gilt nicht etwa nur für das

---

[1]) Man denke an das bekannte philosophische Messer, welches mehrere Male nicht gleichzeitig Heft und Klinge gewechselt hat.

obligatorische, sondern auch — was ja nicht verkannt wird [1]) — auch für das dingliche Recht.

Von diesem strengen Standpunkt aus kann es keine Succession in Rechte geben, denn sie verlangt Identität der Rechtsgebilde bei Wechsel ihrer Elemente,[2]) was ein begrifflicher Widersinn ist.[3])

Dies war die Ursache, daß den alten römischen Juristen eine Succession in Forderungen unmöglich schien.

Dasselbe begriffliche Hindernis lag eigentlich auch für die Annahme einer Succession in dingliche Rechte vor, allein hier konnte sich eine freiere Auffassung deswegen leichter herausbilden, weil hier in der realen Sache ein vom Elemente des Rechtssubjektes, äußerlich sichtbar, physisch abgegrenzter Bestandteil vorlag, an den die Identitätsvorstellung leichter anknüpfen konnte.

Bei der Obligation fehlte dieser äußere Anhaltspunkt. Die Trennung des subjektiven Elementes vom Rechtsbegriffe bedurfte hier einer gewaltsamen Abstraktion, zu der man sich anfangs nicht entschließen konnte, bis sie endlich dem Rechtsbewußtsein von den Anforderungen des praktischen Lebens unerbittlich aufgezwungen wurde.

Ob schon die Römer diesen Schritt vollzogen haben, ist eine bis heute mit Sicherheit nicht zu entscheidende Frage. Die berühmten Stellen bei Gaius [4]) lassen sich verschieden deuten, und die geschickten

---

1) Eisele, Die actio utilis des Cessionars (1887) S. 26 f.

2) Vgl. Savignys Definition, Syst. III. S. 8 f.: „bloß subjektive Umwandlung eines Rechtsverhältnisses bei fortdauernder Identität dieses Rechtsverhältnisses selbst."

3) Entfernt man sich von dieser strengsten Auffassung des Identitätsbegriffes, so gibt man damit die sichere Basis kritischer Scheidung auf und es bleibt stets mehr oder minder willkürlich, wo man die Grenze zwischen Fortbestand der alten Obligation bei Veränderung ihrer Elemente und der Annahme einer neuentstehenden Obligation ziehen will. Den besten Beweis hierfür gibt die Kodifikationsgeschichte des österreichischen Rechtes in unserer Lehre mit ihren vergeblichen Versuchen, den Fortbestand der alten Obligation bei veränderten Details von der Neuentstehung zu unterscheiden, vgl. Hruza, Die Lehre von der Novation S. 11 ff.

4) Inst. II. §§ 38, 39.

Argumente, mit denen man diese Stellen, entgegen der herrschenden Lehre, im Sinne einer eigentlichen Successionsformel deuten wollte,[1]) haben durch Unger[2]) treffliche Widerlegung erfahren.

Man hat es sonderbarer Weise versucht, der Interpretation jener Gajusstellen im Sinne wahrer Succession dadurch zu Hilfe zu kommen, daß man hervorhob, jede Succession löse sich eigentlich in Aufhebung und Neubegründung eines Rechtsverhältnisses auf. Dies ist unbestreitbar, solange die Identität des Begriffes auf die Identität auch der subjektiven Elemente gestützt wird. Aber mit solchem Hinweis kann man doch bestenfalls nur beweisen, daß Succession Novation, nicht aber, daß Novation Succession ist.

Wer den Successionsbegriff, wie ihn das moderne Recht fordert, retten will, muß seine Augen gerade davor verschließen, daß eine strenge begriffliche Untersuchung aus jeder Succession eine Neuentstehung machen müsse, er muß von der Verschiedenheit der Person abstrahieren und den Blick auf die Identität der übrig bleibenden Elemente: Rechtsgrund und Leistung richten.

Es ist nun allerdings auch behauptet worden, der Vorgang der Succession lasse auch den Rechtsgrund nicht unverändert. Es ist darauf hingewiesen worden, daß der Eintritt des neuen Rechtssubjektes sich auf Grund eines besonderen Rechtsgeschäftes vollziehe, weshalb das neue Rechtsverhältnis nicht mehr allein auf dem alten Rechtsgrunde beruhe.

Zumindest liegt in solcher Behauptung das Zugeständnis, daß die neue Verpflichtung auf dem alten Schuldgrunde mitruht, daß also dieses Element der alten Obligation in dem neuen Gebilde ebenfalls vorhanden sei.

Es wäre aber nicht richtig, zu behaupten, die Verpflichtung des Schuldners ruhe auf dem Übertragungsgeschäfte. Dieses erzeugt über-

---

[1]) Salpius, Novation und Delegation nach röm. Recht S. 353, Gide, Etudes sur la novation et le transport des créances en droit romain S. 239 f., Danz, Die Forderungsüberweisung, Schuldüberweisung 2c. nach gem. Recht S. 9 f., Wendt, Das allgemeine Anweisungsrecht S. 260 ff., s. auch Eisele, Die actio utilis des Cessionars S. 37.

[2]) Iherings Jahrb. XXVI. S. 411 f.

haupt keine Spannung, keine obligatorischen Verpflichtungen, es erfüllt seine Mission, indem es das Recht bezw. die Pflicht aus der Obligation auf eine neue Person übertrug. Es wirkt analog der Tradition, weshalb es ja auch als „dingliches Geschäft", als „Realakt"[1]) bezeichnet wird.[2])

Ist Forderungsübergang erfolgt, so hat das Übertragungsgeschäft die Verpflichtung des Schuldners nicht neu erzeugt, sondern ihm lediglich den neuen Gläubiger gegenübergestellt. Wenn Schuldübergang stattgefunden hat, gilt sinngemäß das Gleiche. Man sagt zur Bezeichnung dieser Eigentümlichkeit des Übertragungsgeschäftes, es schaffe nur die „legitimatio ad causam".[3]) Das Übertragungsgeschäft hat das obligatorische Band nicht neu gewebt, sondern nur das alte Band um eine neue Person geschlungen.[4])

Dies ist alles richtig, solange man nicht daran denkt, daß zum Begriffe eben auch die Person gehört, und daß die Schaffung des Rechtes bezw. der Pflicht in dieser neuen Person auf dem Übertragungsgeschäfte beruht.

Auch hier hilft uns nur die Abstraktion von dem verschiedenen subjektiven Elemente zur Aufrechthaltung des Identitätsbegriffes.

Das gleiche gilt auch von dem Einwand, es ändere sich mit dem

---

[1]) Menzel a. a. O. S. 581.

[2]) Die Forderung kommt hierbei nicht als Spannungszustand zwischen zwei Personen, sondern als Objekt in der Welt der Vermögenswerte in Betracht. In ihrem Spannungszustand tritt also keine Änderung ein. Ebensowenig wird aber ein Spannungszustand zwischen den Personen erzeugt, zwischen denen sich die Übertragung vollzieht. Es ist lediglich die Beziehung zwischen einer Person und einer Forderung aufgehoben, bezw. hergestellt worden. Vergl. die geistvollen Ausführungen von Jung, Die Bereicherungsansprüche und der Mangel des rechtlichen Grundes (1902) Anm. 64 S. 35 ff.

[3]) Eisele a. a. O. S. 31.

[4]) Unger a. a. O. 404 f. Bei der Schuldübernahme ist die Erkenntnis dieser Natur des Übertragungsgeschäftes durch seine innige Verwebung mit dem obligatorischen Verhältnis zwischen Ur- und Neuschuldner, welchem es regelmäßig angehört, erschwert. Indeß ist auch hier die richtige Ansicht in Theorie und Praxis durchgedrungen. Vgl. die bei Ehrenzweig, Die sog. zweigliedrigen Verträge 2c. S. 129 Anm. 13 cit. Entsch. des OGH.

Rechtssubjekt auch das dritte Element der Obligation, die Leistung; denn die Leistung an A. sei nicht die an B., die Leistung des A. sei nicht die des B.[1]) Auch dies ist vom strengsten Standpunkte richtig, uns aber obliegt es, den vom Verkehr geforderten Successionsbegriff theoretisch zu rechtfertigen,[2]) und dies können wir nur mittelst jener Einengung des Kreises der Identitätsmerkmale, welche von dem ausscheidenden Elemente abstrahiert.

Die Anerkennung der Möglichkeit einer Succession in Forderungsrechte ist eine Notwendigkeit, die sich für die Aktivsuccession viel früher durchgesetzt hat, als für die Passivsuccession.[3]) Seit Delbrück ist auch die Passivsuccession, die Schuldübernahme, ein festes Besitztum der Rechtswissenschaft geworden.

2.

Es war nur der Ausdruck einer in Wissenschaft und Praxis längst feststehenden Überzeugung, wenn das BGB. die Schuldübernahme als Rechtsgeschäft eigener Art ausdrücklich anerkannte und sie in einem besonderen Abschnitte regelte.

Zwar sind dadurch die wissenschaftlichen Kontroversen, die gerade diese Lehre stark überwuchern, nicht abgeschnitten worden. Der Zweifel aber, ob es überhaupt eine Schuldübernahme gebe, wurde damit endgiltig beseitigt.

In Oesterreich befinden wir uns nicht in der gleichen günstigen Lage.

---

[1]) Windscheid, Pand. II § 329 Anm. 2. Ebenso Gürgens, Iherings Jahrb. VIII. S. 229.

[2]) Vgl. Windscheid a. a. O. Anm. 9; Delbrück, Die Übernahme fremder Schulden ꝛc. S. 7: „Denn es ist eine falsche Vorstellung, daß die Bedürfnisse des Verkehrs in einem wirklichen Widerspruche stehen könnten mit der Rechtstheorie, dem man durch Fiktionen und dergleichen abhelfen müsse. Wo ein solcher Konflikt zu bestehen scheint, liegt die Schuld nicht am Verkehr, sondern an der Theorie, die das ihr überwiesene Problem nicht zu lösen vermag."

[3]) Salpius und Daup behaupten allerdings, daß schon die Römer in der Delegation eine vollständige und wirkliche Schuldübernahme ausgebildet haben.

Es ist eine im Wesen der Schuldübernahme begründete Eigentümlichkeit, daß sie zu ihrer Vollwirksamkeit einer Mitwirkung des Gläubigers bedarf. Da aber das Surrogat der Schuldübernahme, die Delegation, sich ebenfalls im Wege einer Einigung zwischen Gläubiger und Neuschuldner vollzieht, so verwischen sich hier die Grenzen beider Institute, was um so leichter geschieht, als eben eigentlich alle Succession Neuentstehung ist und der Begriff in seiner Strenge nur mittels einer künstlichen Abstraktion aufrecht zu halten ist.

Eine Gesetzgebung kann den sich infolgedessen ergebenden Zweifeln nur dadurch begegnen, daß sie einerseits mit bestimmtester Ausdrücklichkeit die Schuldübernahme als besonderen Geschäftstypus zum Gegenstand ihrer Regelung macht, und andererseits sich über jene beiden Punkte, welche die Grenzlinie zwischen Schuldübernahme und Delegation bestimmen: die Erhaltung der Einreden und den Fortbestand der Nebenrechte,[1]) klar ausspricht.

Beides ist im BGB. geschehen, im österreichischen allgemeinen bürgerlichen Gesetzbuche aber zu vermissen.

Es ist ein seltsames Schwanken im Ausdrucke, welches die einschlägigen Bestimmungen kennzeichnet.

In den §§ 1344, 1345 wird mit befriedigender Deutlichkeit davon gesprochen, daß jemand „die Schuld eines anderen übernimmt". Es beeinträchtigt aber schon die Deutlichkeit, wenn §§ 1342 u. 1345 solchenfalls von „Umänderung" der Rechte und Verbindlichkeiten sprechen und § 1343 hervorhebt, daß es sich um die Einräumung eines „neuen Rechtes" an den Berechtigten handle.

---

[1]) Es ist indes längst anerkannt, daß die Erhaltung der Nebenrechte einen untrüglichen Schluß auf Succession in die Schuld nicht gestattet. Schon die Römer halfen sich dort, wo ihnen an der Erhaltung der Nebenrechte lag, die infolge von Delegation bezw. Novation erloschen, durch darauf gerichtete Sonderabmachungen, und im modernen Rechte tritt ein Erlöschen von Nebenrechten neben der Schuldübernahme mit Fug dort ein, wo durch sie der Rechtskreis Dritter (Bürgen, dritte Pfandeigentümer) berührt wird. (§ 418 BGB.) Man wird aber heutzutage, wo man nach einem Wechsel in der Schuldnerperson die Nebenrechte erhalten findet, doch mit Recht auf Succession schließen, da kein Anlaß vorhanden ist, den Umweg über die Novation mit angehängter Sondervereinbarung einzuschlagen.

Diesen Bedenken wird wieder durch die Behandlung der „Umänderung der Rechte und Verbindlichkeiten“ im zweiten Hauptstück des dritten Teiles die Wage gehalten, indem hier die Novation in Gegensatz zu jenen beiden Instituten gestellt wird, welche den Neueintritt eines Subjektes in ein obligatorisches Rechtsverhältnis regeln: die Cession und Assignation.

Bekanntlich ist gerade diese Stellung der Bestimmungen über die Assignation ein Hauptstützpunkt der Lehre von Menzel,[1]) wonach damit die eigentliche Schuldübernahme geregelt sein soll.

Gerade an entscheidender Stelle schweigt aber das Gesetzbuch von der Schuldübernahme und spricht nur von Anweisung (Assignation).

Hier wäre nun trotzdem eine Behebung der Zweifel möglich gewesen, wenn das Gesetzbuch über die erwähnten zwei wichtigsten Fragen sich ausgesprochen hätte. Allein es beobachtet darüber tiefstes Schweigen. Ob die Einreden der alten Schuld erhalten bleiben, ob die Nebenrechte fortbestehen? es wird darüber nichts gesagt.

So ist es erklärlich, daß sich um die Frage, ob das A. BGB. überhaupt die Schuldübernahme regle, ein Meinungsstreit erheben konnte, in dem sich die Argumente so ziemlich das Gleichgewicht halten.

Im Vordergrunde des Kampfes stehen Menzel und Unger,[2]) jener ein glänzender Kämpe für die Ansicht, in den Bestimmungen über die Assignation sei die Schuldübernahme geregelt, dieser ein unbezwinglicher Verfechter der gegenteiligen Meinung.[3])

U. E. läßt sich um die Thatsache, daß das Gesetzbuch nur von Anweisung spricht und in zehn Paragraphen Bestimmungen trifft, die ausdrücklich auf das Anweisungsrecht zugeschnitten sind, auf Schuldübernahme aber nur im Wege entsprechender Umdeutung anwendbar gemacht werden können, nicht herum kommen. Das Gesetz regelt die Assignation, nicht die Schuldübernahme. Daß es vorher von Schuld-

[1]) Grünhuts Zeitschr. XI. S. 602, vgl. Ehrenzweig, die sog. zweigliedrigen Verträge ꝛc. S. 135, Horn, Schuldübernahme (1902) S. 7.

[2]) Schuldübernahme (1889).

[3]) S. die Übersicht über den Stand der Frage bei Horn, a. a. O. S. 4ff.

übernahme spricht, macht die Sache nicht besser, denn es ist ja möglich, daß man in der Assignation ein Surrogat, ein Auskunftsmittel zur Herbeiführung eines Schuldüberganges sah, den man direkt nicht bewirken zu können glaubte.

Aus dem Zustande der Wissenschaft zur Zeit der Kodifikation mit ihren verworrenen Anschauungen über das Verhältnis von Delegation, Assignation und Succession läßt sich zum mindesten Sicheres für die Meinung der Gesetzgeber nicht folgern.

Der Streit wäre praktisch wohl von geringer Bedeutung, wenn es sich bloß um die Frage handeln würde, ob das Gesetz die Schuldübernahme überhaupt kennt; denn Anweisung sowohl als auch Schuldübernahme sind dem modernen Rechtsverkehr unentbehrliche Geschäftsformen. Findet man die eine im Gesetze geregelt, dann klafft bezüglich der anderen eine Lücke, die aus der Rüstkammer der Wissenschaft zu ergänzen ist.

Es besteht aber leider auch eine tiefgehende Meinungsverschiedenheit bezüglich der Art des Vorganges, mittels dessen sich die Schuldübernahme vollzieht, bezüglich der rechtlichen Wertung der dabei vorkommenden Parteihandlungen, so daß bei einem Mangel gesetzlicher Regelung die Wissenschaft gerade hier dem Rat suchenden Praktiker keine feste Richtschnur bieten kann.[1])

Soweit diese Kontroversen für unsere Aufgabe Bedeutung haben, wird später auf sie zurückgegriffen.

Hier genügt uns die Feststellung, daß eine Succession in Forderungsrechte auf aktiver, wie auf passiver Seite nach österreichischem Rechte ebenso möglich ist, wie nach dem deutschen.

In der folgenden Erörterung sind die Einreden aus dem früheren Rechtsverhältnis von jenen Einreden zu sondern, welche dem Rechtsverhältnis zwischen den einander succedierenden Subjekten entnommen sind.

---

[1]) Daß übrigens diesem Übelstand auch durch eine noch so ausdrückliche gesetzliche Regelung nicht gesteuert werden kann, beweist die Literatur, die sich an den verhängnisvollen § 415 BGB. geknüpft hat. Vgl. insbes. die Kontroverse zwischen Blume und Regelsberger in Jherings Jahrb. XXXIX und XXXX.

3.
Einreden aus dem früheren Rechtsverhältnis.

Als notwendige Folge der Annahme einer Succession in Forderungsrechte wird übereinstimmend die Erhaltung der Einreden und Nebenrechte angesehen. Darin erblickt man das praktische Ziel, ja den Prüfstein der Lehre.

Es wird nicht nur behauptet, daß eine Succession in ein Forderungsrecht die Erhaltung von Einreden und Nebenrechten notwendig zur Folge hat, sondern auch, daß umgekehrt, überall, wo letzteres der Fall ist, notwendig auf Succession geschlossen werden müsse. So sagt v. Salpius:[1])

> „Die herrschende Lehre behauptet nun aber bei der Novation ferner eine Verschiedenheit der alten und neuen Obligation nach ihrem Inhalte. Sie leitet aus der Novation ein selbständiges, von der alten Schuld unabhängiges Obligationsfundament ab und schließt die Einreden aus der Person des früheren Gläubigers oder Schuldners aus. Damit wird die derivative Natur des neuen Erwerbes geleugnet. Wäre diese Behauptung richtig, so würde der Successionsbegriff allerdings mit Recht ausgeschlossen sein, sie ist aber in der Tat unbegründet."

Noch schärfer drückt sich Eisele[2]) aus:

> „Zweifellos wesentlich für den Begriff der Singularsuccession in ein Recht ist die Gleichheit des Rechtsinhaltes; danach kann von Succession in ein Forderungsrecht keine Rede da sein, wo der Schuldner Defensionen, die ihm vorher zugestanden, verliert."

Regelsberger[3]) aber behauptet:

> „Die Succession muß sich hauptsächlich an zwei Punkten bewähren: Erhaltung der Einreden, welche mit der Obligation vor dem Übergange verbunden waren (Einreden in dem weiteren Sinn

---

[1]) Novation und Delegation nach röm. R. (1864) S. 355.

[2]) Die actio utilis des Cessionars S. 31.

[3]) Krit. Vierteljahrsschr. XXVIII. S. 378, vgl. auch das. S. 382 Nr. 4, 2.

jeder rechtlichen Bemängelung genommen) und Erhaltung der Nebenrechte."

Die Betrachtung der Nebenrechte liegt außerhalb des Rahmens unserer Aufgabe.

Von den Einreden aber ist zunächst zu sagen, daß sie in dieser Beziehung eine einheitliche Aussage überhaupt nicht zulassen.

Unter Beschränkung auf die anspruchsverneinenden Einreden läßt sich nur sagen, daß die Succession notwendig die Erhaltung der anspruchsverneinenden Einreden zur Folge hat, daß daher Succession dort nicht vorliegen kann, wo der Vorgang als solcher (ohne etwa einen in einer Agnition sich bergenden Verzicht) den Untergang dieser Einreden nach sich zieht.

Nicht zuzugeben ist aber, daß die Erhaltung der Einreden nur bei der Succession vorkommen kann, und deshalb ist auch der Schluß von der Erhaltung der Einreden auf das Vorliegen von Succession ein unrichtiger.[1])

Der Satz, daß Succession in ein Forderungsrecht mit Erhaltung der Einreden einhergehe, wird gewöhnlich nicht näher begründet, sondern vielmehr, wie eine an sich klare und einleuchtende Wahrheit, einfach ausgesprochen.[2]) Er ist aber vom Standpunkte jener Lehre, welche in jeder Einrede ein Recht sieht, nicht leicht zu begründen.

Wird die Einrede als Recht, Gegenrecht usw. gefaßt, so ist eigentlich die Erhaltung der Einreden aus der Succession allein garnicht zu erklären. Wie sollte etwa aus der Tatsache, daß die Forderung einen

---

[1]) Unrichtig daher Menzel, bei Grünhut XI. S. 591 Anm. 28: „Unerklärlich ist es weiters, warum dem Übernehmer die Einreden des Schuldners gegen die Klage des Gläubigers zustehen sollen, da er ja nicht in die Schuld succediert."

[2]) Manchmal selbst für anspruchsverfolgende Einreden, vgl. Ehrenzweig, die sog. zweigliedrigen Verträge ꝛc. S. 109 (§ 19), „und ebenso selbstverständlich erwirbt der Cessionar nicht mehr Rechte, als sein Vormann übertragen konnte, er muß sich also die Einrede des nicht erfüllten Vertrages und selbst die Einrede der Kompensation aus der Person des Vormannes gefallen lassen." Vgl. auch S. 168, „denn hier (bei der Cession) erscheint sie (die Regel von der Erhaltung der Einreden) nur als Konsequenz des Satzes nemo plus iuris transferre potest quam ipse habet."

neuen Gläubiger erhält, folgen, daß die Einrede, als Recht des Schuldners gedacht, jetzt die Richtung gegen den neuen Gläubiger annimmt, oder wie aus dem Umstande, daß die Schuld überging, folgen, daß der Übernehmer der Schuld auch das in der Einrede des Schuldners bestehende besondere Recht miterhält? Es bliebe hier wohl nichts anderes übrig, als bei Activsuccession in die Obligation, Passivsuccession in das Gegenrecht, die Einrede, und umgekehrt, bei Passivsuccession in die Obligation, Aktivsuccession in die Einrede anzunehmen. Solche gekünstelte Annahme würde regelmäßig in der Parteienberedung keinen Halt finden, auch würde sie den Übergang der Einreden nicht aus der Succession in die Obligation, sondern aus der Succession in die Einrede erklären, d. h. es läge ein idem per idem vor.[1])

Eine Erklärung ist vielmehr nur auf Grund gesonderter Betrachtung der anspruchsverneinenden und rechtsverfolgenden Einreden möglich.

4.

a. Die anspruchsverneinenden Einreden.

Die anspruchsverneinde Einrede ist eine Tatsache, welche durch ihr Bestehen den Bestand des behaupteten Anspruches ausschließt. Sie begründet einen Mangel des Anspruches,[2]) insofern man von einem

---

[1]) Von hier aus betrachtet erscheint die Bemerkung von Krainz, I. § 157 S. 443 Nr. 3, daß in der Möglichkeit, dem Cessionar die Einreden gegen den Cedenten entgegenzusetzen, eine Singularität liege, verständlich. Krainz, der dem Begriffe der Einrede mit der Bemerkung beikommen will (I. S. 442): „Auch die Einreden (wie die Klagsansprüche) haben Ähnlichkeit mit den Obligationen. Der Verpflichtete hat den Anspruch, daß der Berechtigte sein Klagerecht nicht geltend mache." (!) — Krainz konnte und mußte in jener Möglichkeit eine Singularität sehen. (S. bes. auch die Ausführungen in II. § 334 S. 222 f. — Auf die von Krainz angeführten Einredebeispiele [S. 122 Anm. 14, Einrede der Gewährleistung, der Verletzung über die Hälfte, des nicht erfüllten Gegenversprechens] paßt die Krainzsche Auffassung allerdings, gerade diese Einreden kann man aber doch wohl nicht als Repräsentanten des Begriffes überhaupt ansehen.)

[2]) Delbrück, Die Übernahme fremder Schulden nach gemeinem und preußischem Recht (1853), hat richtig erkannt, daß mit der Auffassung der Einreden als besonderer Rechte des Schuldners nicht aufzukommen sei. Er

Mangel bei jenem Umstande sprechen kann, der die Existenz des Anspruches überhaupt ausschließt.

Geht der Anspruch über, so gehen selbstverständlich seine Mängel mit, und wenn wir mit dem neuen Subjekte den alten Anspruch verknüpft finden, so müssen wir auch seinen Mängeln, den Einreden wieder begegnen. Dies ist in der Tat eine so natürliche und selbstverständliche Folge aus dem Wesen der anspruchsverneinenden Einrede, daß es hier fast das Problem aufhebt.

Es läßt sich einfach sagen, eine Einrede aus einem fremden Rechtsverhältnisse liegt garnicht vor, weil die Rechtsverhältnisse identisch sind. Natürlich gilt dies nur, wenn man die Individualität des Rechtsverhältnisses blos von den identischen Elementen getragen sein läßt. Tut man dies nicht, sondern nimmt in den Begriff die wechselnden Subjekte auf, so liegen hier eben Einreden aus dem fremden Rechtsverhältnisse vor.

Zweifel könnten nur betreffs jener Einreden eintreten, deren Eigentümlichkeit auf einen mindern Grad von Anspruchsstärke hinweist,[1]) bei der Schuldübernahme auftauchen, weil ihre Geltendmachung in den Willen des Schuldners gestellt ist.

Da auch diese Einreden aber kein Recht des Schuldners, sondern nur einen Mangel des Anspruches begründen, so wird sie wohl auch der Schuldübernehmer haben — vorausgesetzt, daß nicht gerade im Vorgange der Schuldübernahme ein die Einreden durch Agnition tilgendes Moment, liegt.

5.

b. Die rechtsverfolgenden Einreden.

α. Bei der Cession. 1. Dem Drittschuldner werden allgemein auch die rechtsverfolgenden Einreden gegen den neuen Gläubiger gegeben.

---

bestimmt sie daher, ausgehend vom „rei cohaerentes" der l. 7 D. 44. 1, als Qualitäten der Schuld (S. 108). — Dies ist allerdings falsch. Einreden sind Qualitäten der Forderung. Trefflich Gürgens in Iherings Jahrb. Bd. VIII. S. 299 f.

[1]) Z. B. die Verjährungseinrede.

Man scheint sich mit der Frage sofort dadurch abfinden zu können, daß man sich darauf besinnt, daß es sich um Rechte handelt, die hier in der Form von Einreden auftreten, und daß ja die Person des Berechtigten hier gar keine Änderung erfährt.

Es bedarf aber doch wohl die Richtungsänderung dieser Rechte gegen den neuen Gläubiger einer Erklärung.

Für die Anfechtungseinrede ergeben sich vor allem im Gebiete des BGB. folgende Zweifel: Die Anfechtung kann nach § 143 nur gegenüber dem Vertragsgegner, in unserem Falle also gegenüber dem Cedenten erfolgen, und sie wirkt in rem. Es kann also der debitor cessus sich eine anspruchsverneinende Einrede dadurch gegenüber dem Cessionar schaffen, daß er dem Cedenten die Anfechtung erklärt. So viel ist klar. Zweifelhaft bleibt aber, ob der Schuldner auch schon vor erfolgter Anfechtung sich gegenüber dem Cessionar dilatorisch auf die Anfechtungsmöglichkeit berufen, die Leistung bis zur Entscheidung über die Anfechtung verweigern, m. a. W. die Anfechtbarkeit der Forderung gegenüber dem Cessionar geltend machen kann. Die Frage ist wohl verneinend zu beantworten.[1])

2. Für das österreichische Recht kommen hier die Bestimmungen der §§ 870 und 871 A. BGB. in Frage, welche von den Wirkungen von Zwang und wesentlichem Irrtum auf obligatorische Verträge handeln.[2]) Die überwiegende Mehrzahl österreichischer Schriftsteller sieht hier Fälle sog. relativer Nichtigkeit gegeben, deren Wesen darin bestehe, daß das Rechtsgeschäft wirklich von allem Anfang an nichtig sei, daß jedoch

---

[1]) Für die Möglichkeit solcher Einrede erklärt sich Hellwig (Anspruch S. 18 f.), der ja grundsätzlich für die Zulässigkeit der Anfechtbarkeitseinrede ist. Die praktischen Bedenken gegen solche Einrede sind ihm nicht entgangen und es mag zugegeben werden, daß sich ihnen auf dem von ihm angegebenem Wege begegnen läßt (a. a. O. S. 19). Das Argument a contrario aus § 770 ist ihm aber zu entkräften nicht gelungen. Einer Ausdehnung jener Bestimmung auf den im Texte genannten Fall steht schon der Umstand entgegen, daß die Verteilung von Anfechtungsrecht und Einrede der Anfechtbarkeit auf zwei Personen hier fehlt. Vgl. unten S. 101 f.

[2]) Jene Fälle, in denen die Nichtigkeit nur über Klage des Berechtigten mittelst Urteil festgestellt werden kann (vgl. Mitteis, Iherings Jahrb. XXVIII. S. 110 f., Unger, Erbrecht § 22), bleiben hier naturgemäß außer Betracht.

diese Nichtigkeit nur von einer bestimmten Partei geltend gemacht werden könne.[1]) Der Unterschied gegenüber der Anfechtbarkeit soll in der Wirkung ex tunc, gegenüber der bei dieser eintretenden Wirkung ex nunc liegen.[2])

Es hat aber Mitteis treffend darauf hingewiesen, daß hier eine feste Grenze zwischen den Begriffen nicht zu ziehen ist und daß, gegenüber dem allein festen Halt bietenden Begriff der absoluten Nichtigkeit die Erscheinnng der relativen Nichtigkeit dem Begriffe der Anfechtbarkeit zu überweisen ist.[3]) [4]) Wesentlich und für unser Problem allein bedeutsam ist die Abhängigkeit der Entscheidung über die Nichtigkeit von einem Dispositivakt des Verletzten. Es ist diesem ein Anfechtungsrecht gegeben.

Es wird nun gerade für die Begründung von Forderungsrechten durch anfechtbares Rechtsgeschäft behauptet, daß die Umstoßung solchen Rechtsgeschäftes mittelst Klage erfolgen müsse.[5]) Es dürfte jedoch keinem Zweifel unterliegen, daß der Gezwungene oder in Irrtum Geführte sein Anfechtungsrecht auch im Wege der Einrede gelteud machen kann, wenn er aus dem anfechtbaren Rechtsgeschäft angegriffen wird.[6])

Über die Person desjenigen, dem solche Anfechtung zu erklären ist, bezw. gegen den sie zu richten ist, über die Wirkung solcher Anfechtung gegenüber Dritten enthält das A. BGB. keine Bestimmung.

---

[1]) Unger, System des öst. allg. Privatrechts II. § 94 V., Exner, Die Lehre vom Rechtserwerb durch Tradition (1867), S. 259, 285 ff. Krainz, § 129 bei Anm. 16 — Fälle relativer Nullität bei Unger a. a. O. S. 151 f.

[2]) Unger a. a. O.

[3]) Iherings Jahrb. XXVIII. S. 114 ff.

[4]) Hasenöhrl, II. § 55 überweist diese Fälle richtig der Anfechtbarkeit (s. auch § 44 i. f. u. § 45 S. 616), kennt aber daneben den Begriff der relativen Nichtigkeit, der indes mit dem der Unwirksamkeit wegen unvollendeten rechtlichen Tatbestandes zusammenfällt und ein Fall absoluter Nichtigkeit ist. Es kann sich denn auch nach Hasenöhrl (a. a. O. § 55 S. 696 bei Anm. 16) jeder auf die Nichtigkeit berufen.

[5]) Unger, a. a. O. S. 153 u. § 80 Anm. 17. — Man beruft sich dabei auf § 1487; s. Krainz a. a. O.

[6]) S. Stubenrauch, Kommentar zum A. BGB. (1903) zu § 873 S. 30, III.

Für das Obligationenrecht insbesondere, dem jene beiden Paragraphen angehören, glaubte man einer Regel über den Einfluß der Anfechtung auf die Rechte Dritter entraten zu können, konnte doch eine Forderung ohne dazwischenliegendes Übertragungsgeschäft in die Hand eines Dritten gar nicht kommen.[1]) Daß aber die Frage z. B. gerade für den Fall der Cession von Bedeutung werden könnte, übersah man. Und gerade hier erhebt sich die Frage, wie bekommt das Anfechtungsrecht seine Richtung gegen den Cessionar? Die Lösung liegt wohl darin, daß die Anfechtbarkeit der Forderung als solcher unabhängig von dem jeweilig Berechtigten inhärirt. Die Forderung übergeht als anfechtbare auf den Cessionar. Dies läßt sich aus den unpersönlichen Wendungen: „Wer . . . zu einem Vertrage gezwungen worden, ist ihn zu halten nicht verbunden (§ 870 A. BGB.), so entsteht für den Irregeführten keine Verbindlichkeit“ (§ 871) „allein es bleibt ihm das Recht, seine Einwendungen gegen die Forderung anzubringen“ (§ 1396) — folgern.

3. Die Einreden des Zurückbehaltungsrechtes und des nicht erfüllten Vertrages stehen dem Drittschuldner gegen den Cessionar vermöge des Mechanismus der Zug-um-Zugleistung zu.[2]) [3]) Die abgetretene Forderung kann vor Erbringung der Gegenleistung nicht geltend gemacht werden. Auf diesen Mangel kann der Cessus hinweisen.

---

[1]) Es wird daher anzunehmen sein, daß die Anfechtung zunächst nur gegen den Vertragsgegner gerichtet werden kann. Undeutlich Exner a. a. O. S. 259. Der Anspruch wegen Zwanges wirke „dinglich, aber stets nur gewissen Personen gegenüber, niemals absolut“. Die sich gerade bei der Tradition ergebende Frage, ob sich ein dritter (am Zwange usw. beteiligter oder unbeteiligter) Besitzer gegenüber der Vindikation des neuen Eigentümers auf die Anfechtbarkeit des Eigentumsübertragungsgeschäftes berufen darf, hat Exner unerörtert gelassen. S. 259 Anm. 12 behandelt den davon verschiedenen Fall einer Klage des Tradenten gegen seinen besitzenden Vertragsgegner, der wohl nicht selbst Zwang geübt, aber um den Zwang gewußt hat.

[2]) Über die Möglichkeit der Cession von Rechten aus zweiseitigen Verträgen s. Ehrenzweig, die sogen. zweigliedrigen Verträge 2c. § 19.

[3]) Vgl. Windscheid, II. § 335 Anm. 14 und die dort citt. Entscheidungen.

Wie bei der Bürgschaft ist es also auch hier ein Umschlagen der rechtsverfolgenden in eine anspruchsverneinende Einrede, welches die Möglichkeit dieser Einreden erklärt, allerdings aber durch die aus Zweckmäßigkeitsgründen auch hier eintretende Verurteilung zur Leistung Zug um Zug verdeckt wird.

4. Die Aufrechnungseinrede (für das BGB. als Einrede beseitigt) ist an das Vorliegen der Gegenseitigkeit gebunden.[1])[2]) Die Cession vernichtet das Verhältnis der Gegenseitigkeit.

Die hier gegebenen Schwierigkeiten einer konstruktiven Erklärung[3]) hat Kohler[4]) durch die Annahme einer Vinkulierung der Forderung durch die Gegenforderung zu bannen gesucht.

Will man dieser Erklärung, welche ihr Heil gleichfalls beim Gedanken der Anspruchsverneinung sucht,[5]) nicht beipflichten, so bleibt als Ausweg nur der für die Aufrechnung verwertete,[6]) vom Allgemeinen

---

[1]) S. Dernburg, Kompensation II. Aufl. § 44, speziell über die Aufrechnung bei Cessionen daselbst § 48.

[2]) Keine Ausnahmen bilden jene Fälle, in denen ein Dritter, der befriedigungsberechtigt ist, mit seiner Forderung gegen den Gläubiger aufrechnen kann. §§ 268, 1142, 1224, 1249 BGB. Vgl. Hellwig, Verträge S. 277 Nr. 1.

[3]) Kipp, Zusätze II. S. 439, s. auch Hellwig, Verträge S. 277 Anm. 546.

[4]) Zeitschr. f. deutsch. Civ.Proc. Bd. XXIV. § 12 S. 38: „Eine Theorie, welche die Vinkulierung verwirft, kann keine Erklärung für die in das Recht der modernen Völker übergegangene Erscheinung geben, daß eine Kompensation gegen den Cedenten auch gegen den Cessionar geltend gemacht werden kann." Und S. 39: „Die Aufrechnung gegenüber dem Cessionar mit der Schuld des Cedenten läßt sich nur erklären, wenn man der Vinkulierung an sich schon eine Bedeutung zuschreibt, die Bedeutung, daß sie eine allerdings durch den künftigen Aufrechnungsakt bedingte Befriedigung gewährt." „Die Forderung ist gedämpft und nur mit dieser Dämpfung kann sie übergehen. . . . Wäre die Vinkulierung nicht, so würde sich Forderung und Gegenforderung solange nichts angehen, bis eine Aufrechnungserklärung gegeben ist" Vgl. dagegen RG. Bd. 32 Nr. 10. Hellwig, Verträge S. 276 f. Den Aufstellungen Kohlers liegt die richtige Empfindung zu Grunde, daß das Haften der Einrede am Anspruch, dem sie gegenübersteht, nur für die anspruchsverneinende, dagegen nicht für die rechtsverfolgende Einrede zutrifft.

[5]) S. oben Anm. 4.

[6]) Danz, ACPr. LXXIV. S. 290, Forderungsüberweisung § 21.

Landrecht[1]) sogar gesetzlich festgelegte Grundsatz, daß die Rechtslage des Schuldners durch den einseitig vom Willen des Gläubigers abhängigen Akt der Forderungsabtretung nicht erschwert werden dürfe.[2])[3]) Es liegt hier eine aus Billigkeitsrücksichten gegebene passive Erstreckung der Rechtswirkungen vor.[4])

5. Der Satz, daß dem Drittschuldner seine Einreden gegenüber dem neuen Gläubiger gewahrt bleiben, ist im A. BGB. in § 1396, im BGB. in § 404 ausdrücklich ausgesprochen.[5]) Beide Gesetzbücher haben, das österreichische in §§ 1442, 1443, das deutsche in den §§ 406 bis 408, betreffs der Aufrechnung gegen den Cessionar besondere Vorschriften, welche jedoch, auf dem allgemeinen Gedanken der Aufrechnungsmöglichkeit beruhend, das Prinzip nicht durchbrechen.

Es ist auch nicht als Durchbrechung zu betrachten, wenn dort, wo der Rechtsverkehr von dem Prinzip des guten Glaubens beherrscht wird, der Gedanke von der Erhaltung der Einreden zurücktritt.[6])

---

[1]) § 407 I. 11.

[2]) Dernburg, Kompensation S. 405 § 51 Anm. 5, s. aber Windscheid, II. § 332 Anm. 2. Dieser Gedanke wird als Erklärungsgrund für den Übergang der Einwendungen überhaupt verwendet in Stubenrauchs Komm. z. A. BGB. [1903] (zu § 1396 S. 813 II. 1).

[3]) Die Fälle können sich hier manchmal sehr komplizieren. Vgl. RG. 32 Nr. 10. Dem als Cessionar seines Kommissionärs klagenden Kommittenten hatte der Schuldner eine Forderung, die er von einem Gläubiger des Kommissionärs an sich gebracht hatte, aufrechnungsweise eingewendet. Der Kläger berief sich auf Art. 368. 2 HGB. S. dazu Dernburg, Kompensation S. 381 f.

[4]) Eine interessante Modifikation enthält § 575 BGB. S. dazu Kipp, Zusätze II. S. 686.

[5]) BGB. läßt den Zeitpunkt der Abtretung (s. jedoch Mot. II. S. 129, Fischer-Henle zu § 404 Anm. 1), das schweizer. Oblig. R. Art. 189, der ungar. Entw. § 1262 den Zeitpunkt der Kenntnis bezw. der Verständigung des Cessus von der Abtretung maßgebend sein. A. BGB. schweigt über den maßgebenden Zeitpunkt, es dürfte indeß mit Rücksicht anf die Bedeutung, die dem Moment der Kenntnis beigelegt wird, der Zeitpunkt der Kenntniserlangung auch hier der maßgebende sein. Eine derartige Interpretation fände vielleicht auch im Wortlaut des § 1396 Unterstützung.

[6]) §§ 405—407, 409, 892, 1157 BGB., § 1443 A BGB, vgl. die Ausführungen bei Robert von Mayr, Der Bereicherungsanspruch, S. 373 f. Über die Frage, ob die Einreden einem schlechtgläubigen Nachfolger des gut-

Ebensowenig würde die Unanwendbarkeit jenes Gedankens auf sog. höchstpersönliche Einreden [1]) eine ihn beeinträchtigende Ausnahme bedeuten.

6. Was für den rechtsgeschäftlichen Forderungsübergang hier ausgeführt wurde, gilt ebenso für jenen, der auf Gesetz (§ 412 BGB.) oder auf Richterspruch beruht.

Vollständig gleich in Bezug auf diese Frage ist ferner der Stellung des Cessionars, jene des Forderungsnießbrauchers und Forderungspfandgläubigers.

Wenn denjenigen gegenüber, welche in der Ausübung des Rechtes dieser Personen die Geltendmachung der Forderung selbst sehen, die Selbständigkeit des Einziehungsrechtes betont wird, sei es, daß man eben nur von einem selbständigen Rechte zur Einziehung, sei es, daß man von einem „nur zu Pfandzwecken zu gebrauchenden Mitgläubigerrechte" spricht, so geschieht dies mit dem Gedanken, die Stellung dieser Personen gegenüber dem Vollcessionar abzuschwächen.[2]) Um so eher wird also auch ihnen gegenüber das Einrederecht des Schuldners gewahrt sein.

Mögen sie auch selbständig, kraft besonderer Rechtsstellung handeln, immer ist ihr Tun: Einziehen einer fremden Forderung. Es gilt daher für sie in Bezug auf unsere Frage genau dasselbe, was für den Cessionar.[3])

Endlich sind in dieser Beziehung der Cession analoge Verhältnisse in jenen Fällen gegeben, in denen ein Vermögenskomplex, als juristische Einheit und mit selbständiger Parteifähigkeit ausgestattet, von einer

gläubigen Erwerbers gegenüber wieder aufleben, vgl. RG. 32 Nr. 54 S. 226 f. — Für das österr., wie für das deutsche Recht ist sie verneinend zu beantworten, s. Dernburg, Das Sachenrecht des Deutschen Reiches und Preußens (1898), § 232 II. 3d.

[1]) S. Windscheid II. § 332 Anm. 3—5; dagegen Dernburg, II. § 51 Anm. 6, für das BGB. insbes. Planck, Komm. zu § 404 Nr. 2, Crome, System II. § 203 Anm. 7.

[2]) Vgl. Motive zum BGB. III. S. 544; Hellwig, Vertr., S. 470, Anspr., S. 88, 187 f.

[3]) Entsprechend § 1070 Abs. 1, § 1275 BGB., s. Hellwig, Anspr., S. 88 Anm. 6.

Person abgetrennt und unter selbständige Verwaltung gestellt wird, z. B. die Zwangsverwaltungs-, die Konkursmasse. Es ist selbstverständlich, daß die Einreden gegen den Verpflichteten, den Kridatar, auch gegen jene als Partei auftretenden Vermögensmassen gegeben sind.[1])

6.

β. Die rechtsverfolgenden Einreden bei der Schuldübernahme. Dem Schuldübernehmer stehen die rechtsverfolgenden Einreden des alten, des Urschuldners nicht zu. Er kann also weder die Einrede der Anfechtung, noch einredeweise Aufrechnung [2]) geltend machen, und hat die Einrede des nicht erfüllten Vertrages nur wegen ihres eigentümlichen Mechanismus.[3]) Es ergibt sich dies als einfache Folge aus dem Umstande, daß es sich hier um einredeweise Verfolgung, also um Ausübung von Rechten handelt, die nur dem Berechtigten, nicht aber einem Dritten gestattet sein kann.[4]) Als solcher Dritter erscheint aber der Übernehmer, da der Übergang der Schuld den Übergang jener Rechte durchaus nicht in sich schließt.[5]) [6])

[1]) Vgl. die im Gebiete des rheinischen Rechtes erflossene Entscheidung RG. 34 Nr. 84, wo es sich um die Ausübung eines Teilungsanspruches durch den Gläubiger eines Mitberechtigten handelte.

[2]) § 417 Abs. 1 BGB., Kipp, Zusätze zu § 339 Nr. 1 S. 379 f. Blume, Novation, Delegation und Schuldübertragung (1895), S. 122 und die dort Anm. 2 Citt.

[3]) S. oben S. 67 und S. 87 f.

[4]) Unzulänglich Horn, Schuldübernahme, S. 57, der die Wuchereinrede des Schuldübernehmers unter den Gesichtspunkt der höchstpersönlichen Einrede bringt.

[5]) Hier könnte auch vom Standpunkte der Vinkulierungslehre Kohlers für die Kompensation ein anderes nicht behauptet werden; denn es vinkulieren sich gegenseitig Forderung und Gegenforderung, nicht aber Forderung und Schuld, die Gegenforderung ist aber bei dem Urschuldner geblieben. Siehe jedoch neuestens die gedankenreichen Ausführungen von Seckel a. a. O. S. 220 ff.

[6]) Richtig Gl.U. 9737. Es kann dem Neuschuldner auch nicht nützen, daß etwa der Urschuldner ihm einen der aufzurechnenden Forderung des Urschuldners gleichen Betrag schuldet. Ein anderes gilt, wenn ihm der Urschuldner die Kompensation gestattet. Vgl. über die hier in Frage kommende compensatio ex capite tertii, Dernburg, Kompensation, II. Aufl. § 45, ferner S. 444 f. und S. 445 Anm. 1, Hellwig, Vertr., S. 277 Nr. 2.

Daß die vom Urschuldner vollzogene Anfechtung oder Aufrechnung vom Neuschuldner geltend gemacht werden kann, folgt auch hier daraus, daß nun bloß rechtsverneinende Einrede vorliegt.

Das A.BGB., welches die Schuldübernahme in den §§ 1400 bis 1410 in unklarer Vermengung mit dem Institute der Assignation regelt,[1]) hat Bestimmungen über den Einredenübergang nicht aufgenommen. Es ist hier daher die Entscheidung aus dem Begriffe der Schuldübernahme nach den entwickelten Gesichtspunkten zu treffen.[2])

Anders das BGB.[3]) Dieses hat in § 417 die ausdrückliche Bestimmung, daß der Übernehmer dem Gläubiger die Einwendungen entgegensetzen kann, welche sich aus dem Rechtsverhältnisse zwischen dem Gläubiger und dem bisherigen Schuldner ergeben. Wohl nicht als Ausnahme[4]) ist hinzugefügt, daß er eine dem bisherigen Schuldner zustehende Forderung nicht aufrechnen könne.

Der Begriff der Einwendung ist nach dem BGB. ein weiterer, den der Einrede mitumfassender und ein engerer. In welchem Sinne ist der Ausdruck in § 417 zu nehmen?

Im engeren Sinne würde er sich wohl mit dem Begriffe der anspruchsverneinenden Einrede decken, es fiele aber dann die Verjährungseinrede, wohl auch gegen die Absicht des Gesetzes, heraus. Im weiteren

---

[1]) Menzel, Grünhuts Zeitschr. XI. S. 581 ff., 655 ff., insbes. 602 ff. Dagegen Unger, Schuldübernahme (1889), s. bes. Anm. 5.

[2]) Zu eng Gl. U. 6985. „Die Übernahme einer fremden Schuld ist ein Neuerungsvertrag, und können Einwendungen, welche dem früheren Schuldner zustanden, von dem neuen Schuldner nicht geltend gemacht werden.“ Dawider Unger a. a. O. S. 27 Anm. 33, Menzel S. 608, Hasenöhrl S. 249 Nr. 69, Horn S. 30 f.

[3]) Ebenso der ungar. Entwurf § 1271: „Der Übernehmer kann dem Gläubiger alle Einreden entgegensetzen, die dem Rechtsverhältnisse zwischen dem bisherigen Schuldner und dem Gläubiger entspringen, insofern er nicht im Übernahmevertrage auf sie verzichtet hat“. — Das schweiz. Oblig. R. betrachtet die Schuldübernahme als Expromission unter dem Gesichtspunkt der Novation (Art. 142 Nr. 2, dazu Schneider a. a. O. I. S. 277 Nr. 3).

[4]) Kipp, Zusätze a. a. O.

Sinne[1]) bekommt § 417 eine ganz ungerechtfertigte, weit ausgreifende Bedeutung. Darnach dürfte der Übernehmer ein Anfechtungsrecht des Urschuldners, sein Wandelungs-, Minderungsrecht, endlich jedwedes Leistungsverweigerungsrecht geltend machen.

Daß dies weit über das Maß des logisch Richtigen und praktisch Notwendigen hinausgehen würde, ist zweifellos. Die richtige Grenze wird die Praxis suchen müssen.[2])

7.

Einreden aus dem Rechtsverhältnis zwischen dem ausscheidenden und neueintretenden Obligationssubjekte.

a. Cession.

Es handelt sich um die Beantwortung der Frage, ob der Drittschuldner dem Cessionar Einreden aus dem Verhältnisse zwischen diesem und dem Cedenten entgegensetzen kann.[3])

Hier gilt, daß solche Einreden dem Cessus nur dann zu Gebote stehen, wenn sie die Giltigkeit des Cessionsaktes selbst betreffen, nicht aber, wenn sie sich auf das diesem zu Grunde liegende Kausalverhältnis zwischen den beiden Gläubigern beziehen.

Der Grund dieser Erscheinung liegt nicht in einem besonderen Rechtssatz, der sich hier hindernd hineinschöbe, sondern in der rechtlichen Verknüpfung der Verhältnisse, wie sie im Wesen dieser Verhältnisse gegeben ist.

Infolge dieser Verknüpfung kann überhaupt nur die Cession als Übertragungsakt, nicht aber das ihr unterliegende Kausalverhältnis —

---

[1]) So ist er wohl auch gemeint, vgl. Planck, Komm. II. zu § 404 Nr. 1 i. F., § 417 Nr. 1; Kipp, Zusätze, § 339 Nr. 1: „alle Einreden und sonstigen Einwendungen"; Crome, System II. § 203 und das. Anm. 7.

[2]) S. Crome a. a. O. Anm. 7, der die Einreden, welche einem persönlichen Anfechtungsrechte oder anderen persönlichen Rechten des Schuldners, die mit der Forderung nicht zusammenhängen, entspringen, dem Schuldübernehmer versagt.

[3]) Es kann sich auch um die Anwendung solcher Einreden gegenüber dem Cedenten handeln, wenn er z. B. nach geschehener Cession klagt und ihm nun vom Cessus mit dem Hinweis auf die Cession begegnet wird.

soweit es nicht jene beeinflußt — mit der nun gegen den Drittschuldner geltend gemachten Forderung in Verbindung stehen.

Es ist ja nicht unmöglich, daß der Drittschuldner auf das Kausalgeschäft Bezug nimmt, aber stets wird diese Bezugnahme nur den Zweck haben können, den Forderungsübergang mangelhaft erscheinen zu lassen.

Fehlt dieser Zusammenhang, dann kann eine Einrede des Drittschuldners aus dem Kausalgeschäft gar nicht vorkommen, sie wäre ein Stoß ins Leere, nicht weil das Recht, sondern weil die Logik versagen würde.

Die hier vorkommenden Einreden sind also sämtlich aus dem Gesichtspunkt eines Angriffes gegen die Giltigkeit des Cessionsaktes zu fassen.

Ihre Erörterung im Einzelnen erfordert eine Sonderung der Einreden, welche den Rechtsbestand des Übertragungsgeschäftes verneinen (anspruchsverneinende E.) von den rechtsverfolgenden Einreden.

8.

α. Rechtsverneinende Einreden sind hier dem Gesagten zufolge solche, welche die Tatsache geltend machen, daß die Cession überhaupt nicht oder nicht giltig stattgefunden habe. Der Drittschuldner wird sich also vor allem darauf berufen dürfen, daß eine Cession nie stattgefunden habe, daß die bezügliche Klagserzählung ein Phantasiegebilde des angeblichen Cessionars ist. Daran ist nie gezweifelt worden. Da in einem solchen Falle der Drittschuldner nicht sowohl den Bestand des gegen ihn behaupteten Anspruchs, sondern seinen Bestand in der Person gerade dieses Klägers bekämpft, wird hier von bloßer Leugnung der Aktivlegitimation,[1]) und da diese eine Klagsvoraussetzung ist, von bloßer Klagsleugnung gesprochen.

Der Drittschuldner wird daher geltend machen dürfen, der Cedent sei bei Vornahme der Cession wahnsinnig, volltrunken, hypnotisiert oder sonst total handlungsunfähig gewesen,[2]) doch können hier die Fälle leicht in jene der Anfechtbarkeit übergehen.

---

[1]) Eisele, Die actio utilis des Cessionars, S. 31.

[2]) Dem Prozeßrecht gehört die Frage nach der Wirkung an, die ein Urteil, welches zwischen zwei Forderungsprätendenten die Zuständigkeit der

Derjenige Einwand aber, der hier am häufigsten vorkommt, ist jener der Simulation.

Das simulierte Geschäft ist nichtig.[1]) Wer Simulation des Cessionsaktes behauptet, der behauptet dessen Nichtigkeit, leugnet also die in der Aktivlegitimation liegende Klagsvoraussetzung.[2])

Von hier aus betrachtet, sollte die Einrede der Simulation der Forderungsübertragung stets zulässig sein.

Solche Einrede kommt nicht etwa nur bei dem Drittschuldner vor. Auch ein Gläubiger des Cedenten kann in die Lage kommen, sich ihrer zu bedienen,[3]) wenn er etwa auf die cedierte Forderung als Exekutions-

---

Forderung feststellt, auf den Schuldner und auf dritte an der Forderung Berechtigte ausübt. Vgl. dar. Fischer, Iherings Jahrb. XXXX. S. 151 ff., Hellwig, Anspr., S. 418 ff., Rechtskraft, S. 22 f. (Der OGH. hat in den Entsch. Gl. U. 12203, 6258 die Präjudizialklage des einen Cessionars gegen den andern für unzulässig erklärt. Es soll in diesem Falle die Priorität der Verständigung des Cessus entscheiden, s. Stubenrauch, Komm. II. S. 812 Anm. 1.)

[1]) § 916 A.BGB., 117 BGB.

[2]) Regelsberger, ACPr. LXIII. S. 175; Stammler, Hallenser Festgabe S. 18 f., S. 19 Anm. 1.

[3]) Es kann vorkommen, daß der Einwand der Simulation nicht vom geklagten Schuldner, sondern vom Kläger ausgeht. Wenn nämlich der Cessus dem Cessionar eine Einrede aus dessen Person entgegenstellt, so kann es vorkommen, daß dieser ihr dadurch zu begegnen sucht, daß er behauptet, die Cession sei simuliert, sie decke nur eine Bevollmächtigung. Fragen dieser Art sind namentlich in der wechselrechtlichen Praxis wiederholt Gegenstand der Judikatur gewesen, wobei es sich um den Gegensatz von Voll- und Prokuraindossament handelte und die Entscheidung aus Argumenten formaler und verkehrspolitischer Natur des Wechselrechtes erfolgte (vgl. ROHG. VI. Nr. 10, XXII. Nr. 40, RG. XXVII. Nr. 29). Von nicht hierher gehörigen wechselrechtlichen Komplikationen abgesehen, ist die Entscheidung aus dem Gesichtspunkte zu fällen, daß es dem Kläger nicht gestattet sein kann, einerseits als Cessionar aufzutreten, andererseits die Konsequenzen solcher Stellung von sich zu weisen. Der Fall ist deshalb interessant, weil er nach der herrschenden Terminologie eine Einrede aus dem Rechte des Dritten (Simulation) mit einer solchen aus dem Rechte gegen den Dritten (als solche erschien dann die Einrede des Cessus) kompliziert.

objekt gegriffen hat und nun vom Pseudocessionar mit der Interventionsklage angegriffen wird.[1])

Wenn die Einrede aber vom debitor cessus gebraucht wird, mengen sich andere Erwägungen ein, welche ihr manchmal die Wirkung benehmen.

Der Cessionar, der auf Grund simulierter Cession auftritt, handelt mit Willen des Cedenten. Der Cessus hat gewöhnlich kein Interesse daran, das wahre Verhältnis aufgedeckt zu sehen;[2]) denn die Einreden gegen den Cedenten bleiben ihm ja erhalten. Gegen eine Klage des Cedenten ist er aber geschützt, wenn er im guten Glauben an die Ernstlichkeit der Cession dem Pseudocessionar gezahlt hat.[3])[4])

Es wird daher von der Praxis in solchen Fällen vielfach das in der — wenn auch simulierten — Cession steckende Ermächtigungsmoment hervorgekehrt.[5])

Hier ist aber andererseits zu bedenken, daß denn doch eine Übertragung der Forderung nicht stattgefunden hat, daß es das gute Recht des Cessus ist, darauf hinzuweisen, daß der Kläger gar nicht sein Gläubiger ist.[6]) Man denke an die prozessuale Einrede der Unzu-

[1]) RG. IV. 69, XXXIII. 74, vgl. auch RG. XXIV. 35.

[2]) Bolze I. 868, ROHG. I. 54. Vgl. Mot. II. S. 129 f.

[3]) § 409 BGB. Deshalb muß sogar der debitor cessus zu seinem Schutze die Einrede der Simulation der Cession geltend machen, wenn er sie kennt, da ihn die Kenntnis davon des Schutzes des guten Glaubens gegenüber einer späteren Klage des Cedenten berauben würde.

[4]) Die hier dem Cedenten vom Cessus eingewendete Zahlung an den Pseudocessionar steht nicht unter dem Gesichtspunkte einer Einrede aus dem fremden Rechtsverhältnisse, da zwischen dem Schuldner und dem Pseudocessionar ein Rechtsverhältnis gar nicht besteht. Es liegt hier nichts weiter vor, als daß sich der Cedent auch eine ihn nicht befriedigende Zahlung des Schuldners gefallen lassen muß, da sonst der gutgläubige Schuldner zu Schaden käme. Einen unentgeltlichen Schulderlaß seitens des Pseudocessionars muß der Cedent gewiß nicht gelten lassen. Der gute Glaube soll den Cessus vor Schaden schützen, ihm aber nicht Gewinn bringen. Vgl. den von Mommsen, Erörterungen aus dem Obligationsrecht II. (1879) S. 100 Anm. 13 konstruierten Rechtsfall.

[5]) RG. XXV. 43, XXXII. 53, Seuff. XII. 337, XXII. 34, LI. 102.

[6]) Bolze IV. 493, V. 511.

ständigkeit, die oft unter Anerkennung der Schuld und ohne sichtliches Interesse des Schuldners an einem andern Forum eingewendet wird, rein nur, um die Sache zu verschleppen oder dem Gegner Kosten und Schwierigkeiten zu verursachen.[1]) Wir würden daher mit Regelsberger[2]) nur dort der Einrede des Cessus die Wirkung versagen, wo in der Simulation wirklich ein Bevollmächtigungsverhältnis liegt. Natürlich wäre der Forderungsübergang in solchem Falle dem Schuldner gegenüber trotzdem soweit als wirkungslos zu betrachten, als er durch die Annahme eines solchen zu Schaden kommen würde,[3]) also insbesondere, wo ihm nachträglich entstandene Einreden, etwa aus ihn begünstigenden Erklärungen des Cedenten oder aus dem Titel der Aufrechnung, abgeschnitten würden.

Es wäre hier wohl auch an die Möglichkeit der Gefährdung des Prozeßkostenersatzanspruches zu denken und es könnte auch aus diesem Grunde das Einschreiten des Pseudozessionars zurückgewiesen werden.

Die Abgrenzung gegenüber dem fiduciarischen Übertragungsgeschäft kann hier große Schwierigkeiten machen. Jedenfalls kann auch ein solches, soweit es gerade in fraudem debitoris geschlossen ist, keine Wirkung äußern.

In diesem Zusammenhange ist die Frage zu erörtern, welche Bedeutung für den Cessus die Vereinbarung zwischen Cedent und Cessionar habe, daß dieser die Forderung nur unter gewissen Bedingungen z. B. erst nach Bezahlung der Cessionsvaluta vom Cessus solle eintreiben dürfen.

Auch diese Frage kann sich nur nach dem Umstande entscheiden, ob und inwieweit ein Übergang der Forderung auf den Cessionar

[1]) S. Bolze III. Nr. 567. „Ein besonderes rechtliches Interesse für seinen Antrag, die Klage wegen mangelnder Aktivlegitimation zurückzuweisen, weil die Cession der Forderung an den Kläger simuliert sei, hat der Beklagte so wenig darzutun, wie bei prozessualischen Einreden."

[2]) a. a. O. S. 176 f.

[3]) Jedenfalls aber ist die Zurückweisung des Simulationseinwandes aus dem Gedanken der exceptio ex iure tertii verfehlt. Der österr. k. k. OGH. steht prinzipiell auf dem Standpunkt, daß Dritte den Simulationseinwand nicht erheben dürfen. Gl. U. 7956, 14655, aus älterer Zeit: 1507, 1416, 6644 u. a.

wirklich stattgefunden hat. Die Antwort ist unzweifelhaft, wenn vereinbart wurde, die Forderung solle erst bei Zahlung der Valuta auf den Cessionar übergehen. In der Regel wird dieser Sinn der Vereinbarung auch dann zu geben sein, wenn sie etwa lautete, der Cessionar solle die Forderung erst nach Zahlung der Valuta eintreiben dürfen. — Es können aber Zweifel an der Parteienintention entstehen, wenn sich aus andern Momenten ein wirklicher Forderungsübergang schon mit dem Vertragsabschlusse als von den Parteien gewollt ergibt,[1]) gleichzeitig aber doch vereinbart wurde, die Forderung solle vom Cessionar erst nach Zahlung der Valuta eingezogen werden dürfen.

Verfehlt wäre es hier, Analogien mit dem Veräußerungsverbote bei körperlichen Sachen heranzuziehen.

Die Lösung hängt vielmehr davon ab, ob man eine solche Teilung der im Forderungsrechte steckenden Befugnisse durch Parteienwillkür für zulässig hält, so daß eben die Einziehungsbefugnis zeitweilig[2]) abgetrennt und beim Cedenten zurückbehalten wird.

Ist man gegen die Zulässigkeit, so kann in solchem Falle verschieden vorgegangen werden. Man kann sagen, die Teilung der Befugnisse habe keine Geltung, der Forderungsübergang bestehe aber aufrecht; dann kann der Cessionar die Forderung einziehen, ohne daß sich der Cessus auf jene Abrede berufen darf; allerdings aber bleibt jener dem Cedenten haftbar. Es kann aber sein, daß die Parteien den Forderungsübergang ohne jene Beschränkung gar nicht wollten, dann kann man ihn vor der Zahlung der Valuta als geschehen nicht betrachten, oder muß das ganze Rechtsgeschäft unter Umständen als widerspruchsvoll streichen, muß also in beiden Fällen der diesbezüglichen Einrede des Cessus Gehör geben.[3])

Ist man — wogegen u. E. kein Grund spricht — für die Zulässigkeit solcher Teilung, dann wird man der Einrede des Cessus gleichfalls Gehör geben müssen. Diese wird solchenfalls nicht etwa dem der Cession zu Grunde liegenden obligatorischen Verhältnis zwischen Cedent

---

[1]) Z. B. Gläubigern des Cedenten gegenüber.

[2]) Eine dauernde Ablösung wäre als dem Zwecke des Forderungsrechtes widersprechend wohl unzulässig.

[3]) Vgl. Bolze V. 519.

und Cessionar entnommen, ist also insbesondere nicht etwa die exceptio non adimpleti contractus des Cedenten, sondern beruht auf dem objektiven Umstande, daß die Forderung nicht zur Gänze, mit vollen Befugnissen auf den Cessionar übergegangen ist.

Scheinbar noch komplizierter wird die Sachlage, wenn der Schuldner seine Einrede nicht dem Verhältnis des Klägers zu seinem Vormann, sondern dem unter zwei Vormännern des Klägers entnimmt, also z. B. einwendet, der Vormann des Klägers habe die Forderung selbst im Cessionswege und zwar mit der Beschränkung überkommen, sie nicht weiter abtreten zu dürfen, „pactum de non cedendo".[1])

Die Analogie mit dem Veräußerungsverbot bei körperlichen Sachen liegt hier noch näher, dürfte aber auch hier wegen der Verschiedenheit zwischen Forderungsrecht und körperlicher Sache abzulehnen sein.[2])

Man mag sich dazu aber stellen wie man will, also bloß obligatorische Wirkung unter den Kontrahenten, oder dingliche, den Forderungsübergang auf den jetzigen Kläger[3]) hemmende Wirkung annehmen, immer wird die Handhabe für die Einrede des Cessus von der Alternative gebildet: Ist die Forderung auf den Kläger übergegangen oder nicht?[4])

---

[1]) Motive II. S. 122 f. Windscheid-Kipp § 335 Anm. 5, Dernburg II. § 50 Anm. 6. Häufig sind solche Abreden zwischen Schuldner und Gläubiger, vgl. RG. XXVII. 86.

[2]) Vgl. Seuffert, ACPr. LI. S. 109, Windscheid-Kipp § 335 Anm. 5, Seuffert XXXIX. Nr. 96, XXXX. 192, RG. XXXI. Nr. 32.

[3]) Interessant, obzwar nicht einen neuen Gedanken bringend § 399 BGB.: „Eine Forderung kann nicht abgetreten werden, wenn ..... die Abtretung durch Vereinbarung mit dem Schuldner ausgeschlossen ist." Trotzdem es sich hier um eine dem Rechtsverhältnisse zwischen Cedent und Cessus entnommene Einrede handelt, fällt ihre Entgegensetzung gegen den Cessionar nicht unter den Gesichtspunkt von § 404 BGB. Es handelt sich nicht um eine Einwendung, „die zur Zeit der Abtretung der Forderung gegen den bisherigen Gläubiger begründet" war. Die Einrede macht bloß die Unwirksamkeit des Cessionsaktes geltend.

[4]) Dies wird von der Entsch. bei Seuff. V. 11 (OAG. Lübeck) ganz verkannt, welche die Einrede mit der Begründung abwies, es läge weder eine Einrede vor, welche ein Paktum des Cessus mit dem Cedenten, noch eine solche, welche die Forderung selbst betreffe, jede andere etwa die Cession betreffende Einrede sei aber unzulässig.

In Fällen dieser und ähnlicher[1]) Art liegt es nahe, das Vorliegen einer Einrede aus dem Rechte des Dritten anzunehmen[2]) und ihre Zulässigkeit mit dem Vorhandensein eines besonderen Interesses bei dem Beklagten zu begründen.[3])

Dies ist jedoch verfehlt. Die Unzulänglichkeit der Argumentation aus dem Interesse in solchen Fragen hat Stammler[4]) trefflich dargetan. Hier insbesondere darf nicht übersehen werden, daß nicht das Vorhandensein des Interesses einen Ausnahmsgrund für die Zulässigkeit, sondern sein Mangel einen Ausnahmsgrund für die Unzulässigkeit bildet.

Der Grund für die Zulässigkeit solcher Einreden liegt hier keineswegs in einer Ausnahme von einer die Einreden aus dem Rechte des Dritten ausschließenden Regel, sondern darin, daß es sich um die Geltendmachung von Tatsachen handelt und daß in diesen Fällen eine solche logische Verknüpfung der Rechtsverhältnisse vorliegt, daß diese Tatsachen zur Wirkung gelangen.

---

[1]) Man nehme z. B. folgenden Fall: Jemand bezahlt die Schuld eines andern. Nachträglich vereinbart er mit dem Gläubiger, daß die Zahlung als Leistung der Cessionsvaluta gelten und daß ihm der Gläubiger die Forderung cedieren solle, § 1422 A. BGB. — Solche Abrede wird ja heutzutage als zulässig angesehen. (Kipp, Zusätze § 47 Anm. 1 S. 178.) Es kann nun der Cessus ein Interesse daran haben — etwa wegen Unterganges der Nebenrechte — die Tilgung der Forderung durch die Zahlung festzuhalten. Er wird sie solchenfalls sicherlich dem als Cessionar auftretenden Kläger entgegensetzen können; s. ferner Dernburg II § 48 Anm. 12.

[2]) ROHG. X. 35, Dernburg, II. § 49 Anm. 4.

[3]) ROHG. I. 54. Vgl. Schneider, Schweiz. Obligat. R. zu Art. 16 Nr. 21 (S. 70): „Fingierte Rechtsgeschäfte können nicht nur von den Kontrahenten selbst, sondern auch von dritten Personen angefochten werden, sofern vermögensrechtliche Interessen dieser durch das streitige Geschäft bedroht sind und ihnen demzufolge ein rechtliches Interesse an der Aufhebung desselben zusteht" (Oberger. Zürich, Handelsr. Entsch. Bd. X. p. 143 Erw. 3). Daß Dritte nicht etwa mit Klage gegen ein solches Geschäft auftreten können, ohne ein besonderes Interesse darzutun, ist richtig, beruht aber nicht auf dem Gedanken unzulässiger Geltendmachung der Rechte Dritter, sondern auf dem allgemeinen Ausschluß von Klagen ohne Interesse.

[4]) Hallenser Festschrift S. 24 ff.

9.

β) Von rechtsverfolgenden Einreden käme hier zunächst die einredeweise Geltendmachung einer dem Cedenten zustehenden Anfechtung durch den Drittschuldner in Betracht. Daß solche auch hier aus dem bereits wiederholt hervorgehobenen Grunde unzulässig wäre, ist klar. Eine andere Frage ist die, ob der Schuldner dem Cessionar die Anfechtbarkeit der Cession entgegenhalten kann.[1]) Die Frage geht in der weitern auf, ob es überhaupt eine Einrede der Anfechtbarkeit gebe, d. h. ob jemand die Erfüllung eines gegen ihn erhobenen Anspruchs mit dem Hinweis auf eine ihm nicht zustehende, bei einem Dritten aber gegebene Anfechtungsmöglichkeit bis zur Entscheidung des Schwebezustandes verweigern kann.

Im Prinzipe läßt sich ebensoviel für als gegen die Zulässigkeit solcher Einrede sagen. Das österreichische Recht hat sie nicht aufgenommen, das BGB. enthält eine ausdrückliche Bestimmung betreffs ihrer bei der Bürgschaft im § 770. — Die Stellung des Bürgen als eines bloß accessorisch Haftenden ist nun eine so eigene, daß eine Ausdehnung der für diesen Sonderfall getroffenen Ausnahmebestimmung sich wohl verbietet. Hellwig[2]) ist für die Statthaftigkeit solcher Einrede. Besonders kräftig ist ihm das Argument aus dem Vorhandensein des Wörtchens „auch“ in §§ 821, 853, 478, 490, 2083 BGB. Wenn das Leistungsverweigerungsrecht „auch“ nach Verjährung der betreffenden Ansprüche vorhanden sei, so müsse es eben schon vorher gegeben sein. Dies ist richtig, es schließt aber nicht aus, daß dieses Leistungsverweigerungsrecht an vorherige Ausübung des Anfechtungsrechtes gebunden ist. Im übrigen ist auf die treffenden Gegenargumente Langheinekens[3]) zu verweisen, denen hier nichts hinzuzufügen ist.

---

[1]) Die Frage, inwiefern Mängel des Kausalgeschäftes die Wirksamkeit der Cession alterieren und die für das BGB. verneinend zu beantworten ist, hat hier keinen Belang; denn immer ist es die Wirksamkeit oder ihre Kehrseite, also Anfechtbarkeit oder Nichtigkeit der Cession, auf die es in letzter Linie ankommt.

[2]) Verträge S. 292 ff., Anspr. S. 17 ff.

[3]) a. a. O. S. 318 ff.

Dem debitor cessus ist also eine Einrede aus der Anfechtbarkeit der Cession nicht zuzugestehen. Wenn man sie ihm aber auch gäbe, so wäre ihm damit nicht etwa eine Einrede aus dem Rechte des Dritten (Cedenten) verliehen, denn er bekäme damit nicht die Anfechtungseinrede des Cedenten, sondern eine Anfechtbarkeitseinrede proprio iure, wie dies ja im Verhältnis des Bürgen zum Hauptschuldner bei § 770 BGB. nicht bezweifelt wird.[1])

Sonstige rechtsverfolgende Einreden können hier gar nicht in Frage kommen, weil es an einem logischen Zusammenhange zwischen Einrede und Anspruch fehlen würde.

Wollte etwa der Drittschuldner es sich beifallen lassen, dem Cessionar entgegenzusetzen, daß er dem Cedenten die Cessionsvaluta noch nicht bezahlt habe, so könnte ihm nicht nur geantwortet werden, daß er nicht berufen sei, die Rechte des Cedenten wahrzunehmen, sondern auch, daß seine Einrede gar keinen Sinn habe, weil die Forderung bereits auf den Cessionar übergegangen sei und, da ihre Mangelhaftigkeit nicht behauptet werde, erfüllt werden müsse.

10.

b) Schuldübernahme.

Es ist die Frage zu erörtern, inwiefern dem Gläubiger Einwendungen aus dem Verhältnis zwischen Urschuldner und Schuldübernehmer entgegengesetzt werden können.

Dabei bleibt jene Schuldübernahme, welche sich in Form des Vertrages zu Gunsten Dritter vollzieht[2]) und deshalb den für diesen Vertrag geltenden Normen folgt,[3]) aus diesem Zusammenhange ausgeschieden.

Die Schuldübernahme enthält den Übergang einer Schuld, einer Verpflichtung von einem Subjekt auf das andere und ist so das

---

[1]) Siehe jedoch Kipp, Zusätze II S. 440 ff.

[2]) Die Möglichkeit war in der gemeinrechtlichen Literatur sehr bestritten, weil der Gläubiger durch solchen Vertrag keinen ökonomischen Vorteil erlangt. Vgl. die sehr eingehenden Erörterungen von Menzel in Grünhuts Zeitschrift Bd XI. S. 586 ff.

[3]) Vgl. insbesondere Hellwig, Verträge S. 197 III.

Gegenstück der Cession, welche den gleichen Übergang auf der aktiven Seite des Schuldverhältnisses darstellt. Es besteht in der Rechtswissenschaft seit dem Auftreten Delbrücks das Bestreben, die Schuldübernahme der Cession möglichst parallel auszugestalten,[1]) ein Streben, welches in dem Worte von der „passiven Cession"[2]) seinen extremsten Ausdruck gefunden hat.

Dieses Streben hat seine natürliche Grenze in der innern Verschiedenheit zwischen der aktiven und passiveu Seite der Obligation. Der Gläubiger kann über seine Forderung verfügen, ohne nach dem Willen des Schuldners zu fragen, der Schuldner kann mit seiner Schuld das Gleiche nicht tun, denn diese gehört, als Vermögenswert betrachtet, nicht ihm, sondern dem Gläubiger. Ohne dessen Einwilligung kann eine Änderung in der Person des Schuldners nicht stattfinden. Hier liegt bekanntlich der Kern der Schwierigkeiten, welche eine Flut von Kontroversen heraufbeschworen haben, als deren Niederschlag die Regelung der Schuldübernahme in den §§ 414—419 BGB. erscheint.

Wird von dem Versprechen auf Leistung an den Drittgläubiger abgesehen, so erscheinen für unser Problem zwei Grundformen der Schuldübernahme von Bedeutung.

α) Die Schuldübernahme durch Vertrag zwischen dem Übernehmer und dem Gläubiger, ohne Mitwirken des Urschuldners.

β) Die Vereinbarung der Schuldübernahme zwischen Ur- und Neuschuldner mit nachträglich hinzutretendem Willen des Gläubigers.

In beiden Fällen wird es von Wichtigkeit, daß der Schuldübernehmer an dem Kreuzungspunkte zweier verschiedener Rechtsverhältnisse steht, nämlich jenes zum Urschuldner und jenes zum Gläubiger. Er steht in beiden Verhältnissen. Er hat zwei Kausen für seine Schuldübernahme, deren eine gegenüber dem Gläubiger, deren andere gegenüber dem Urschuldner besteht. Beide gehen durch seine

---

[1]) Vgl. v. Blume, Novation, Delegation und Schuldübertragung (1895) S. 102 ff.; Iherings Jahrb. XXXIX. S. 392; Kipp, Zusätze S. 372 f.; Iherings Jahrb. XXXVI. S. 336 ff.

[2]) Kuntze, die Obligation und die Singularsuccession, S. 302; Bähr in Iherings Jahrb. VI. S. 171; Unger, Iherings Jahrb. X. S. 90 und Schuldübernahme S. 12.

Person hindurch, stehen im übrigen aber zunächst in gar keiner Verbindung.

In seinem Verhältnis zum Gläubiger kann nur jene causa gelten, die ihm mit diesem gemeinsam, die in die Vereinbarung aufgenommen ist. Nun kann in diese Vereinbarung allerdings auch die causa aus dem Verhältnis zum Urschuldner Aufnahme finden. Dann wirken Mängel dieser causa auch auf die übernommene Schuld. In der Regel wird dies aber nicht der Fall sein, denn der Gläubiger, der als Entgelt für den Eintritt des neuen Schuldners in das Schuldverhältnis seine Forderung gegen den Urschuldner aufgibt, wird sich die Gefährdung seiner Forderung durch etwa vorhandene Mängel der fremden causa nicht gefallen lassen.

Auf dieser Basis ist unser Problem an jenen beiden Formen der Schuldübernahme zu prüfen.

11.

Zu α) Anspruchsverneinende Einreden. Die Schuldübernahme ist ohne Mitwirkung des Urschuldners mittelst bloßen Vertrages mit dem Gläubiger geschehen.[1]) Hier kann eine Vereinbarung des Übernehmers mit dem Urschuldner vorangegangen sein oder auch nicht. Letzternfalls geschieht die Schuldübernahme entweder als Geschäftsführung ohne Auftrag, oder zum Zwecke einer unentgeltlichen Zuwendung an den Schuldner, o. ä. Ersternfalls ist der Übernehmer dem Schuldner auf Grund Vertrages zur Schuldübernahme verpflichtet.[2]) Diese Verpflichtung steht aber in keiner Beziehung zu dem Vertrage zwischen Übernehmer und Gläubiger, der in Bezug auf jene vollkommen abstrakt ist.

Hier scheidet sich die Stellung des Schuldübernehmers scharf von jener des Cessionars.

---

[1]) § 414 BGB., § 1345 A. BGB., der allerdings von einer sich vollziehenden Umänderung der Verbindlichkeit spricht.

[2]) Es liegt jenes Geschäft vor, das § 415 BGB. im Zweifel bei ausbleibender Genehmigung des Gläubigers zwischen den beiden Schuldnern vereinbart erachtet — „Erfüllungsübernahme", „interne Schuldübernahme" s. v. Blume Iherings Jahrb. XXXIX. S. 395.

Der Schuldübernehmer ist nach zwei Seiten hin verpflichtet, der Cessionar nicht. Der Cessionar kann also gar nicht in die Lage kommen, Einreden aus dem einen Verhältnis in das andere hinüber zu nehmen. Die Parallele hört hier vollständig auf.

Auch der Schuldübernehmer kann indes anspruchsverneinende Einreden aus seinem Verhältnis zum Urschuldner in jenes zum Gläubiger nicht hinübernehmen, denn diese Einreden drücken Mängel des Anspruches des Urschuldners aus, können daher nur dort angewendet werden, wo die Ansprüche des Urschuldners und des Gläubigers identisch oder auf einander aufgebaut sind, so daß durch Zerstörung des die Grundlage bildenden Anspruches auch der auf ihn gegründete einstürzt.

Beides trifft bei diesem Fall der Schuldübernahme nicht zu. Der Anspruch des Urschuldners gegen den Schuldübernehmer ging[1]) auf Befreiung vom Anspruche des Gläubigers oder auf Übernahme der Schuld, der des Gläubigers geht auf Erfüllung der Schuld.[2]) Die Ansprüche sind ungleich. Sie sind auch nicht einer aus dem andern, sondern einer aus der Erfüllung des andern entstanden. Der Anspruch des Urschuldners ist begrifflich notwendig erfüllt, wenn jener des Gläubigers anfängt, es hat daher insoweit gar keinen Sinn von Einreden, welche den Anspruch des Urschuldners verneinen, im Verhältnis zum Gläubiger zu sprechen.

Anders wäre die Sache nach der mit Recht allgemein abgelehnten Zaun[3])-Bährschen[4]) Lehre, wonach der Anspruch des Gläubigers der

---

[1]) Wir sprechen von der vollendeten Schuldübernahme.

[2]) Ehrenzweig a. a. O. S. 129 f. schreibt dem Urschuldner, so lange er nicht endgültig befreit ist, gegenüber dem Erfüllungsübernehmer (intern) die Rechtsstellung eines Bürgen oder Correalschuldners zu, der für eine ihn materiell nicht angehende Schuld haftet. Mag sein. Man darf aber die Analogie nicht übertreiben und es ist daher nicht einzusehen, warum der Schuldner den Übernehmer nicht auf Zahlung an den Gläubiger soll belangen dürfen, wenn der Übernehmer ihm dazu vertragsmäßig verpflichtet ist (Gl. U. 7355).

[3]) Arch. f. Prakt. R. W. N. F. I. S. 113 ff.

[4]) Iherings Jahrb. VI. S. 170 f., Urt. d. RG. S. 86 f., ACPr. LXVII. S. 176 f., vgl. Horn a. a. O. S. 34 ff., Gl. U. 10217.

cedierte Anspruch des Urschuldners ist. Es fänden dann eben die Grundsätze der Cession Anwendung.[1])

Hat aber der Übernehmer dem Gläubiger versprochen, die Schuld nur insoweit zu bezahlen, als er hierzu dem Urschuldner gegenüber verpflichtet sei, so bleiben ihm allerdings rechtsverneinende Einreden gegen den Urschuldner gegenüber dem Gläubiger gewahrt, weil eben der Bestand jenes Anspruches geradezu zur Bedingung dieses gemacht wurde. Ob man dann überhaupt noch von Schuldübernahme sprechen soll, ist freilich fraglich.

12.

Zu α) Rechtsverfolgende Einreden. Von rechtsverfolgenden Einreden entfällt die Aufrechnungseinrede, da der Anspruch des Urschuldners nicht auf eine Geldleistung, sondern auf ein Tun des Übernehmers geht, welches freilich meistens zum Zwecke der Tilgung einer Geldschuld an den Urschuldner übernommen wird, da ferner der Gegenforderung des Übernehmers nicht mehr die Forderung des Urschuldners gegenüber steht.[2])

Die Einrede des nicht erfüllten Vertrages, soweit sie im Verhältnis zwischen Ur- und Neuschuldner besteht, kann dem Gläubiger nicht entgegen gesetzt werden.[3]) Sie beruht auf dem gegenseitigen Vertrage

[1]) Das A. BGB. kennt in § 1408 den Fall einer Assignation, welche eine Cession in sich schließt. Es treten dann die Folgen der Cession ein, es liegt aber auch keine Schuldübernahme, sondern Cession an Zahlungsstatt vor.

[2]) Auch hier wieder entgegengesetzt nach der Zaun-Bährschen Lehre.

[3]) Es ist dies die wichtigste der in Frage kommenden Einreden. Die Schuldübernahme tritt im Rechtsverkehr meistens als Bestandteil eines andern Rechtsgeschäftes auf, innerhalb dessen sie als Leistung gegen Gegenleistung versprochen wird. Eigentümlich der ungar. Entw. § 1271: „Einreden, die dem Rechtsverhältnisse zwischen ihm (dem Übernehmer) und dem bisherigen Schuldner entspringen, kann er dem Gläubiger in der Regel nicht entgegensetzen. Hat jedoch kraft des von ihm mit dem Schuldner geschlossenen Vertrages dieser statt seiner dem Gläubiger den Antrag auf Schließung des Übernahmevertrages gestellt, so kann er sich auch solcher Einreden insoweit bedienen, als dieselben sich auf den Mangel der im Alinea 3 des § 1268 bestimmten Voraussetzungen beziehen“. — Al. 3 des § 1268 lautet: „Den

zwischen den beiden Schuldnern, der im Verhältnis des Übernehmers zum Gläubiger nicht gegeben ist, will einen Anspruch des Übernehmers gegen den Urschuldner durchsetzen, kann also gegen den Gläubiger keinen Zwang üben und ist hier schon deswegen nicht möglich, weil die zurückzubehaltende Leistung eben die Schuldübernahme wäre, welche aber bereits vollzogen ist, also nicht mehr zurückgehalten werden kann.

Hier ist nun allerdings möglich, daß der Übernehmer sich die Wirkung solcher Einrede wahrt.

In der Abrede etwa, er übernehme die Schuld nur soweit, als er dem Urschuldner verpflichtet sei, läge wohl eine Aufnahme der causa in den Übernahmevertrag, aber keine Wahrung jener exceptio, die auch hier durch die Tatsache der bereits vollzogenen Schuldübernahme unmöglich gemacht wäre. Eine Wahrung ihrer Wirkung wäre dadurch möglich, daß der Übernehmer den Empfang der Gegenleistung vom Urschuldner zur Bedingung seiner Verpflichtung gegen den Gläubiger macht. Dann würde er sich aber eben nur die Wirkung der Einrede, nicht die Einrede selbst gesichert haben, die vielmehr in eine anspruchsverneinde Einrede innerhalb des Rechtsverhältnisses zum Gläubiger verwandelt wäre.

Genau dasselbe gilt aber von den Einreden der Nichtigkeit und Anfechtbarkeit der Vereinbarung zwischen Ur- und Neuschuldner bezw. der Wirkung einer Anfechtung dieser Vereinbarung auf die übernommene Schuld. Auch diese kann nur wirken, wenn die Giltigkeit jener Vereinbarung im Vertrage zwischen Gläubiger und Übernehmer von diesem zur Bedingung seiner Verpflichtung gesetzt werde.[1]) Auch

---

Antrag (an den Gläubiger auf Schließung des Schuldübernahmevertrages) kann auch der Schuldner statt der dritten Person stellen, vorausgesetzt, daß diese sich ohne Bedingen einer Gegenleistung zur Übernahme verpflichtet, oder daß sie die bedungene Gegenleistung schon erhalten oder dem Schuldner creditiert hat.

[1]) Der von Kipp, Zusätze II. S. 380 Nr. 3a aufgestellte Fall einer Anfechtung seitens des Übernehmers gegenüber dem Urschuldner ist — vorausgesetzt, daß der Gläubiger die Anfechtung nicht kannte oder kennen mußte — nur möglich, wenn eine bindende Erklärung des Übernehmers an den Urschuldner ergangen ist (§ 123 Abs. 2, § 143 Abs. 2). Zu einer Einwirkung solcher Anfechtung bezw. der dadurch herbeigeführten Nichtigkeit der Ver-

hier liegt dann aber eben nicht die Einrede der Nichtigkeit oder Anfechtbarkeit des fremden Rechtsverhältnisses, sondern die Einrede einer ausgefallenen Suspensiv- oder eingetretenen Resolutivbedingung vor.

Es ergibt sich also: Eine Anfechtung der Schuldübernahme selbst kann hier, da die Schuldübernahme gegenüber dem Gläubiger erfolgte, nur gegenüber diesem stattfinden.

Mängel des Kausalgeschäftes zwischen Ur- und Neuschuldner können nur dann im Verhältnis zwischen Gläubiger und Übernehmer wirken, wenn sie als Bedingung in dieses Verhältnis aufgenommen sind.[1])

So für das Recht des BGB. Für das österreichische Recht gilt zunächst ebenfalls, daß eine durch Anfechtung des Rechtsgeschäftes zwischen Urschuldner und Schuldübernehmer herbeigeführte Nichtigkeit der „internen Schuldübernahme" den Expromissionsvertrag zwischen dem Schuldübernehmer und dem Gläubiger nicht berührt, sie sei denn als Bedingung mit ihm in Verbindung gesetzt. Ein vom Urschuldner gegen den Übernehmer geübter Zwang oder in ihm hervorgerufener Irrtum kann gemäß §§ 870, 871 und 875 A. BGB. dem Gläubiger

---

pflichtung des Übernehmers gegen den Urschuldner auf die Rechte des Gläubigers fehlt der juristische Zusammenhang zwischen jener Verpflichtung und diesen Rechten.

[1]) Es ist im Texte nur die Rechtsstellung des Übernehmers in Betracht gezogen worden. Wie steht es aber mit der Verpflichtung des Urschuldners? Dieser kann sich einer etwa gegen ihn nach der Schuldübernahme erhobenen Klage des Gläubigers gegenüber mittelst Einrede auf seine durch Expromission eingetretene Schuldbefreiung berufen. Es liegt aber darin keine „Einrede aus dem Rechte des Dritten", die Einrede erwächst ihm kraft eigenen Rechtes unmittelbar aus dem Expromissionsvertrage, der für ihn wie ein liberatorischer Vertrag zu Gunsten des Dritten wirkt. Was der Unterstellung der Expromission unter den liberatorischen Vertrag entgegensteht, ist ihre Tendenz, es fehlt der favor tertii, zum mindesten ist er nicht notwendig. Der Urschuldner kann den ihm in der Expromission gewährten Vorteil auch nicht ablehnen (§ 333 BGB.). Vgl. jedoch Tartufari, Dei contratti a favore di terzi, S. 335; Ehrenzweig a. a. O. § 8 Anm. 1. — Die Möglichkeit eines Regresses des Expromittenten an den befreiten Schuldner dagegen könnte der Annahme eines Vertrages zu dessen Gunsten nicht entgegenstehen. — Ehrenzweig § 8 Anm. 6.

gegenüber mittelst Anfechtungseinrede nur dann geltend gemacht werden, wenn dieser am Zwang oder an der Irreführung „teilnahm oder dieselbe offenbar wissen mußte“.

13.

Zu β. Die Schuldübernahme wird zunächst zwischen Ur- und Neuschuldner vereinbart, und es schließt sich der Wille des Gläubigers nachträglich an.

Über die Natur des Rechtsaktes, mittelst dessen sich der Gläubigerbeitritt vollzieht, lassen sich zunächst nur zwei Meinungen aufstellen: [1])

αα) er vollzieht sich in Form des Vertrages;

ββ) er geschieht mittelst einseitigen, im Gläubigerrechte wurzelnden Dispositivaktes, durch Genehmigung der im Vertrage zwischen Urschuldner und Übernehmer liegenden Verfügung über das in der Schuld gegebene Objekt des Gläubigervermögens.

Der Beitritt in Form des Vertrages kann wieder in doppelter Form gedacht werden:

ααα) Als Vertrag des Gläubigers mit einer der beiden Parteien des Schuldübernahmevertrages;

ααβ) als vertragsmäßiger Eintritt in das zwischen Ur- und Neuschuldner bestehende Vertragsverhältnis, welches dadurch drei Subjekte bekommt und passend als „dreiseitig“ [2]) bezeichnet wurde.

Somit wäre unsere Frage hier an drei verschiedenen Gestalten zu prüfen.

Zu ααα. Der Vertrag des Gläubigers, durch den Rechte desselben gegen den Schuldübernehmer begründet werden sollen, kann sich

---

[1]) Die Erörterung jener Theorien, welche die römische Delegation für das Problem fruchtbar machen wollen (vgl. Horn, Schuldübernahme S. 2 f.), kann hier unterbleiben, da die Delegation für unsere Aufgabe im Folgenden besonders untersucht wird.

[2]) Menzel a. a. O. S. 588 Anm. 17; Simon, Zeitschr. f. HR., Bd. 24 S. 101; Kipp, Iherings Jahrb. XXXVI. S. 336 ff., Zusätze S. 353, 365. Dazu Hellwig, Verträge S. 161 Anm. 325. Gegen den „dreiseitigen“ Vertrag: Karl Adler, „Passivenübergang bei Übernahme eines Handelsgeschäftes“ (Separatabdruck aus dem Arch. für bürgerl. Recht Bd. III.) S. 10 f.

naturgemäß nur zwischen diesen beiden Personen vollziehen. Mit dem Urschuldner vollzogen kann solche Vereinbarung gegen den Übernehmer nur Wirksamkeit haben, sofern jener als Vertreter dieses handeln dürfte.

Diese Lehre, von der ihre Verfechter, voran v. Blume und Hellwig, behaupten, sie sei die einzige zu richtigen praktischen Ergebnissen führende und daher auch gegen den anders gedachten § 415 BGB. festzuhalten, sieht die Schuldübernahme als abstrakten „dinglichen" Übergang der Schuld sich nur durch Vertrag zwischen Übernehmer und Gläubiger vollziehen, geht also auf § 414 BGB. zurück, worüber das Nötige bereits gesagt wurde.[1])

Zu *ααβ*. Das Verhältnis aus dem „dreiseitigen" Vertrag[2]) ruht derartig auf den darin stehenden drei Personen, daß die Beziehungen von je zwei unter ihnen mit der dritten wie beim gegenseitigen Vertrag mit einander verknüpft sind. Das Gefüge dieser Verbindung ist derartig, daß jeder Mangel in der Rechtsstellung einer Person, mag er sich auch zunächst nur gegenüber der zweiten ergeben, doch auf die dritte hinüberwirkt.

Bei solcher Sachlage wird der Übernehmer der Schuld jede zwischen ihm und dem Urschuldner bestehende Einrede, mag sie anspruchsverneinend oder rechtsverfolgend sein, gegen den Gläubiger geltend machen können.

Insbesondere wird er die Nichterfüllung der ihm vom Urschuldner versprochenen Gegenleistung dem Gläubiger als wahre Einrede des nicht erfüllten Vertrages entgegenhalten und eine Anfechtung seiner durch Betrug oder Zwang seitens des Urschuldners veranlaßten Willenserklärung, auch dem arglosen Gläubiger, und zwar diesem ebenso gut wie dem Urschuldner, gegenüber geltend machen, also nach dem Rechte

---

[1]) Oben S. 102 f. Vgl. Karl Adler a. a. O. S. 4 f.

[2]) Die Besprechung dieser vom BGB. nicht aufgenommenen und auch wohl im A. BGB. nicht verwirklichten Vertragsform geschieht nur der theoretischen Vollständigkeit halber, gewinnt doch die Beweisführung an Sicherheit, an je mehr Eventualitäten sie erprobt wird. Daß diese Vertragsform bei der Schuldübernahme überhaupt nicht durchführbar sei, möchten wir nicht behaupten, es ist aber Adler (a. a. O. S. 10) zuzugeben, daß sie ihr wenig angemessen ist.

des BGB. erklären, nach jenem des A. BGB. mittelst Anfechtungseinrede gegen den Gläubiger durchsetzen können, denn auch der Gläubiger ist sein Vertragsgegner (§ 143 Abs. 2 BGB.), es treffen bezw. die Kriterien von §§ 870, 871 A. BGB. zu.

Eine Aufrechnung mit einer Forderung gegen den Urschuldner ist auch hier mangels von Gegenseitigkeit ausgeschlossen.

Zu ββ. Die Schuldübernahme, als abstrakter dinglicher Vorgang, vollzieht sich durch den Vertrag zwischen Ur- und Neuschuldner. Ihre Wirksamkeit hängt von der Genehmigung des Gläubigers ab.[1])

Dies ist die Gestalt der Schuldübernahme nach § 415 BGB.

Die wissenschaftlich noch unentschiedene Streitfrage nach der Natur des Genehmigungsaktes (der u. E. der Schuldübernahme gegenüber suspensiv bedingend wirkt), nach seinem Verhältnis insbesondere zu dem in § 185 BGB. geregelten Genehmigungsgeschäfte, kann hier außer Betracht bleiben.

Sicher ist, daß nach dieser Auffassung der Schuldübergang sich mittelst abstrakten Vertrages zwischen Ur- und Neuschuldner vollzieht. Die Parallele zum abstrakten Cessionsakte ist hier vollständig, und es gilt in Bezug auf die Einreden aus dem Verhältnisse zwischen den beiden Schuldnern hier dasselbe, was dort von den Einreden aus dem Verhältnis zwischen den beiden Gläubigern.

Insbesondere können Mängel der Kausalberedung zwischen den beiden Schuldnern nur mittelst Einwirkung auf die Giltigkeit des Schuldüberganges die Forderung des Gläubigers beeinflussen.

Von der Einrede des nicht erfüllten Vertrages und der Aufrechnung gilt das schon vorhin Ausgeführte.

Die Anfechtung der Schuldübernahme ergibt auf Grund von § 123 Abs. 2 und § 143 Abs. 2 BGB. folgende Möglichkeiten:

Der Gläubiger, der dem Vertrage zwischen den beiden Schuldnern gegenüber als Dritter im Sinne von § 123 Abs. 2 erscheint, hat den Übernehmer ohne Kenntnis oder fahrlässige Unkenntnis des Urschuldners

---

[1]) Ungar. Entw. § 1268 al. 1: „Eine dritte Person, die mit dem Schuldner vereinbart, daß sie seine Schuld übernehme, verpflichtet sich hierdurch dazu, daß sie dem Gläubiger die Schließung eines Schuldübernahmevertrages (§ 1267) antragen werde."

durch arglistige Täuschung zur Schuldübernahme veranlaßt. Dann ist die Schuldübernahme gegenüber dem Urschuldner nach § 123 Abs. 2 Satz 1 unanfechtbar, gegenüber dem Gläubiger aber nach § 123 Abs. 2 Satz 2 anfechtbar.[1])

Die Anfechtung ist dann gegenüber dem Gläubiger zu erklären[2]) und hebt ihm gegenüber die Schuldübernahme auf. Dem Urschuldner gegenüber bleibt sie aber bestehen, wodurch eine eigentümliche Situation entsteht, die wohl nicht anders zu behandeln ist, als der Fall der ausbleibenden Genehmigung nach § 415 Abs. 2, trotzdem sie von diesem grundverschieden ist. Es ist nämlich kein Widerspruch, wenn der Übernehmer gegenüber dem Urschuldner zur Schuldübernahme verpflichtet ist, ihre Wirksamkeit aber ohne sein Dazutun an der unterbleibenden Genehmigung durch den Gläubiger scheitert, es ist aber ein arger Widerspruch, wenn der Schuldübernehmer selbst die Wirkungen der Schuldübernahme, zu der er dem Urschuldner verpflichtet ist, dem Gläubiger gegenüber verhindern darf. Sicher ist, daß ihn solche Anfechtung gegenüber dem Urschuldner auf Ersatz des Interesses haftbar macht, dessen er sich dann beim Gläubiger erholen darf.

Die Täuschung kann aber auch vom Urschuldner ohne Wissen oder schuldhaftes Nichtwissen des Gläubigers ausgehen. Dann sprengt die dem Urschuldner zu erklärende Anfechtung die ganze Schuldübernahme, der Urschuldner bleibt beiden haftbar.

Zu erwähnen ist hier schließlich noch die bei jeder Form der Schuldübernahme gegebene Möglichkeit, daß der Gläubiger die ihm durch arglistige Täuschung des Urschuldners entlockte, in dem Eingehen auf die Schuldübernahme liegende Befreiung des Urschuldners anficht. Damit geht dann die ganze Schuldübernahme unter, die begrifflich das Aufhören der Schuld in der Person des Urschuldners voraussetzt.

In allen diesen Anfechtungsfällen wird nicht etwa die Anfechtungseinrede aus dem fremden in das eigene Rechtsverhältnis herübergenommen, sondern indem sie innerhalb des fremden Rechtsverhältnisses

[1]) Über einen andern Fall der „seltenen" Anfechtung nach § 123 Abs. 2 Satz 2 s. Hellwig, Verträge S. 170 Anm. 337, S. 286 Anm. 562.

[2]) § 143 Abs. 2.

zerstörend wirkt, bringt sie das darauf ruhende eigene zum Untergange.[1])

Ob sich nach österreichischem Rechte die Schuldübernahme, abgesehen von dem Falle der Expromission, im Wege der vollständigen Assignation durch Vertrag zwischen dem Gläubiger und dem Schuldübernehmer (Menzel) oder mittelst dinglichen, der Cession analog aufzufassenden Vertrages zwischen Urschuldner und Schuldübernehmer unter nachträglichem Beitritt des Gläubigers (Unger) vollzieht, ist für die Frage, ob dem Gläubiger Einreden aus dem Verhältnis zwischen Urschuldner und Schuldübernehmer entgegengesetzt werden können, im Allgemeinen irrelevant; denn auch für die mittelst Assignation sich vollziehende Schuldübernahme wird die Unzulässigkeit solcher Einreden behauptet.[2])

Dagegen muß die Nichtigkeit des Übereinkommens zwischen Urschuldner (Assignanten) und Schuldübernehmer (Assignaten) nach beiden Theorien die Nichtigkeit der Schuldübernahme zur Folge haben, worin ein bedeutsamer Unterschied gegenüber der Expromission gelegen ist.[3])

---

[1]) Die besonderen Fälle von Schuldübernahme nach § 416 u. 419 BGB. bieten vom Standpunkt unserer Aufgabe keinen Anlaß zu besonderen Erörterungen. Es ist namentlich kein Grund vorhanden, in der Frage nach der Zulässigkeit der Einwendungen aus dem Verhältnisse zwischen den beiden Schuldnern die Fälle sogen. cumulativer Schuldübernahme von jenen der „privativen“ verschieden zu behandeln. Hier wie dort ist der Akt der Übernahme ein abstraktes Rechtsgeschäft. Es kann auch gerade in dieser Hinsicht keinen Unterschied machen, daß sich die Schuldübernahme nach § 419 BGB. ohne Mitwirkung des Gläubigers, auf Grund des bloßen Vertrages zwischen den beiden Schuldnern vollzieht. Da die Schuldübernahme dadurch ihren abstrakten Charakter nicht verliert, so muß auch hier die Einrede des nicht erfüllten Vertrages ausgeschlossen bleiben. Ebenso ist betreffs der Nichtigkeit und Anfechtbarkeit des Vertrages hier nichts Besonderes zu sagen Vgl. Horn, a. a. O. S. 19 ff., 25 ff.

[2]) So Menzel (a. a. O. S. 676). Er zieht aus dem Delegationscharakter der Assignation den Schluß: „Das Versprechen des Übernehmers ist von einem Rechtsgrunde unabhängig“ und behauptet geradezu: „Es ist mit dem Wesen der privativen Schuldübernahme unvereinbar und der Parteiabsicht widersprechend, gegen die Klage des Gläubigers Einreden aus dem Verhältnis zwischen Schuldner und Übernehmer unbeschränkt oder beschränkt zuzulassen.“

[3]) Mit großer Energie sucht Horn (a. a. O.) die Meinung zu bekämpfen,

Hier kann denn auch ein vom Urschuldner ausgehender Zwang oder ein von ihm veranlaßter Irrtum dem Gläubiger auch dann schädlich werden, wenn die Bedingungen von § 875 A. BGB. nicht zutreffen, er also weder an dem Tun des Urschuldners teilgenommen, noch darum gewußt hat, indem eine gegen den Urschuldner nach §§ 870, 871 A. BGB. ins Werk gesetzte Anfechtung das Übereinkommen zwischen Urschuldner und Schuldübernehmer und damit die ganze Schuldübernahme vernichtigt. Die bloße Anfechtbarkeit jenes Übereinkommens gibt dem Schuldübernehmer gegen den Gläubiger keine Einrede.

Eine Anfechtungseinrede gegen den Gläubiger ist auch hier nur im Rahmen der bereits für die Expromission entwickelten Gesichtspunkte[1]) möglich.

Was hier für die sich durch dinglichen Vertrag zwischen Urschuldner und Schuldübernehmer unter nachträglichem Beitritt des Gläubigers vollziehende Schuldübernahme gilt, das muß um so mehr für jenen Schuldübergang gelten, der sich ohne Aktion des Gläubigers unmittelbar an das Rechtsgeschäft zwischen Ur- und Neuschuldner knüpft und für die Fälle, da der Urschuldner einen ganzen Vermögenscomplex überträgt, ausgebildet ist.[2])

es könnte die Nichtigkeit oder Anfechtbarkeit der Schuldübernahme auf den Anspruch gegen den Schuldübernehmer einen Einfluß üben. Ein Argument kann aber wohl in der wiederholt vorgebrachten Behauptung, S. 26 f, 59, 71 f., „die Nichtigkeit des Übernahmevertrages einwenden, hieße eigentlich garnichts anderes, als im Geheimen wieder auf die Nichtigkeit des der Übernahme zu Grunde liegenden Rechtsverhältnisses rekurrieren" nicht gefunden werden. Was soll das heißen „im Geheimen"? Soll das eine Erschleichung gegenüber der Wissenschaft bedeuten? Dies ist doch im Prinzip auszuschließen. Die Nichtigkeit des Causalgeschäftes ist belanglos, dies steht fest. Aber u. E. ebenso fest steht die anspruchshindernde Wirkung einer Nichtigkeit der Schuldübernahme selbst.

[1]) S. oben S. 106 f.

[2]) § 419 BGB., § 1282 A. BGB. Über die Gründe der gesteigerten Haftung in Fällen Überganges eines Vermögens (sofortige Haftung des Übernehmers, solidarische Mithaftung des Übergebers) trefflich Ehrenzweig a. a. O. S. 131 ff. — Über den Übergang der Passiven bei Veräußerung eines Handelsgeschäftes vgl. die eingehenden Erwägungen bei Karl Adler im Arch. für bürgerl. Recht Bd. III.

Das österreichische Recht enthält eine hierher gehörige ausdrückliche Bestimmung bekanntlich nur für den Erbschaftskauf.

Für Rechtsgeschäfte unter Lebenden behilft man sich hier in Theorie und Praxis teils mit der Bestimmung des § 1019 A. BGB., teils mit den Bestimmungen von §§ 1400—1407 A. BGB., teils gar mit dem Gesichtspunkt der negotiorum gestio.[1])

Hier wird die Verschiedenheit der angewendeten Gesichtspunkte allerdings auch für die uns beschäftigende Frage bedeutsam, die bei Heranziehung von § 1019 A. BGB. nach den für Verträge zu Gunsten Dritter maßgebenden Gesichtspunkten, bei Anwendung des Gedankens der negotiorum gestio aber im Sinne unbeschränkter Zulässigkeit von Einwendungen aus dem Verhältnisse zwischen den beiden Schuldnern zu entscheiden wäre, da der Gläubiger als in den vom negotia gerierenden Urschuldner geschlossenen Vertrag eintretend zu behandeln wäre.

C. Delegation und Anweisung.

1.

Die Delegation, ein Institut des römischen und gemeinen Rechtes, hat noch zur Zeit der Herrschaft des letzteren fast nur historisches Interesse gehabt, die sie einerseits durch die Anerkennung einer Succession in Forderungen, andererseits durch den modernen Anweisungsverkehr großenteils ersetzt worden war.[2])

Seit der Kodifikation des bürgerlichen Rechts in Deutschland hat ihr Anwendungsgebiet durch die Bestimmungen über die Anweisung in den §§ 783 ff. auch formell eine weitgehende Einschränkung erfahren.

Wenn hier auf sie zurückgegriffen wird, so geschieht es deswegen, weil gerade hier den römischen Juristen unser Problem dicht vor Augen gerückt war und die von ihnen bei Behandlung dieser Frage

---

[1]) Vgl. Ehrenzweig a. a. O. S. 132 f. und die dort cit. Entsch. d. OGH.; Horn a. a. O. S. 23 f.

[2]) Vgl. die Bemerkung bei Danz, Iherings Jahrb. XIX. S. 76 Anm. 13.

entwickelte Scheidung zwischen abstrakter und titulierter Delegation auch heute noch volle Geltung beanspruchen darf.

Es ist bekanntlich das unbestrittene Verdienst von v. Salpius, der Delegation ihren besonderen Platz unter den römischen Rechtsinstituten zurückerobert zu haben. Seit Cujaccius und Donellus [1]) hatte sich jene Auffassung in der Doktrin des gemeinen Rechtes eingebürgert, welche in der Delegation nur einen Spezialfall der Novation, nämlich der Novation mit Personenwechsel, und zwar auf Grund von Donells Lehre [2]), mit Wechsel in der Person des Schuldners sah.[3])

Seit Mühlenbruch in der ersten Auflage [4]) seines Buches über die Cession der Forderungsrechte darauf hingewiesen hatte, es könne eine Delegation auch mit Gläubigerwechsel vorkommen, wurde die Delegation als Novation mit Personenwechsel schlechthin betrachtet.

Der Weg zu ihrer selbständigen Erfassung wurde durch Cropp [5]) und Meyerfeld [6]) angebahnt.

Bei Thöl [7]) erscheint sie zuerst als vollkommen durchgebildetes, selbständiges Rechtsinstitut, indem Thöl zwischen Delegant und Delegaten, sowie zwischen Delegant und Delegatar ein Mandatsverhältnis, auf Grund des Mandates zu versprechen und sich versprechen zu lassen, annimmt.

Die Delegation steht hier dicht neben der Assignation, die nach Thöl eine Kombination von Zahlungs- und Einkassierungsmandat ist.[8])

Den Schlußstein hat v. Salpius gelegt, indem er bewies, daß die Delegation keineswegs notwendig mit dem Mandat zusammenhängt sondern auf dem bloßen iussus, dem Befehl, dem Auftrag beruht.[9])

[1]) v. Salpius, a. a. O. S. 14.

[2]) v. Salpius, a. a. O. S. 16.

[3]) S. die bei v. Salpius S. 17 f. cit.

[4]) Die Cession, 1. Aufl. (1817) S. 216 Note 62. In der 3. Aufl. (1836) S. 225 Note 427 ist seine Auffassung im Sinne der damals bereits erschienenen Abhandlung von Cropp erweitert.

[5]) Heise und Cropp, Abh. Bd. II. (1830) S. 350.

[6]) Zur Lehre von den Schenkungen nach römischem Rechte (1835).

[7]) Handelsrecht I. § 128—132 (1841).

[8]) a. a. O. § 122.

[9]) a. a. O. insbes. S. 48 f.

„Der iussus ist . . . eine Anweisung, vermöge deren die Verpflichtungen aus dem infolge der Anweisung vorgenommenen Geschäfte den iubens unmittelbar treffen, ohne Dazwischenkunft eines obligatorischen Kontrakts zwischen ihm und dem Angewiesenen. Der iussus erzeugt daher zwischen demjenigen, der ihn erteilt, und demjenigen, der ihn empfängt, kein obligatorisches Verhältnis. Er ist kein obligatorischer Vertrag, sondern eine einseitige Willenserklärung." [1])

„Der iussus ist die Willenserklärung, auf Grund deren die belastende Wirkung der fremden Leistung auf sein (des Deleganten) Vermögen zurückbezogen wird: zahle für meine Rechnung, ich will dafür haften." [2])

Als für die Delegation charakteristisch hat v. Salpius hervorgehoben, daß die Leistung des Delegaten (B) an den Delegatar (C) „ein reines Abstraktum" ist.

„Ihre Bedeutung erhält sie nur durch die Veranlassung, welche A (der Delegant) zu dem Ganzen gegeben hat. Das heißt: B, der Delegat, will dem C weder schenken, noch leihen, noch bezahlen; C, der Delegatar, will von dem B weder Geschenk, noch Kredit, noch Bezahlung haben. Die Absicht beider beschränkt sich darauf, im Interesse des A, des Deleganten, zu geben und zu nehmen. B, indem er auf Grund der Anweisung des A gibt, ist sich bewußt, seine Zuwendung indirekt dem A selber zu machen. C, indem er die ihm von A delegierte Leistung annimmt, ist sich bewußt, indirekt von A selber zu empfangen. In diesem gemeinschaftlichen Bewußtsein allein besteht die Willensübereinstimmung zwischen B, dem Geber, und C, dem Empfänger." [3])

„In seiner Reinheit kommt das Geschäft nur dann zur Erscheinung, wenn es ein von Valuta und Deckung vollständig losgelöstes abstractum bildet." [4])

---

[1]) v. Salpius a. a. O. S. 51 f.

[2]) Das. S. 475, ebenso Pernice, Labeo S. 504 ff.; Danz, Iherings Jahrb. XIX. S. 87. Dagegen neuestens Wendt, Das allgemeine Anweisungsrecht (1895) S. 26 ff.

[3]) a. a. O. S. 42 f. Vgl. RG. XXXIV. 16.

[4]) a. a. O. S. 476.

Neben der abstrakten „reinen“ Delegation wird das Vorkommen und die Möglichkeit titulierter Delegation anerkannt, bei der die Leistung (das Versprechen) des Delegaten unter Beziehung auf das Valuten- oder Deckungsverhältnis geschieht, von dem die Delegation[1]) dann ihre charakteristische Prägung erhält.

Der wichtigste Fall titulierter Delegation ist die novatorische, welche den Zweck hat, ein im Valuten- oder Deckungsverhältnis bestehendes Schuldverhältnis zu novieren.

In solchem Falle ist der Delegant entweder Gläubiger oder Schuldner aus dem zu novierenden Schuldverhältnis. Ist er Gläubiger, so will er, indem er seinen Schuldner einem andern zu versprechen anweist, diesem andern eine Leistung machen. Die (Aktiv-) Novation ist hier das Mittel der Delegation. Ist er Schuldner, dann will er, indem er einen andern anweist, seinem Gläubiger zu versprechen, seine Schuld novieren. Hier ist die Delegation das Mittel der (Passiv-) Novation.[2])

2.

Den praktischen Angelpunkt des Delegationsproblems, wie es uns in den römischen Rechtsquellen entgegentritt, bildet gerade die Frage, ob der Delegat Einreden aus dem Valuten- oder Deckungsverhältnisse dem Delegatar entgegensetzen könne.

Damit sind wir also dicht an den Kern unserer Fragestellung gerückt.

Im Sinne der herrschenden Terminologie liegt eine Einrede aus dem Rechte des Dritten vor, wenn der Delegat dem Delegatar eine Einrede des Deleganten entgegensetzt, es liegt eine Einrede aus dem Rechte gegen den Dritten vor, wenn er ihm eine dem Delegaten gegen den Deleganten zustehende Einrede entgegensetzt.

Wie haben sich die römischen Juristen zu diesen Fragen gestellt? Haben sie die Zulässigkeit dieser Einreden auf Grund einer das ganze

---

[1]) Delegation heißt nicht nur die Handlung des „delegare“, sondern das ganze die Delegationsstipulation mitumfassende Rechtsgeschäft. Brinz, Pand. 2. Aufl. Bd. 2 S. 375.

[2]) S. dagegen v. Blume, Novation, Delegation und Schuldübertragung S. 23 ff.

Rechtsgebiet beherrschenden Regel, wonach Einreden aus dem Rechte Dritter nicht entnommen werden dürfen, im Prinzipe verneint und nur in einzelnen Fällen solche Einreden als Ausnahmen von jener Regel verstattet und was veranlaßte sie zur Setzung solcher Ausnahmen?

Bevor an die Beantwortung dieser Fragen geschritten wird, ist einer Lehre zu gedenken, welche mit gründlicher Quellenbehandlung, großem Scharfsinn und zäher Konsequenz vertreten, eine tiefe Spaltung der Meinungen auf diesem Gebiete hervorgerufen hat. Es ist die unter Aufnahme eines schon von v. Salpius für die titulierte Passivdelegation vertretenen Gedankens von Danz[1]) formulierte Lehre, wonach die römische Delegation im Dienste der Novation gestanden und diese das Mittel für die Bewerkstelligung wirklicher Succession in Forderungen gewesen sei.

Es ist nicht zu leugnen, daß Danz es verstanden hat, die einschlägigen Quellenstellen im Sinne seiner Lehre einleuchtend auszulegen. Was aber u. E. gegen ihn spricht, ist der Umstand, daß eben dieselben Quellenstellen auch eine Auslegung im Sinne der herrschenden Lehre berechtigt erscheinen lassen, daß die herrschende Lehre mit der Erscheinung des Unterganges der Nebenrechte und mit dem Wortlaute der betreffenden Gaiusstelle (II. 38) in besserem Einklange steht.

Eine Aufrollung der Streitfrage in ihrer ganzen Breite würde die Zwecke dieser Darstellung weit überschreiten und könnte einer Entscheidung nur unter Beibringung neuen Quellenmaterials förderlich sein.

Für uns genügt die Feststellung, daß die Lehre von Danz die Erhaltung und den Ausschluß der Einreden in den von den römischen Juristen hier besprochenen Fällen nur aus dem Gedanken der Succession erklärt, der für unsere Frage durch die Erörterungen des vorigen Kapitels bereits erschöpft ist.

Der folgenden Erörterung wird die herrschende Lehre zu Grunde gelegt.

---

[1]) Iherings Jahrb. XIX. S. 69 ff., ferner die Forderungsüberweisung, Schuldüberweisung und die Verträge zu Gunsten Dritter (1886) und ACPr. LXXIV. S. 240 ff. Siehe dazu Windscheid-Kipp II. § 353 Anm. 3b a E. und Anm. 9 a. E.; dagegen Regelsberger, Krit. Vierteljahrsschr. XXVIII. S. 379 f.

Darnach ist die Delegation in ihrer reinen Ausprägung ein von den Rechtsverhältnissen zwischen Delegant und Delegatar einer-, zwischen Delegant und Delegat andererseits vollständig losgelöstes Abstraktum. Der Delegatar weiß, daß der Delegat verspricht, um eine Leistung an den Deleganten zu machen; der Delegat weiß, daß der Delegatar das Versprechen entgegennimmt, um eine Leistung des Deleganten zu empfangen. In diesem Bewußsein begegnen sich Abgabe und Annahme des Delegationsversprechens.

Welches die causa des Delegaten gegenüber dem Deleganten, des Deleganten gegenüber dem Delegatar ist, gelangt nicht in das gemeinsame, den Verpflichtungstatbestand beherrschende Bewußtsein. Man hat hier treffend von „reellem Charakter" der Abstraktion [1]) gesprochen, weil die causa in dem Verhältnisse jedes der beiden Kontrahenten zur dritten Person hier nicht nur künstlich, gewaltsam aus dem äußern rechtlichen Tatbestande ausgeschaltet wird, sondern auch wirklich dem gemeinsamen Bewußsein der handelnden Personen fern bleibt.[2])

Da nun bei Abwickelung des Rechtsverhältnisses einer gegen den andern nur geltend machen kann, was gemeinsam zur Grundlage ihrer Rechtsbeziehungen gemacht wurde, können Einreden aus jenen unterliegenden Verhältnissen zum Dritten, die Einreden aus dem Valuten- und Deckungsverhältnis bei der abstrakten Delegation vom Delegaten gegen den Delegatar nicht geltend gemacht werden, wobei es gleichgültig ist, ob es sich um anspruchsverneinende oder rechtsverfolgende Einreden handelt.

Das Delegationsversprechen konnte aber auch so abgegeben werden, daß der Delegat zu leisten versprach, was er dem Deleganten oder dieser dem Delegatar schulde.

In solchem Falle machte der Delegat den gültigen Bestand jenes Schuldverhältnisses, auf welches er in seinem Versprechen gegenüber dem Delegatar Bezug genommen hatte, zur Voraussetzung seiner Verpflichtung in dem von uns bei der Bürgschaft ausgeführten Sinne.

---

[1]) Vgl. Wieland, Der Wechsel und seine zivilrechtlichen Grundlagen S. 72 f.

[2]) Daß jeder von beiden im einzelnen Falle die Stellung des Gegners zum Dritten kennen mag, ändert daran nichts.

Der Zweck seines Versprechens beruhte dann auf dem gültigen Bestande jenes Schuldverhältnisses derart, daß er mit dessen Ungültigkeit unerreichbar wurde und damit auch die Verpflichtung des Delegaten aufhörte.

Es ist bezweifelt worden, ob die Delegationspromission gleichzeitig die Causen beider unterliegenden Verhältnisse aufnehmen könne. Wenn man an die Formel: „ich verspreche Dir, was A Dir schuldet", oder „ich verspreche Dir, was ich dem A schulde", also an eine Identität der Leistungsgegenstände im bezogenen Schuldverhältnis und in der titulierten Delegationspromission denkt, so ist freilich eine Aufnahme beider Gegenstände in die Promission nach dem logischen Axiom ausgeschlossen, daß zwei untereinander ungleiche Dinge einem Dritten nicht gleich sein können.

Geht man aber von dem Begriffe der Voraussetzung in unserem Sinne aus, so ist gegen solche Verknüpfung der Delegationspromission mit beiden unterliegenden Kausen nichts einzuwenden. — Solches Versprechen vollzieht sich etwa in der Form: „Da A Dir 100 aus einem Kaufe, ich dem A 100 aus einem Darlehen schulde, so verspreche ich Dir, um diese unsere beiden Schulden mit einem Male zu tilgen, über Anweisung des A 100".

Wenn nun das im Delegationsversprechen bezogene unterliegende Verhältnis mit einer Einrede behaftet ist, welche den Anspruch aus demselben nichtig macht, so wird der Delegat auf diese Einrede hinweisen, dadurch dartun, daß die Voraussetzung seiner Verpflichtung entfallen ist und auf diese Weise selbst frei werden.

Das ist der Mechanismus der Einredewirkung bei der titulierten Delegation.[1])

3.

Von diesen Feststellungen aus soll in Kürze soweit auf die einschlägigen Quellenstellen eingegangen werden als nötig ist, um die Ansichten der römischen Juristen in der uns interessierenden Frage kennen zu lernen.

---

[1]) Selbstverständlich kann die Bindung an die Gültigkeit der unterliegenden Verhältnisse auch mittelst Setzung einer Bedingung erfolgen.

Die Kardinalstelle der hier anknüpfenden Diskussion[1]) ist l. 19 D. 46. 2. (Paul.):

> doli exceptio, quae poterat deleganti opponi, cessat in persona creditoris, cui quis delegatus est idemque est et in ceteris similibus exceptionibus, ...

Als Grund gibt Paulus an:

> ideo autem denegantur exceptiones adversus secundum creditorem, quia in privatis contractibus et pactionibus non facile scire petitor potest, quid inter eum qui delegatus est et debitorem actum est aut, etiamsi sciat, dissimulare debet, ne curiosus videatur: ...

Aus dem Argument des Paulus geht mit Sicherheit hervor, daß das Rechtsverhältnis zwischen Delegant und Delegat gegenüber dem Delegatar gar nicht zur Sprache gekommen ist.

Freilich gibt uns Paulus das Argument in sonderbarer Form. Das Nichtwissenkönnen ist wohl nicht schwer zu nehmen. Der Schuldner würde dem Gläubiger auf seine Anfrage wohl mit Vergnügen eine Auskunft geben, die seine Rechtsstellung verbessert, indem sie ihm die Einreden erhält. Auch ist es nicht das „Nichtwissen“, sondern das Nichtwissenwollen, welches den Einredenausschluß begründet. Auch wenn der Gläubiger das Verhältnis kannte, muß er sich die Einreden nicht gefallen lassen, wenn auf jenes Verhältnis im Delegationsversprechen nicht irgendwie Bezug genommen wurde.

Der zweite Grund des Paulus holt ein Argument des guten Tones hervor, der in Sachen des Rechtsverkehrs hinter dem Parteiinteresse wohl zurücktreten muß.

Es handelt sich hier um eine Verschiebung auf der passiven Seite des Schuldverhältnisses.[2]) Auf eine solche wird der Gläubiger offenbar

---

[1]) Wendt a. a. O. S. 183. 1.

[2]) So Danz. Anders v. Blume, Novation S. 32 wegen des „primus“ und „secundus“ creditor der Stelle. Ob aber Aktiv- oder Passivdelegation angenommen wird, so müssen doch immer zwei creditores im Spiele sein, deren Unterscheidung in dem einen wie in dem andern Falle durch primus und secundus nicht auffallend sein kann. Deswegen ist v. Blumes Argument nicht überzeugend, wogegen uns in der Bezeichnung des ersten creditor als „debitor“

nur dann eingehen, wenn seine Rechtslage dadurch nicht verschlechtert wird. Dies würde sie aber entschieden durch Aufnahme der causa aus dem Deckungsverhältnis in die Delegationsstipulation, da die Forderung des Gläubigers dadurch eben den Einreden aus diesem Verhältnisse ausgesetzt werden würde. Der Gläubiger wird sich daher die Aufnahme dieser causa gar nicht gefallen lassen. Er wird sie nicht wissen wollen, wenn er sie auch wissen kann, oder gar weiß. Seine Neugierde kommt hier nicht in Frage.[1])

Der Grund für den Einredenausschluß liegt hier also in der Abstraktion, was durch das Spezialbeispiel der exceptio SC. Macedoniani bestätigt wird. Denn wenn es hier heißt „quia nihil in ea promissione contra senatus consultum fit" so besagt dies, daß in der Delegationspromission die unterliegende Darlehnskausa gar nicht vorkommt.[2])

In l. 21 § 1 D. 39. 5 (Celsus) heißt es:

> „Sed si debitorem meum tibi donationis immodicae causa promittere iussi, an summoveris donationis exceptione necne, tractabitur. Et meus quidem debitor exceptione te agentem repellere non potest, quia perinde sum, quasi exactam a debitore meo summam tibi donaverim et tu illam ei credideris."

Indem hier der durch die Anweisung bewerkstelligte Leistungsvorgang in die beiden Leistungen, die er abkürzt, zerlegt wird, wird gleichzeitig gesagt, daß die mangelhafte Schenkungskausa aus dem Valutenverhältnis in der Delegationsstipulation nicht enthalten ist.

In andern Fällen wird als Grund für den Ausschluß der Einreden angeführt, daß der Gläubiger nur erhalten habe, was ihm gebührt, so in l. 12 D. h. t. (Paulus: quia ille suum recepit), l. 1 § 10 D. 44. 5 (Ulpian: quia suum recepit), l. 9 § 1 D. 12. 4 (Paul.: suum negotium gerit), l. 33 D. h. t. (Tryphon: creditor autem debitum persequitur), l. 21 § 1 D. 39. 5 (Celsus: ille

---

vv. „quid inter eum qui delegatus est et debitorem actum sit" ein genug starker Hinweis auf Passivdelegation zu liegen scheint.

[1]) Ebenso v. Blume, Novation S. 31.

[2]) Ebenso l. 4 § 20 D. 44. 4. (Ulp.) „Cum non ego te circumvenerim."

enim suum recepit), l. 5 § 5 D. 44. 4 (Paul.: quoniam creditor suum petit).[1])

Solchen Begründungen gegenüber, oder wenn in anderen Quellenstellen einem dotis causa stipulierenden Delegatar gegenüber die Einreden aus dem unterliegenden Verhältnisse ausgeschlossen werden, „ne (mulier) indotata fieret",[2]) ist der Schluß darauf, daß die Abstraktion von dem Rechtsverhältnisse zwischen Deleganten und Delegaten den Grund für den Ausschluß der Einreden abgibt, nur indirekt zu ziehen, und es ergibt sich jedenfalls, daß die römischen Juristen vielfach nicht Erwägungen juristischer Logik, sondern solche sachlicher Natur in den Vordergrund ihrer Argumentation gestellt haben.[3])

Treffend hat Brinz darauf hingewiesen, daß sich in diesen Entscheidungen und ihrer Begründung die Unterordnung der Stipulation unter den Zweck des Ganzen, d. i. unter die Leistung des Deleganten an den Delegatar deutlich ausspreche.

Sicher ist aber auch, daß dieser Gesichtspunkt nicht überall maßgebend war, denn er hätte z. B. in l. 21 § 1 D. 39. 5 zur entgegengesetzten Entscheidung führen müssen.

Die Entscheidungen der römischen Juristen lassen also den Ausschluß der Einreden aus dem der Delegation unterliegenden materiellen Verhältnisse entweder wegen der Abstraktion von der causa dieses Verhältnisses oder aus sachlichen Erwägungen eintreten, hinter denen der Gedanke der Abstraktion nicht zum Vorschein kommt.

4.

Suchen wir nun nach den Gründen, aus denen sie Einreden aus dem unterliegenden Verhältnisse dem Delegaten gegenüber dem Dele-

---

[1]) Darüber, daß das „suum recepit" für sich allein einen ausreichenden Erklärungsgrund nicht abgibt s. Jung, Bereicherungsansprüche rc. § 14.

[2]) l. 4 § 21 D. 44. 4 (Ulpian), vgl. l. 9 § 1 D. 12. 4 (Paul.) maritus enim suum negotium gerit et nihil dolo facit nec decipiendus est: quod fit, si cogatur indotatam uxorem habere; l. 5 § 5 D. 44. 4 (Paul.) non ducturus uxorem, nisi dotem accepisset.

[3]) Brinz, Pand. 2 A. II. § 282 S. 380 f.; Windscheid, Die indirekte Vermögensleistung in der Leipziger Festgabe für Otto Müller (1892) S. 11 f. Dagegen Wendt a. a. O. S. 193.

gatar gaben, so handelt es sich um Fälle titulierter Delegation, unter denen vor allem die Dotalstipulationen auf Grund von Delegation in Betracht kommen.

l. 80 D. 23. 3 (Javol).

Si debitor mulieris dotem sponso promiserit, posse mulierem ante nuptias a debitore eam pecuniam petere neque eo nomine postea debitorem viro obligatum futurum ait Labeo. Falsum est, quia ea promissio in pendenti esset, donec obligatio in ea causa est.

l. 83 D. 23. 3 (Javol).

Si debitor mulieris dotem sponso promiserit, non posse mulierem ante nuptias a debitore eam pecuniam petere, quia ea promissio in pendenti esset, donec obligatio in ea causa est.

Ist entschieden, daß die Ehe nicht zustande gekommen ist, dann kann der Delegatar die versprochene Summe nicht fordern, der Delegat darf ihm mit dem Hinweise auf jene dem Verhältnisse zwischen dem Delegatar und dem Deleganten entnommene Tatsache begegnen.

Das Versprechen geschieht hier unter einer Voraussetzung, welche geradezu die Stärke einer Bedingung hat:

l. 21 D. 23. 3 (Ulpian).

Stipulationem, quae propter causam dotis fiat, constat habere in se condicionem hanc „si nuptiae fuerint secutae“, et ita demum ex ea agi posse, si nuptiae fuerint secutae.

Es scheint deswegen fast, als wären in diesen Fällen Einreden aus fremdem Rechtsverhältnisse gar nicht gegeben, denn die Delegationsstipulation selbst scheint bedingt zu sein, die Einrede des Delegaten daher gar nicht aus dem Valutenverhältnis, sondern aus der Delegationsstipulation selbst zu stammen. Dies ist richtig. Aber die Bedingung entnimmt ihren Inhalt eben der Rechtslage innerhalb des fremden Rechtsverhältnisses. Deutlich zeigt sich dieser Zusammenhang im Falle der l. 9 § 1 i. f. D. 12. 4 (Paulus).

„Sed si soluto matrimonio maritus (dotem) peteret, in eo dumtaxat exceptionem obstare debere, quod mulier receptura esset.“

Der Gegensatz zwischen abstrakter und titulierter Delegation ist vermöge der unmittelbaren Anreihung innerhalb desselben Gedankenganges besonders klar ausgeprägt in l. 37 D. 38. 1 (Paul.).

Es handelt sich um die Aufhebung der operarum obligatio nach der lex Julia et Papia Poppaea. Nachdem hervorgehoben wurde, daß es keinen Unterschied mache, ob die Obligation gegenüber dem Patron selbst oder seinen Gewaltunterworfenen eingegangen worden ist, wird gesagt, bei der (reinen) Delegation sei es anders, hier könne also die Befreiung aus jener lex gegenüber dem Delegatar nicht beansprucht worden.

Sed si creditori suo libertum patronus delegaverit, non potest idem dici, solutionis enim vicem continet haec delegatio.

Dagegen wird unmittelbar darauf für die titulierte Delegation entgegengesetzt entschieden:

Potest tamen dici, si in id, quod patrono promisit, alii postea delegatus sit, posse eum liberari ex hac lege; nam verum est patrono eum promisisse, quamvis patrono nunc non debeat.

Die Delegation und also auch die Promission erfolgte „in id, quod patrono promisit“. In dieser Bezugnahme auf das unterliegende Verhältnis zum Patron liegt der Grund für die Erhaltung der Einrede.

Die Begründung des römischen Juristen läßt dies allerdings nicht mit voller Reinheit hervortreten. Ihm ist es vornehmlich um die Tatsache zu tun, daß ein Schuldverhältnis, gegründet auf promissio des Liberten an den Patron der Delegation überhaupt vorangegangen ist, im Gegensatze zu dem am Schlusse erwähnten Falle „quod si ab initio delegante patrono libertus promiserit, non liberari cum“, wo wieder reine Delegation vorliegt, ein Schuldverhältnis zwischen Patron und Liberte gar nicht besteht, sondern der Liberte, indem er sich von allem Anfange an delegieren läßt, die Leistung ohne vorangehendes Versprechen an den Patron vollzieht.

Zweifelhaft ist der Fall der l. 32 D. 24. 3 (Julian).

„Si prior maritus posteriori dotis nomine tamquam debitor mulieris dotem promiserit, non plus quam id quod facere possit dotis futurum esse.“ [1])

Es ist eine Ehe gelöst worden. Die Frau schreitet zur zweiten Ehe und bestellt ihrem zweiten Gatten ihre frühere dos, die sich noch in Händen des ersten Mannes befindet, in der Weise, daß sie diesen jenem zur Dotalpromission delegiert. Dem ersten Gatten, dem gegenüber dem Dotalanspruch seiner Gattin die Kompetenzeinrede zustand, soll diese Einrede auch gegenüber dem zweiten Gatten gewahrt sein. In der Stelle selbst ist ein Hinweis auf titulierte Delegation nicht enthalten. Wollten wir aus der sonst nicht stattfindenden [2]) Erhaltung der Kompetenzeinrede auf das Gegebensein titulierter Delegation schließen, so würden wir — für unsern Beweiszweck wenigstens — eine petitio principii begehen.

Der Schluß auf titulierte Delegation ergibt sich aus der Eigentümlichkeit des besprochenen Falles. Es wird hier wohl von allen drei beteiligten Personen offenbar in voller Klarheit über die Sachlage eine Übertragung der dos aus der ersten in die zweite Ehe vorgenommen, und es wird sich der erste Gatte die in abstrakter Delegation liegende Verschlechterung seiner Rechtslage nicht gefallen lassen.[3])

In allen solchen Fällen erklärt sich die Erhaltung der Einreden eben aus der kausalen Verknüpfung beider Rechtsverhältnisse. Der Bestand der alten Schuld ist Voraussetzung für den der neuen, die neue daher insoweit ungiltig, als es die alte war.

---

[1]) S. Wendt a. a. O. S. 202.

[2]) l. 41 pr. D. 42. 1.

[3]) c. 1 C 8. 42. Delegatio debiti, nisi consentiente et stipulanti promittente debitore, iure perfici non potest. c. 6 ibid. nec creditoris creditori quisquam invitus delegari potest. § 787 Abs. 2 BGB.

5.

In mehreren Quellenentscheidungen wird nun aber Erhaltung der Einreden angenommen, obzwar nichts auf titulierte Delegation hindeutet.

Es sind dies Fälle, bei denen die Einrede der Delegationspromission selbst anhaftet, wie bei Verpflichtungsunfähigkeit des Delegaten oder, wenn die exc. S. C. Vellejani deshalb zutrifft, weil in der Delegationspromission selbst Intercession liegt,[1]) oder Fälle übermäßiger Schenkung,[2]) bei denen die Stärke des Ungiltigkeitsgrades aus dem unterliegenden Verhältnis auf den ganzen Delegationsvorgang hinübergreift.[3])

Die größten Schwierigkeiten haben hier der Interpretation die l. 2 § 3. 4 D. 39. 5 und l. 7 pr. § 1 D. 44. 4 bereitet.

l. 7 D. 44. 4 (Ulpian).

> Julianus ait: si pecuniam, quam me tibi debere existimabam, iussu tuo spoponderim ei, cui donare volebas, exceptione doli mali potero me tueri et praeterea condictio mihi adversus stipulatorem competit, ut me liberet.
>
> § 1. Idem Julianus ait, si ei, quem creditorem tuum putabas, iussu tuo pecuniam, quam me tibi debere existimabam, promisero, petentem doli mali exceptione summoveri debere et amplius agendo cum stipulatore consequar, ut mihi acceptam faciat stipulationem. Et habet haec sententia Juliani humanitatem, ut etiam adversus hunc utar exceptione et condictione, cui sum delegatus.[4])

---

[1]) S. Wendt S. 184 ff.

[2]) l 5 § 3 D. 24. 1 (Valutenverhältnis), § 4 (Deckungsverhältnis), l. 39 ibid. (Valutenverhältnis).

[3]) Vgl. die energischen Ausdrücke: „nihil agitur", „perindeque haberi ac si nihil promisisset", „inanem fuisse eam stipulationem". Anders Wendt a. a. O.

[4]) Ebenso l. 2 § 3. 4 D. 39. 5 (Julian).

Wenn man hier mit Danz[1]) Forderungsüberweisung, also titulierte Aktivdelegation annimmt, erklärt sich die Sache allerdings sehr einfach. Nichts berechtigt uns aber, hier gerade titulierte Delegation anzunehmen, es wäre denn eben nur das Zusammenstimmen mit der Entscheidung des Juristen, womit aber wohl ein Cirkelschluß begangen würde.

Auch wäre nach der Erklärung von Danz die Belastung der beiden Rechtsfälle mit der Komplikation im Valutenverhältnis (dort Schenkung, hier Exceptionsmäßigkeit) nicht verständlich. Gerade diese Komplikationen lassen vermuten, daß der Jurist beide unterliegenden Rechtsverhältnisse in seiner Entscheidung berücksichtigen wollte, und auf dieser Unterlage gewinnt wohl auch die Glosse Ulpians „et habet haec sententia Juliani humanitatem" kräftigeren Beweisgehalt.[2])

Die Erklärung, daß die exceptio des Delegaten gegenüber dem Delegatar eine recta via zur Abkürzung des Umweges sei, auf dem sonst das Gezahlte über den Kopf des Deleganten zum Delegaten zurückkehren würde,[3]) versagt bei dem im pr. erzählten Rechtsfalle.

Die Annahme von Wendt,[4]) es sei in diesem Rechtsfalle ein anachronistischer Anklang an die lex Cincia zu erblicken, bleibt unbeweisbare und die Benutzbarkeit der Stelle vernichtende Hypothese.

So bleibt als plausible Erklärung nur die von Windscheid[5]) gegebene, wonach es billig erschien, dem Delegaten einen unmittelbaren Schutz zu gewähren, der dem Delegatar keinen Schaden bringen konnte, während die Versagung der exceptio im Falle der Insolvenz des Deleganten den an ihn gewiesenen Delegaten um sein Geld bringen konnte.

---

[1]) Jherings Jahrb. XIX. S. 119 f.; ACPr. LXXIV. S. 266 f., 274 f.

[2]) Vgl. Danz, ACPr. LXXIV. S. 276 f.

[3]) Windscheid, Die indirekte Vermögensleistung S. 10 f.; Wendt a. a. O. § 6 und S. 194 ff; s. Dernburg, Kompensation II. Aufl. S. 427: „der Vereinfachung wegen".

[4]) a. a O. S. 195.

[5]) Indir. Vermögenslstg. S. 12, Pand. II. S. 483 und Anm. 9. Die in seiner Schrift über die Voraussetzung S. 94 aus der Unterscheidung zwischen erster und zweiter Absicht hergeleitete Erklärung hat er in der Folge aufgegeben, s. a. a. O. Anm. 9.

6.

Zum Schlusse mögen noch Entscheidungen römischer Juristen angeführt werden, welche den schon bei der Bürgschaft uns entgegengetretenen Gedanken des Regresses für die Delegation nutzbar machen.

L. 8 § 3—6 D. 16. 1 (Ulpian):

§ 3. Interdum intercedenti mulieri et condictio competit, ut puta si contra senatus consultum obligata debitorem suum delegaverit: nam hic ipsi competit condictio, quemadmodum, si pecuniam solvisset, condiceret: solvit enim et qui reum delegat.

§ 4. Sed si is qui a muliere delegatus est, debitor eius non fuit, exceptione senatus consulti poterit uti, quemadmodum mulieris fideiussor.

§ 5. Plane si mulier intercessura debitorem suum delegaverit, senatus consultum cessat, quia et si pecuniam numerasset, cessaret senatus consultum: mulier enim per senatus consultum relevatur (quae intercessit), non quae deminuit restituitur.

§ 6. Sed si eum delegaverit, qui debitor eius non fuit, fraus senatus consulto facta videbitur et ideo exceptio datur.

In § 3, 5 ist der Delegat Schuldner der Frau, seine Delegierung hat den Charakter einer direkten Vermögensleistung der Frau, solvit et qui reum delegat, deshalb hat hier wohl die Frau condictio, der Delegat aber dem Delegatar gegenüber keine exceptio.

In § 4, 6 besteht ein Schuldverhältnis zwischen der Frau und dem Delegaten nicht. Dieser würde daher, falls er dem Delegatar zahlen müßte, die Frau im Wege Regresses[1]) belangen. Diese Haftung der Frau soll aber durch das Vellejanische S. C. verhindert werden, deshalb bekommt der Delegat die exceptio.[2])

Analog ist die exceptio libertatis onerandae causa in l. 1 § 8—12 D. 44. 5 (Ulp.) behandelt.[3])

---

[1]) Vgl. die vergleichsweise Heranziehung der fideiussio in § 4.

[2]) Wendt a. a. O. S. 188 f.

[3]) Wendt a. a. O.

Die Fälle in §§ 8 und 11 nehmen den Liberten als Deleganten an. Der zwischen ihnen scheinbar bestehende Widerspruch[1]) löst sich genau wie bei der exceptio S. C. Vell. In § 11 wird die exceptio dem Delegaten versagt, weil die Delegation der Zahlung gleich wirkt, weshalb dem Liberten die Kondiktion zu Gebote steht. In § 8 dagegen, wo ein Schuldverhältnis zwischen Liberten und dem reus rogatu liberti factus nicht vorausgesetzt ist, würde die Zahlung der interposita persona infolge des Regresses auf den Liberten zurückfallen. Dies muß der Prätor verhindern, „non servaturum propositum suum nisi fideiussorem[2]) quoque et eum, qui rogatu liberti reus factus fuerit, adversus patronum defenderit".

7.

Die Erhaltung der Einreden bei der Delegation beruht also in der Regel darauf, daß sie tituliert ist, die Delegationspromission unter der Voraussetzung der Gültigkeit des unterliegenden Rechtsverhältnisses erfolgt.

„Voraussetzung" ist auch hier in dem bei der Bürgschaft entwickelten Sinne zu nehmen. Die Gültigkeit des betreffenden unterliegenden Anspruches ist ein Faktor des vom Versprechenden verfolgten Zweckes, der eben auf Tilgung dieses Anspruches geht. In der Verpflichtungserklärung des Versprechenden kommt diese Voraussetzung zum Ausdruck. Indem der Gegner auf die derart beschränkte Willenserklärung eingeht, macht er den Zweck des Versprechenden zu seinem eigenen. Der Delegatar nämlich hat seinen eigenen Zweck, der mit dem des Versprechenden sich decken kann, aber nicht decken muß. Die Zwecke decken sich, wenn die Voraussetzung dem Valutenverhältnis entnommen, also auf die Gültigkeit des Anspruches des Delegatars gegen den Deleganten gestellt wird, sie decken sich nicht, wenn die Voraussetzung dem Deckungsverhältnis entstammt, also etwa darauf gestellt wird, daß die Schuld des Delegaten an den Deleganten zu Recht besteht.[3])

---

[1]) Schmidt, de delegationis natura S. 51.

[2]) Auch hier die Zusammenstellung mit dem fideiussor.

[3]) Eine solche Zwiespältigkeit der Zwecke ist bei der Bürgschaft nicht

Wenn sich nun die Zwecke nicht decken, so nimmt der Delegatar den Zweck des Delegaten in seinen durch das beschränkte Versprechen des Delegaten begründeten Anspruch auf und zwar mit gleicher Wichtigkeit und Bedeutung für die Anspruchsgültigkeit, als ob es sein eigener Zweck wäre.[1]) So entsteht hier jene Verknüpfung von Ansprüchen, welche es mit sich bringt, daß der Anspruch des Delegatars dahinfällt, wenn sich der Anspruch, dessen Gültigkeit zur Voraussetzung gemacht wurde, als hinfällig erweist.

Dasjenige der beiden unterliegenden Verhältnisse, von dem abstrahiert wird, bleibt auf die Gültigkeit der Delegationspromission ohne Einfluß und wenn sich die Abstraktion auf beide unterliegenden Verhältnisse erstreckt, die Delegationspromission somit ganz abstrakt erfolgt, so tritt jene Abhängigkeit gar nicht ein, Einreden sind aus keinem der unterliegenden Verhältnisse möglich.

---

vorhanden, man dächte denn an den zwischen dem Bürgen und dem Hauptschuldner bestehenden Zweck, der dem Gläubiger gegenüber ohne Einfluß bleibt.

[1]) Vgl. Jung, Die Bereicherungsansprüche rc. S. 87 ff. — Anm. 143 S. 91 „weil der Zahlende in für den Gläubiger zwingender Weise jenes (das Valuten-) Verhältnis herangezogen hat". Interessant ist die Bemerkung Jungs (S. 88 i f.), die Berufung des kondizierenden Delegaten auf die Vereitlung des Zweckes aus dem Valutenverhältnis wäre eine Einrede aus dem Rechte des Dritten. Interessant, weil die Bezeichnung als „Einrede aus dem Rechte des Dritten" hier einfach und ohne weiteres als Beweis für ihre Unzulässigkeit verwendet wird, während doch ebensogut eine zulässige Einrede aus dem Rechte des Dritten (nämlich bei tituliertem Versprechen) möglich wäre, [vgl. auch die Bemerkung in Anm. 140: „Aber die Entscheidungen der oberen Gerichte, aus denen jene Tatbestände (in Stammlers Abhandlung) entnommen sind, können ja auch nur solche Einreden aus dem Rechte eines Dritten bringen, deren Zulässigkeit sich doch noch behaupten läßt, und nicht solche, die von vornherein ganz zweifellos unzulässig sind." (!)] interessant ferner wegen der Zaghaftigkeit, mit der der Begriff gehandhabt wird (vgl. Anm. 140). — Eine Einrede aus dem Rechte des Dritten liegt im Beispiele Jungs allerdings nicht vor, ist aber mit einer geringen Modifikation des Beispiels herauszubringen. Es braucht nur statt der Kondiktion der vollzogenen Leistung, die Verteidigung gegen den vom Delegatar erhobenen Anspruch auf die Leistung in das Beispiel eingesetzt und im Valutenverhältnis an einen Anspruch des C gegen A gedacht zu werden.

Wo Erhaltung der Einreden aus dem unterliegenden Rechtsverhältnisse trotz abstrakter Delegation vorkommt, ist, wofern nicht etwa der Exeptionsgrund auch der Delegationspromission unmittelbar anhaftet, eine besondere Stärke des Ungültigkeitsgrundes,[1]) ein Grund der Billigkeit oder der bessern Praktikabilität oder endlich der Gesichtspunkt des Regresses maßgebend.

Der Gegensatz zwischen dem reinen, abstrakten und dem titulierten Delegationsversprechen ist gerade für die Frage der Erhaltung der Einreden aus dem unterliegenden Rechtsverhältnis in voller Geltung geblieben. Die Grundsätze, die in dieser Hinsicht bei der abstrakten Anweisung gelten, sind neuestens durch das BGB. für die Anweisung auf Geld, Wertpapiere oder andere vertretbare Sachen in § 784 gesetzlich festgelegt worden.[2])

Das BGB. bedient sich hier des Ausdruckes Einwendungen in seinem weitesten Sinne.[3])

Die abstrakte Delegation schließt nicht nur rechtsverteidigende, sondern auch rechtsverfolgende Einreden aus dem Rechte des Dritten aus. Der Delegat wird daher die Einrede des nicht erfüllten Vertrages, der Aufrechnung[4]) nicht geltend machen können, mag sie dem Deckungs- oder Valutenverhältnis entstammen. Ebenso wird es ihm wenig helfen, daß sein Verhältnis zum Deleganten, oder dessen Verhältnis zum Delegatar nichtig, sei es von allem Anfang an oder infolge von Anfechtung, oder daß es anfechtbar ist.

Die Nichtigkeit der Anweisung selbst muß die Verpflichtung des Delegaten nichtig machen, weil sie ihr die Grundlage nimmt.[5])

---

[1]) Vgl. dazu Hellwig, Verträge S. 45 Anm. 82.

[2]) Vgl. Schweiz. Obl.R. Art. 409 u. dazu Schneider, a. a. O. S. 595, Ung. Entw. § 1755. Keine Besonderheit enthält § 792 Abs. 3. — Der Angewiesene stand zum Anweisungsempfänger in keinem Schuldverhältnis, er kann daher Einreden aus einem solchen Verhältnis nicht haben. Crome, System § 309, 26.

[3]) Hellwig, Verträge § 43 I. 1.

[4]) Vgl. Wieland, Der Wechsel und seine zivilrechtlichen Grundlagen (1901) S. 200. Crome, System II. § 308 Nr. 2.

[5]) Hellwig, Verträge § 9 über analoge Verhältnisse beim Vertrage auf Leistung an Dritte, vgl. jedoch daselbst § 43 S. 274.

Aus der bloßen Anfechtbarkeit der Anweisung kann der Delegat eine Einrede gegen den Delegatar nicht herleiten.[1])

D. Verträge zu Gunsten Dritter.

1.

Hier scheint auf den ersten Blick ein fruchtbares Feld für die Anwendung des von uns zu prüfenden Satzes gegeben. Drei Personen sind hier zu einander in Beziehungen gesetzt. Wie ist es zu halten, wenn eine von ihnen auf Erfüllung ihrer Verpflichtung von der zweiten in Anspruch genommen, sich mit der Behauptung verteidigt, ihre Beziehung zur dritten bezw. ein sich daraus ergebender Umstand entbinde sie ihrer Pflicht?

Im Vertrage zu Gunsten eines Dritten verspricht der Promittent dem Promissar eine Leistung an den Dritten, den Begünstigten. Dieser erhebt gegen den Promittenten Anspruch auf die versprochene Leistung. Darf der Promittent dem Begünstigten eine Einrede entgegenstellen, die dem Verhältnis des Promittenten zum Promissar entnommen ist?

Dies die Fragestellung,[2]) zu der in aller Kürze die Antwort zu suchen ist.

Das BGB. hat die Verträge zu Gunsten Dritter in den §§ 328 bis 335 unter dem Titel „Versprechen der Leistung an einen Dritten“ [3]) ausdrücklicher Regelung unterzogen und damit in doppelter Richtung eine dankenswerte Tat vollbracht. Es hat die vom Rechtsverkehr längst dringend geforderte, von der gemeinrechtlichen Wissenschaft auch vollzogene Anerkennung des Institutes offiziell wiederholt und hat —

---

[1]) Ein weites Anwendungsgebiet der hier entwickelten Gesichtspunkte bietet das Recht der Verkehrspapiere namentlich des Wechsels. Ein Eingehen auf die sich hier ergebenden Möglichkeiten würde den Rahmen unserer Aufgabe sprengen. Sicher ist, daß das hier entwickelte Prinzip überall durchgreifen muß, wo nicht die Folgen der Abstraktion, die Anforderungen des geschäftlichen Verkehres, das Moment des Schutzes gutgläubigen Rechtserwerbes, oder öffentlich-rechtliche Gesichtspunkte hindernd dazwischen treten.

[2]) In der gemeinrechtlichen Literatur viel erörtert, vgl. Ehrenzweig S. 166 f.; Hellwig, Verträge S. 256 Anm. 495.

[3]) Vgl. dazu Hellwig, Verträge S. 257.

was viel wichtiger ist — die in der Wissenschaft, ähnlich wie bei der Schuldübernahme, in allen Teilen der einschlägigen Lehre bestehenden Kontroversen überaus glücklich erledigt.

Nicht weil sie für das weite Gebiet deutscher Rechtsanwendung maßgebend sind, sondern weil sie in der Tat den letzten Stand der herrschenden wissenschaftlichen Überzeugung in dieser Frage darstellen, sind die Bestimmungen von § 328 BGB. der Darstellung zu Grunde zu legen.

„Durch Vertrag kann eine Leistung an einen Dritten mit der Wirkung bedungen werden, daß der Dritte unmittelbar das Recht erwirbt, die Leistung zu fordern."

An diese im ersten Absatze von § 328 enthaltene Grundnorm schließt sich im zweiten die Anerkennung der Möglichkeit, Verträge zu Gunsten Dritter so zu schließen, daß der Dritte ein unwiderrufliches und unabänderliches Recht erhält.

Damit hatte die von Unger schon im Jahre 1869 entwickelte Lehre [1]) einen fast vollständigen Triumph gefeiert. „Fast vollständig", weil die von Unger mit großer Energie geforderte ausnahmslose Unwiderruflichkeit des Rechtes des Dritten in das BGB. keine Aufnahme gefunden hat.

In dieser Hinsicht hat sich die von Regelsberger in seiner Besprechung der Ungerschen Abhandlung [2]) vertretene Ansicht, daß die Unwiderruflichkeit kein notwendiges Requisit des Vertrages zu Gunsten des Dritten sei, daß es hier vielmehr auf die Parteiintention ankomme, wie billig, Bahn gebrochen.[3])

Für unser Problem ist die Unterscheidung zwischen widerruflichem und unwiderruflichem Rechte des Dritten von geringer Bedeutung. Sie kommt nur insoweit in Betracht, als es sich um die aus dem Widerruf für den Promittenten allenfalls dem Begünstigten gegenüber erwachsende Einrede handelt, worauf gelegentlich zurückzukommen ist.

---

[1]) Die Verträge zu Gunsten Dritter in Iherings Jahrb. X. S. 1 ff.

[2]) Krit. Vierteljahrsschr. XI. (S. 559—569).

[3]) Vgl. dazu die gründlichen Erörterungen von Ehrenzweig a. a. O. S. 30 ff. S. auch Hellwig, Verträge S. 314 II. ff.

2.

Die Einrede ist ein Angriff auf den Anspruch. Wollen wir die Standfestigkeit des Anspruches gegenüber der Einrede prüfen, so müssen wir sein Fundament kennen lernen.

In dieser Hinsicht ist, wenn von den heutzutage dank der Arbeit Ungers [1]) überwundenen Versuchen abgesehen wird, den Vertrag zu Gunsten Dritter mittelst Heranziehung des Gedankens der Stellvertretung, der negotiorum gestio, der Cession in eine der gewöhnlichen Vertragsformen hineinzupressen, doppelte Auffassung möglich.

Man kann das Recht des Dritten auf das Versprechen des Promittenten als einseitigen Akt gründen [2]) und dem Promissar nur die Rolle einer „ad adstringendam promissoris fidem" [3]) beigezogenen Person zuweisen.

Diese Auffassung würde das Recht des Begünstigten von dem Vertrage zwischen Promissar und Promittent ganz unabhängig machen. Es wäre weder die Giltigkeit bezw. Ungiltigkeit des Vertrages, noch seine causa — soweit sie nicht etwa zufällig mit der causa des Versprechens zusammenfällt — von irgend einer Bedeutung für das Recht des Begünstigten; Einreden aus diesen Gründen könnten dem Begünstigten vom Promittenten nicht entgegengesetzt werden, er hätte stets die Stellung eines aus abstraktem Versprechen Berechtigten.

Mit Recht hat sich Ehrenzweig energisch gegen solche, dem Leben abgewandte Gestaltung gekehrt.[4])

Eine solche Konstruktion würde ferner das Interesse des Promissars an der Leistung als gänzlich bedeutungslos und unmaßgeblich aus dem Rechtsverhältnis ausschließen, womit einer täglichen Erfahrung des Rechtslebens geradezu ins Gesicht geschlagen wäre.[5]) Der Pro-

---

[1]) Gareis, Die Verträge zu Gunsten Dritter S. 143

[2]) Hellwig, Verträge S. 256 f.

[3]) Hugo Grotius, de iure belli ac pacis lib. II. cap. IX. No XVIII. 2, Hellwig, Verträge S. 258. Vgl. Gareis a. a. O. S. 69 ff. und gegen ihn Ehrenzweig a. a. O. S. 31 Anm. 5.

[4]) a. a. O. S. 163 f.

[5]) Vgl. Regelsberger, Krit. Vierteljahrszeitschr. XI. S. 565; Gareis a. a. O. S. 141 f.

missar hat an der Leistung des Promittenten ein sehr lebhaftes Interesse. Er ist es, der durch diese Leistung dem Begünstigten indirekt eine Zuwendung macht.[1]) Es ist eine wohlbegründete Anerkennung dieses Interesses, wenn dem Promissar sogar das Recht eingeräumt wird, die Erfüllung dieses Interesses zu überwachen und mit Klage zn betreiben[2]) (§ 335 BGB.).

Es ist deshalb dem Promissar eine rechtsbegründende Tätigkeit zu Gunsten des Dritten beim Vertragsabschlusse beizumessen; er wirkt mit dem Promittenten zur Begründung des Rechtes des Dritten zusammen.[3]) Dies führt uns zur zweiten der angekündigten Auffassungen. Das Recht des Dritten entsteht aus dem Vertrage zwischen Promittent und Promissar. Dabei ist der zu den aufgegebenen Theorien von der Stellvertretung und Cession führende Gedanke zurückzuweisen, als sei etwa dieses Recht von dem des Promissars abgeleitet.

Das Recht entsteht, wie dies schon Unger scharf hervorgehoben hat, originär nicht derivativ.[4])

Das Recht des Dritten entsteht originär, also nicht etwa durch eine der Vertragsparteien vermittelt, aus dem Vertrage, ohne daß der Dritte Vertragspartei ist. Dies bedarf einer Erklärung. Gareis, der das Wesen des Verhältnisses im übrigen zutreffend entwickelt,[5]) zieht zur Verdeutlichung den Vergleich mit der von Ihering[6]) entwickelten Reflexwirkung von Rechten heran, u. E. wenig glücklich, weil gerade das Charakteristische dieser Wirkung, daß sie von dem sie Herbeiführen den nicht beabsichtigt ist,beim Vertrage zu Gunsten Dritter fehlt.[7])

---

[1]) Hellwig, Verträge S. 258. Die Ähnlichkeit mit der angenommenen Anweisung, die ja gleichfalls eine indirekte Vermögenszuwendung vermittelt, ist hier unverkennbar. Ehrenzweig a. a. O. S. 116 f., 186; Hellwig a. a. O. S. 147, 255, 274, 309 f. und besonders § 51.

[2]) Dagegen Ehrenzweig § 25, jedoch nicht mit zwingender Argumentation, vgl. insbes. den Schlußabsatz; s. Hellwig, Verträge S. 254 III. Eine weitere wichtige Konsequenz dieser Stellung des Promissars s. bei Hellwig, Verträge S. 329 f.

[3]) Hellwig, Verträge S. 255 ff.

[4]) a. a. O. S. 64; Gareis a. a. O. S 241 § 59.

[5]) a. a. O. § 53.

[6]) Iherings Jahrb. X, S. 245 ff.

[7]) Vgl. Ihering selbst a. a. O. S. 289.

Hellwig [1]) läßt den Vertrag zwischen Promittent und Promissar dem Dritten gegenüber als einseitigen Rechtsakt wirken, „der nur die Eigentümlichkeit hat, daß er nicht aus dem einseitigen Willen des Stipulanten, ebensowenig und noch weniger aus dem einseitigen Verpflichtungswillen des Versprechenden, sondern aus der Vereinigung der beiden Willen besteht und insofern als ein Gesamtakt bezeichnet werden kann".

Diese Auffassung scheint uns in der Tat alle hier sich ergebenden Fragen restlos zu erledigen. Sie erklärt es einerseits, warum das Recht des Begünstigten von der Giltigkeit des Vertrages abhängt, andererseits, warum es eine Annahme der Zuwendung bei dem Begünstigten nicht erfordert.

In letzterer Beziehung ist der Konstruktion Hellwigs vor jener Ehrenzweigs, welche die Erklärung in der Spaltung der einen Parteirolle sucht, zu geben. Diese Spaltung macht es nämlich sehr gut verständlich, wie sich kraft desselben Rechtsgeschäftes die Berechtigung von der Verpflichtung so ablösen kann, daß sie auf zwei verschiedene Personen verteilt werden, sie läßt es aber nicht begreiflich erscheinen, warum das Erfordernis der Annahme bei dem Beschwerten bestehen, bei dem Begünstigten entfallen soll. Daß ein Vorteil nicht ausdrücklich angenommen zu werden braucht, daß vielmehr, wo es sich um die Zuwendung eines Vorteils handelt, das Schweigen des Begünstigten als konkludente Annahme zu deuten ist,[2]) erklärt jenen Unterschied nicht, sondern leugnet ihn nur ab, indem es gerade auch beim Begünstigten nach einer Acceptation sucht.

Ehrenzweig, der den Vertrag zu Gunsten Dritter auf den gespaltenen Vertrag zurückführt, ist daher u. E. nicht im Einklang mit dieser Konstruktion, wenn er sich gegen das Erfordernis einer Acception des Begünstigten erklärt.[3])

---

[1]) Verträge S. 256.

[2]) S. Hartmann, „Werk und Wille bei stillschweigendem Konsens" im AcPr. LXXII. S. 208; Regelsberger, Handbuch II. 450; Krainz § 136 Anm. 16. Gegen die Fiktion der Annahme, Ehrlich, Die stillschweigende Willenserklärung S. 225 ff., S. 237. Ihm zustimmend Ehrenzweig a. a. O. S. 58 Anm. 15.

[3]) S. 57, 60 f.

3.

Aus dieser Auffassung der Rechtsstellung des Begünstigten ergeben sich ohne weiteres die ihm gegenüber möglichen Einreden des Promittenten.

Grundlage des Anspruches des Begünstigten ist der Vertrag.[1]) Einreden aus dem Vertrage müssen daher ihm gegenüber durchgreifen.[2]) Das BGB. bestimmt zutreffend in § 334: „Einwendungen aus dem Vertrage stehen dem Versprechendem auch gegenüber dem Dritten zu." Aus dem Vertrage sind Einreden, wenn sie seine Giltigkeit betreffen oder sich aus seinem Inhalt ergeben. Dies läßt sich aber auch dann behaupten, wenn sie auf Tatsachen beruhen, „welche nach dem dem Vertrage gegebenen besonderen Inhalte" [3]) (nachträg-

[1]) Die Folge davon ist, daß das Recht des Begünstigten in Bezug auf seine Zweckbestimmung immer der causa des Vertrages folgt, wie dies Ehrenzweig treffend hervorhebt (S. 167. Ebenso Hellwig, Verträge S. 255 V. und Anm. 495). A. A. natürlich diejenigen, welche das Recht des Begünstigten auf alle Fälle abstrakt sein lassen, z. B. Gareis a. a. O. S. 155 f., 168, 241 ff., 283 f.; Lemayer, allg. österr. Gerichtsztg. 1869 S. 334 (selbst Willensunfähigkeit des Promissars soll nicht schaden; dagegen Anm. 28!).

[2]) Dernburg II. § 18. 2 c und Anm. 13.

[3]) Hier entsteht die interessante Frage, welche Bedeutung es für die Einreden des Promittenten habe, wenn der Vertrag abstrakt geschlossen wurde. Die im Verhältnis der Kontrahenten unter einander bestehende psychologische Unmöglichkeit der Loslösung ihrer Beziehungen von der causa besteht gegenüber dem Dritten nicht. (Darüber trefflich: Neubecker, Der abstrakte Vertrag, im Arch. für bürgerl. R. Bd. XXII.) Ihm gegenüber können die Kontrahenten sicherlich den Vertrag ganz abstrakt gestalten („reelle Abstraktion"), und soweit die Parteien dies wirklich wollten, können dem Dritten Einreden, die nicht die Giltigkeit des abstrakten Vertrages betreffen oder sich irgendwie aus seinem Inhalt ergeben (vgl. Hellwig, Verträge S. 273 b), nicht entgegengestellt werden. Es ist aber eben die Frage, ob die Parteien dies immer wollen, wenn sie ihren abstrakten Vertrag formulieren. Wo diese Formulierung andern Zwecken dient, die Aufnahme der Leistung an den Dritten in den abstrakten Vertrag aber nur deshalb erfolgt, weil sie ein nicht zu umgebendes essentiale negotii ist, da wären u. E. dem Promittenten die Einreden aus der causa zu geben Hier unterscheidet sich die Rechtslage also sehr empfindlich von derjenigen der abstrakt angenommenen Anweisung, bei der das Bestehen der Abstraktion im Verhältnis von Delegatar und Delegat unzweifelhaft ist. Beim Vertrag auf Leistung an einen Dritten ist es quaestio facti. Hellwig (a. a. O. S. 272 f.) geht hier u. E. zu weit.

licher Eintritt von Bedingungen) „oder nach den für diesen Vertrag geltenden gesetzlichen Bestimmungen einen Einfluß auf den Bestand des Vertragsverhältnisses oder auf den Umfang der aus ihm entspringenden Verpflichtungen haben". [1])

Das Recht des Begünstigten ist in keiner Weise von dem Rechte des Promissars bedingt — es wäre denn eine solche Bedingung in den Vertrag aufgenommen, wo dann der Gesichtspunkt des maßgebenden Vertragsinhaltes durchschlüge. Daraus ergiebt sich, daß eine Einrede gegen den Begünstigten nicht auf die Behauptung gestützt werden kann, es stehe dem Promissar gegen den Promittenten kein Anspruch zu. Dies besagt der in dieser Lehre oft gehörte — von Ehrenzweig mit Unrecht bekämpfte [2]) — Satz: Einreden aus der Person des Promissars können dem Begünstigten nicht entgegengesetzt werden. [3])

Es empfiehlt sich im übrigen auch hier eine Sonderung der Betrachtung nach den Kategorien der anspruchsverneinenden und rechtsverfolgenden Einrede.

Dabei ist mit Bezug auf unsere besondere Aufgabe vorauszuschicken, daß hier, wo ein Schuldner gegenüber zwei auf der aktiven Seite des Verhältnisses stehenden Personen [4]) in Betracht kommt, es sich nur um Einreden aus dem Rechte gegen den Dritten handeln kann. [5])

---

[1]) Hellwig, Verträge S. 270. Über das benef. competentiae s. Stammler, Recht der Schuldverhältnisse S. 179.

[2]) a. a. O. S. 166. Sofern sich der Angriff Ehrenzweigs gegen die diesem Satze bei Gareis gegebene Begründung kehrt, ist er berechtigt.

[3]) Ungar. Entwurf § 1035: „Die aus dem Vortrage fließenden Einreden können von dem Versprechenden auch dem Begünstigten gegenüber vorgebracht werden. Einreden, die ihm aus einem andern Rechtsverhältnisse dem Versprechensempfänger gegenüber zustehen, kann er dem Begünstigten gegenüber nicht vorbringen."

[4]) Der Promissar ist in Bezug auf die dem Begünstigten zu machende Leistung normalerweise nicht Gläubiger.

[5]) Die Einreden aus dem Verhältnis zwischen Promissar und Begünstigtem bleiben vorläufig außer Betracht.

4.

Eine anspruchsverneinende Einrede gegen den Anspruch des Begünstigten kann dem Gesagten zufolge — soweit sie nicht etwa aus dem Vertrage hervorgeht — nicht auf die Behauptung einer Einrede gegen den Anspruch des Promissars gestützt werden. Solchem Vorbringen würde die Schlüssigkeit abgehen, da der Anspruch des Promissars den des Begünstigten regelmäßig nicht stützt. Es kann also eine rechtsverneinende Einrede aus dem Rechte gegen den Promissar (als Dritten gedacht) hier garnicht vorkommen. Wenn im einzelnen Falle der Anspruch des Promissars mit der gleichen Einrede belastet ist, wie jener des Begünstigten, so kann dies daher rühren, daß beide Einreden sich auf einen identischen rechtsgeschäftlichen Umstand stützen oder daß zufällig Promissar und Begünstigter in gleicher Weise nachträglich über ihre Rechte disponiert haben.

Eine einseitige nachträgliche Disposition des Promissars oder auch ein in Gemeinschaft mit dem Promittenten vorgenommenes Disponieren über den Vertrag kann — die Unwiderruflichkeit und Unabänderlichkeit des Rechtes des Begünstigten vorausgesetzt — dem Promittenten eine Einrede gegen den Begünstigten nicht geben, wenn es ihm auch Rechte und insbesondere Einreden gegen den Promissar verschafft.

Ist das Recht des Dritten widerruflich oder abänderlich, dann kann der Promissar durch Widerruf oder Abänderung dem Promittenten gegenüber dem Begunstigten Einreden schaffen, welche aber offenbar gleichfalls nicht der Person des Promissars entnommen sind, sondern einfach sich aus den Änderungen der Rechtslage des Begünstigten unmittelbar ergeben.

Auf die dem Begünstigten gegenüber eingetretene Erfüllung wird sich der Promittent dem Promissar gegenüber berufen dürfen, nicht wegen einer dem Rechte der Verträge zu Gunsten Dritter angehörenden Eigentümlichkeit, sondern vermöge des Verhältnisses aktiver Solidarität, in dem die Ansprüche von Promissar und Begünstigtem zu einander stehen.[1])

---

[1]) Hellwig, Verträge S. 310 ff.

5.

Von rechtsverfolgenden Einreden kommen die Einreden des Zurückbehaltungsrechtes, des nicht erfüllten Vertrages, Rücktritt, Anfechtung und Aufrechnung in Frage.

Von allen diesen Einreden läßt sich das Gemeinsame aussagen: sie sind nur insoweit gegenüber dem Begünstigten zulässig, als sie ihre Grundlage im Vertrage haben.

Was zunächst das Retentionsrecht anlangt, so ist es richtig, daß es einen Anspruch verfolgt, deswegen eine persönliche Richtung hat, allein es ist nicht richtig, daß diese Richtung immer von vornherein unabänderlich bestimmt ist. Die durch Retentionsrecht geschützte Forderung weist die Eigentümlichkeit auf, daß ihr Gegenstand normalerweise in einem gewissen natürlichen ökonomischen Zusammenhang mit der Leistung steht, an deren Zurückhaltung sich jenes Recht betätigt. Den Musterfall in dieser Hinsicht bietet gerade der Kardinalfall des Retentionsrechtes, die Zurückbehaltung einer rückzustellenden Sache wegen auf sie gemachter Verwendungen.[1]) Dieser Zusammenhang bringt es mit sich, daß das Rühren an die Leistung auch die mit ihr verbundene Gegenforderung in Bewegung bringt. Die Gegenforderung geht gegen jeden, der die Leistung fordert, der actio in rem scripta vergleichbar, wobei die res durch den Anspruch repräsentiert wird.

Hieraus erklärt sich wohl die Möglichkeit, ein Retentionsrecht aus dem Vertrage zu Gunsten eines Dritten gegen diejenige Person zu richten, welche den Anspruch auf die zurückzuhaltende Leistung erhebt, d. i. in unserem Falle gegen den Begünstigten. Die von Hellwig[2]) gegebenen Beispiele bestätigen unsere Deduktion.

Ein ähnlicher Zusammenhang liegt bei der Einrede des nicht erfüllten Vertrages[3]) vor. Sie tritt beim synallagmatischen Vertrage auf, bei dem sich Leistung und Gegenleistung gegenseitig hervorrufen und bedingen.[4]) Wer also an die Leistung rührt, setzt unvermeidlich den Anspruch auf die Gegenleistung gegen sich in Bewegung. Ist nun

---

[1]) Vgl. unten.

[2]) Verträge S. 281.

[3]) Siehe darüber Ehrenzweig a. a. O. § 30.

[4]) Stammler, Recht der Schuldverhältnisse. S. 85.

die eine Vertragsseite gespalten, so kann das die Rechtslage des Gegners nicht nachteilig beeinflussen. Er kann seine Gegenforderung noch immer gegen denjenigen erheben, der von ihm Leistung verlangt, d. i. gegen den Begünstigten. So ergiebt sich hier derselbe Apparat, wie bei dem ungespaltenen gegenseitigen Vertrage.[1])

Die Anfechtung giebt dem Promittenten eine anspruchsverneinende Einrede, insofern sie den Vertrag (zur Gänze oder in dem die Zuwendung an den Dritten betreffenden Teile[2]) vernichtigt. Auch hier kann nicht die Rede davon sein, daß die Einrede dem Verhältnis zum Promissar entnommen wird, wenn auch die Anfechtung ihren Grund in dem Verhalten des Promissars hatte oder von diesem ausging.[3]) Ein Eingehen auf die Besonderheiten in Bezug auf die Grundlage und die Form, insbesondere die Adresse der Anfechtungserklärung, wie sie sich aus den Bestimmungen des BGB. über die Anfechtung ergibt, hat für unsere Aufgabe kein Interesse.[4])

Der Rücktritt und namentlich die Wandlung beim Kaufe bieten eine Fülle interessanter Fragen bei Anwendung ihrer Grundsätze auf den Vertrag zu Gunsten Dritter.[5])

Für unsere Sonderaufgabe ist indes die Ausbeute ärmlich. Die Berechtigung zur Vollziehung des Rücktrittes beziehungsweise die Wirksamkeit dieses Aktes gegenüber dem Rechte des Begünstigten ergibt sich daraus, daß sie im Vertrage und in den sich auf diesen beziehenden gesetzlichen Bestimmungen wurzelt.[6])

Hier ergiebt sich bei Unwiderruflichkeit des Rechtes des Begünstigten ein eigentümlicher Widerspruch. Die Unwiderruflichkeit äußert sich u. a. auch darin, daß die beiden Kontrahenten selbst zu-

[1]) Die technische Schwierigkeit der Durchführung der Leistung Zug um Zug kann hier so wenig entgegenstehen, als im Falle der Cession. Über die Einrede aus § 526 Abs. 1 BGB. s. Hellwig, Verträge § 44C. Vgl. Schneider a. a. O. zu Art. 128 Schweiz. Obl.R. auf S. 60 Nr. 3.

[2]) Hellwig, Verträge S. 288 II. 2.

[3]) Hellwig a. a. O. S. 285.

[4]) Siehe darüber die gründlichen und scharfsinnigen Erörterungen bei Hellwig a. a. O. S. 285 ff.

[5]) Siehe darüber Hellwig a. a. O. S. 46.

[6]) So mit Recht Hellwig, Verträge S. 299 f. gegen Plank (zu § 334 Note 2).

sammenwirkend eine Aufhebung des Rechtes des Dritten nicht herbeiführen können.

Ergibt sich aber z. B. die Befugnis zur Wandlung für einen der beiden Kontrahenten, so wird trotzdem die Aufhebung jenes Rechtes im Einverständnis der beiden Kontrahenten untereinander vollzogen (§ 465 BGB.) Im übrigen macht man sich die anfänglich überraschende Konsequenz der Rücktrittsmöglichkeit selbst bei unwiderruflichem Rechte des Dritten am leichtesten verständlich, wenn man sich die Formel Ungers [1]) vorhält, „der Dritte (ist) in der rechtlichen Lage, als ob er selbst kontrahiert hätte".

Zu erinnern ist hier daran, daß das Recht auf Wandlung auch mittelst Einrede geltend gemacht werden kann (§ 478 BGB.) Der Promittent kann diese Einrede, obzwar sie auf dem obligatorischen Rechte gegen den Promissar beruht, auch dem Begünstigten entgegensetzen, weil sie im Vertrage begründet ist. Geht die Einrede vom Promissar gegen den Promittenten aus, so gibt sie diesem, soweit sie die Erfüllung der dem Promissar obliegenden Leistung unterbindet, die Einrede des nicht erfüllten Vertrages gegen den Begünstigten.

Die Aufrechnung ist kein Recht aus dem Vertrage,[2]) mag auch die aufzurechnende Forderung dem Vertrage entstammen. Sie ist an Voraussetzungen besonderer Art geknüpft, deren wichtigste die Gegenseitigkeit, d. h. das Zusammentreffen von Forderung und Schuld, in jeder der sich zur Aufrechnung gegenüberstehenden Personen ist. Diese fehlt aber dort, wo die Forderung dem Begünstigten zusteht, während die Gegenforderung gegen den Promissar gerichtet ist. Eine gesetzliche Ausnahme besteht auch zu Gunsten jener Forderungen nicht, die (wie etwa Schadensersatzforderungen) aus dem Vertrage entspringen.

Ob eine solche nicht ähnlich wie bei der Cession — der ja das Verhältnis wirtschaftlich nahe steht — im Interesse der Billigkeit wünschenswert gewesen wäre, ist zu bedenken.

Man konnte sie um so leichter bewilligen, als ja die dem Vertrage entspringende Retentionseinrede (§ 273 BGB.) vom Promittenten

[1]) Verträge zu Gunsten Dritter S. 64.

[2]) Protokolle (I. S. 769). Mit Unrecht dagegen Hellwig, Verträge S. 278.

gegenüber dem Begünstigten angewendet werden kann [1]) und diese sich bei gleichartigen, Zug um Zug zu erfüllenden Leistungen in ihrer Wirkung von jener gar nicht unterscheidet.[2])

Aus den Beziehungen zwischen Promissar und Begünstigtem kann der Promittent eine Einwendung nicht entnehmen, weil sie in keiner Weise für seine Verpflichtung kausal waren. Es liegt hier die Sache genau, wie bei der abstrakten Delegation. Die causa, von der abstrahiert wurde, kann dem Delegaten eine Einrede nicht gewähren.

Es ist selbstverständlich keine Ausnahme davon, wenn der Promittent sich auf einen berechtigten Widerruf des Promissars bezieht. Er macht damit nur den Mangel des Rechtes beim Begünstigten geltend, nicht anders, als wenn etwa der Schuldner Zahlung verweigert, weil die Forderung auf einen andern übergegangen sei.

6.

Die entwickelten Sätze sind, soweit Verträge zu Gunsten Dritter nach österreichischem Rechte anzuerkennen sind,[3]) im allgemeinen auch für dieses anwendbar, weil sie aus der Natur des Rechtsinstitutes folgen und es an entgegenstehenden Sonderbestimmungen im österreichischen Rechte fehlt.

Es erfordert jedoch die Sonderart des als Grundlage für die Annahme von Verträgen zu Gunsten Dritter im österreichischen Rechte behandelten [4]) § 1019 eine kurze Erwägung, weil diese Gesetzesstelle sich den Grundsätzen über Verträge zu Gunsten Dritter nicht restlos einfügen läßt. Unter die Bestimmungen über das Mandat, „die Bevollmächtigung“, eingereiht, besagt § 1019: „Wenn der Machthaber

---

[1]) Hellwig, Verträge S. 279.

[2]) Man setze, der Promittent schulde dem Begünstigten 100 und habe von ihm — aus irgend einem zur Retention berechtigenden Titel — 50 zu fordern. Sollen beide Leistungen Zug um Zug erfolgen, so kommt es ja doch schließlich zur rechnungsmäßigen Erledigung, die hier allerdings Abrechnung, nicht „Aufrechnung“ heißt. Viel mehr Unterschied wird man wohl nicht finden.

[3]) Siehe darüber Krasnopolski in Grünhuts Zeitschr. XXII. S. 577 ff., namentlich 617 ff.

[4]) Ehrenzweig a. a. O. § 15 S. 76 ff.

den Auftrag, einem Dritten einen Vorteil zuzuwenden, erhalten und angenommen hat, so erlangt der Dritte, so bald er von dem Machtgeber oder Machthaber davon benachrichtiget worden ist, das Recht gegen den einen oder den andern Klage zu führen".

Die Bestimmung weist auf den ersten Blick eine eigenartige Zwitternatur auf: hält man sich an ihre Stellung im Kapitel von der Bevollmächtigung und ist mit Unger [1]) der Ansicht, daß hier an einen Vertrag zu Gunsten Dritter nicht zu denken ist, so erklärt sich wohl die Klage gegen den Machtgeber, unerklärlich aber bleibt die Klage gegen den Machthaber.

Ist man dagegen der Anschauung, daß wir es hier mit einer Bestimmung betreffend einen Vertrag zu Gunsten eines Dritten zu tun haben, so versteht man die Klage gegen den Machthaber, unverständlich und merkwürdig aber bleibt die Klage gegen den Machtgeber.

In der Tat hat Krasnopolski aus der Redaktionsgeschichte des § 1019 u. E. überzeugend dargetan,[2]) daß diese Gesetzesstelle der Ausdruck des Kompromisses zweier Anschauungen ist, die sich im Schoße der Redaktionskommission gegenüberstanden, von denen die eine, repräsentiert durch v. Haan, ein unmittelbar aus dem Auftrag des Machtgebers an den Machthaber fließendes Klagerecht des Dritten gegen den Machthaber schaffen wollte (wobei der Gedanke an den letztwillig dem Erben oder Legatar erteilten Auftrag vorschweben mochte),[3]) während die andern, von Zeiller vertreten, von dem Begriffe der Vollmacht ausging, ein Klagerecht gegen den Machthaber nicht kennen und lediglich gegen den Machtgeber ein Klagerecht dann geben wollte, wenn auf Grund der Vollmacht vom Machthaber mit dem Dritten namens des Machtgebers regelrecht mittelst Zusage des Machthabers und Annahme des Dritten kontrahiert worden war.

Während v. Haans Meinung bei der ersten Lesung siegreich blieb,[4]) wurde in dritter Lesung über Zeillers eigenen Antrag [5]) eine

[1]) a. a. O. S. 99 f.
[2]) Grünhuts Zeitschrift XXII. S. 577 ff.
[3]) Krasnopolski a. a. O. S. 602, vgl. Ehrenzweig a. a. O. S. 78 f.
[4]) Krasnopolski a. a. O. S. 599.
[5]) Krasnopolski a. a. O. S. 603.

Vereinigung der beiden durch die Anträge v. Haans und Zeillers repräsentierten verschiedenen Fälle vorgenommen, wobei Zeillers Antrag zu Gunsten des Antrags v. Haans einschneidende Modifikationen erlitt, indem die „Vollmacht" durch den „Auftrag", das Erfordernis der Zusage des Machthabers durch das der bloßen Benachrichtigung ersetzt und endlich — und zwar dies gegen den Willen Zeillers — die Klage gegen den Machthaber neben der gegen den Machtgeber aufrecht gehalten wurde.[1])

Aus dieser Entstehungsgeschichte von § 1019 A. BGB. ergibt sich, daß sich diese Gesetzesstelle auf einen wahren Vertrag zu Gunsten eines Dritten bezieht, wobei das Recht des Dritten aus dem Auftrage des Machtgebers an den Machthaber unmittelbar[2]) mit dem Augenblicke der Benachrichtigung und unabhängig von einer Acceptation des Dritten[3]) entsteht.[4])

Eine Abnormität ist das Klagerecht des Dritten gegen den Machtgeber. Es ergeben sich hier Schwierigkeiten bei der materiellen Individualisierung des Klagerechtes.

Das Recht des Dritten gegen den Promittenten beruht auf der causa des Vertrages zwischen Promissar und Promittent.[5]) Dieser Gesichtspunkt läßt sich auf den Anspruch des Dritten gegen den Auftrag-

---

[1]) So Krasnopolski a. a. O. S. 603 ff. überzeugend gegen Ehrenzweig.

[2]) A. A. Krainz § 136 Anm. 14; dagegen Ehrenzweig a. a. O. S. 91 IV.

[3]) Gegen die Notwendigkeit der Annahme spricht die Redaktionsgeschichte, spricht das gänzliche Schweigen des Gesetzes über diesen Punkt, für die Annahme spricht nicht § 1403 A. BGB., denn die vollständige Assignation ist von dem Zahlungsmandate verschieden, dem gegenüber sie einen gerade durch das Erfordernis vertragsmäßigen Einverständnisses zwischen dem Mandatar (Assignat) und dem Dritten (Assignatar) erweiterten Tatbestand aufweist. — A. A. Ehrenzweig a. a. O. S. 85 ff. Dagegen jedoch treffend Krasnopolski a. a. O. IV. 2. S. 609 ff.

[4]) Ein Widerspruch mit § 881 A BGB. kann hierin nicht gefunden werden, wenn man mit Steinbach (allgem. österr. Ger.Ztg. 1877 Nr. 44 ff.), Hasenöhrl (a. a. O. I. S. 464 Anm. 13) und Krasnopolski (a. a. O. II. S. 586 ff.) der Ansicht ist, daß § 881 den Fall der Stellvertretung, nicht aber den des Vertrages zu Gunsten Dritter betrifft.

[5]) Ehrenzweig a. a. O. S. 164, 167; Hellwig, Verträge S. 255 V. und Anm. 49.

geber nach § 1019 A. BGB. nicht anwenden, denn der Mandant ist gegenüber dem Mandatar aus dem Mandate, abgesehen von den hier offenbar nicht in Betracht kommenden Fällen der actio mandati contraria nicht verpflichtet.[1]) Man kommt so zu dem Resultate, daß die Verpflichtung des Auftraggebers gegen den Dritten immer eine abstrakte ist.[2]) [3])

U. E. liegt jedoch kein Hindernis vor, die causa der Sonderbeziehungen zwischen dem Auftraggeber und dem Dritten zu entnehmen, und bei gänzlichem Mangel solcher den Fall einer Schenkung anzunehmen, wonach sich dann die Formfrage zu entscheiden hätte.[4])

Für die Frage nach den Einwendungen des Machtgebers ist es bedeutungslos, ob man Abstraktheit seiner Verpflichtung oder das Gegenteil annimmt, da auch die Abstraktheit den Machtgeber — abgesehen von dem nicht hierher gehörenden Falle eines im Mandate liegenden Anerkenntnisses — nicht das Recht nehmen kann, im unmittelbaren Verhältnisse zum Dritten die ihm gegen diesen zustehenden Einwendungen vorzubringen.

---

[1]) So zutreffend Ehrenzweig a. a. O. S. 88 Anm. 13.

[2]) So Ehrenzweig a. a. O.

[3]) Es ist sehr streitig, ob die Verpflichtung des Mandanten in allen Fällen, oder nur unter gewissen Umständen zur Entstehung kommt. Krainz will sie nur dort entstehen lassen, „wo der Mandant bereits vor dem Mandat Schuldner des Dritten war, oder . . . sich vom Zahlungsmandatar nachträglich dasjenige leisten ließ, was dieser ursprünglich an den Dritten hätte leisten sollen, während es in anderen Fällen widersinnig wäre, den Mandanten infolge des Zahlungsmandates in Widerspruch mit seiner Willenserklärung zum Schuldner des Dritten zu machen". — Warum jedoch die Schuldnerschaft aus dem Mandate im ersten Falle in Übereinstimmung, im letzten in Widerspruch mit dem Willen des Mandanten sein muß, ist nicht einzusehen. — Weiter geht Krasnopolski, der die Klage nur dort ausschließen will, wo sie durch den Machtgeber nicht bewirkt werden kann (a. a. O. S. 616). — Indeß ist u. E. auch zu solcher Einschränkung weder in der Entstehungsgeschichte, noch im Wortlaute der Bestimmung ein Anhalt geboten.

[4]) S. darüber die u. E. richtigen Ausführungen Ehrenzweigs a. a. O. S. 90 gegen Hasenöhrl S. 468 Note 28. — A. A. Krainz § 136 bei Anm. 35, s. jedoch in Anm. 35!

Ehrenzweig hat aber gerade aus der für ihn zweifellosen Notwendigkeit der Annahme abstrakter Verpflichtung des Machtgebers den bedeutsamen Schluß gezogen, diese Verpflichtung könne immer nur auf Abschluß des eigentlichen Hauptvertrages mit dem Dritten gehen, sei also eine Verpflichtung aus dem Vorvertrage.[1])

Konsequent läßt er auch die Verpflichtung des Machthabers darauf gerichtet sein, daß er mit dem Dritten namens des Machtgebers kontrahiere, „also die Verpflichtung des Machtgebers aus dem pactum de contrahendo in dessen Namen erfülle".[2])

Diese Ansicht Ehrenzweigs hat u. E. zutreffende Widerlegung durch Krasnopolski gefunden.[3])

Für unsere besondere Aufgabe ist die Meinungsverschiedenheit belanglos, denn für uns handelt es sich um die Ermittelung, inwieferne dem Begünstigten Einwendungen aus den Beziehungen zwischen dem Machtgeber und Machthaber entgegengesetzt werden können, und hierfür ist es ohne Bedeutung, ob die Klage des Begünstigten aus einem Vorvertrage oder aus dem Hauptvertrage erhoben wird.

Man wird daher jedenfalls die bei allen Verträgen zu Gunsten Dritter bezüglich der Einwendungen gegen den Anspruch des Dritten geltenden Grundsätze ohne weiteres auf die Fälle des § 1019 anwenden können.

Einwendungen aus dem Vertrage,[4]) sei es, daß sie dessen Giltigkeit, sei es, daß sie Umstände betreffen, denen im Vertrage bestimmte Bedeutung für den Anspruch beigelegt wurde, werden dem Dritten stets entgegengesetzt werden können, und zwar sowohl vom Machthaber als auch vom Machtgeber.

Zu beachten ist, daß das Recht des Dritten vom Augenblicke der Benachrichtigung unwiderruflich erworben ist.[5]) Von da ab kann weder ein einseitiger Widerruf seitens des Machtgebers, noch eine ein-

---

[1]) a. a. O. S. 87 f.

[2]) a. a. O. S. 92.

[3]) a. a. O. S. 615 f.

[4]) Hier wird es mit Rücksicht auf § 936 A. BGB. von Bedeutung, ob das Recht des Dritten aus dem Vorvertrage abgeleitet wird.

[5]) Vgl. Krainz § 136, III.

verständlich zwischen diesem und dem Machthaber vorgenommene Abänderung der Modalitäten des Auftrages dem Dritten entgegengesetzt werden.

Einreden, welche ihre Grundlage nicht im Mandate, sondern in Beziehungen außerhalb desselben zwischen Machtgeber und Machthaber haben, können dem Dritten nicht entgegengesetzt werden, weil sein Recht auf dem des Mandanten nicht ruht. Es kann also insbesondere der Machthaber eine Forderung gegen den Machtgeber nicht dem Dritten zur Kompensation einwenden, und noch weniger der Machtgeber eine Forderung, die ihm gegen den Machthaber zusteht. Unbedenklich kann dagegen jeder von ihnen Einwendungen aus seinen unmittelbaren Beziehungen zum Dritten diesem entgegensetzen.

Es kann aber auch der Machthaber nicht Einwendungen aus den Beziehungen des Machtgebers zum Dritten,[1]) der Machtgeber nicht Einwendungen aus den Beziehungen des Machthabers zum Dritten erheben, weil diese Beziehungen für das Recht des Dritten nicht kausal sind und überdies, soweit es sich um rechtsverfolgende Einreden handelt, die Legitimation abgehen würde.[2])

---

[1]) S. Krainz § 136 Anm. 14.

[2]) Im großen ganzen übereinstimmend Ehrenzweig a. a. O. S. 91, IV. „Die Einrede der mangelnden Deckung" (das. Anm. 23) würden wir, weil aus dem Vertrage, zulassen (vorausgesetzt, daß es sich nicht um ein abstraktes Accept handelt; vgl. Hellwig, Verträge S. 274 f. und Anm. 540). — Zu anderen Ergebnissen kommt man auf Grund der sich der Theorie von Bähr anschließenden Annahme von Krainz, wonach das Recht des Dritten auf einer ihm vom Mandanten mittelst der Benachrichtigung erteilten und vom Dritten stillschweigend angenommenen Ermächtigung die „Leistung einzufordern und zu behalten" beruht. Hiernach müßte sich der Dritte alle Einwendungen aus der Person des Mandanten gefallen lassen. (So Krainz § 136 bei Anm 30. Die in Anm. 30 vorgebrachte Ansicht Lemayers ergibt sich keineswegs notwendig aus einer Ablehnung der Lehre von Krainz, sondern ist auch vom Standpunkte der im Texte vertretenen Anschauung unhaltbar.) — Insbesondere müßte sich der Dritte auch die Kompensation mit einer Forderung gegen den Machtgeber gefallen lassen, die Krainz (bei Anm. 31) nur deswegen ausschließt, weil er in der Annahme des Mandates einen Verzicht auf die Einrede der Kompensation erblickt. — Wie steht es denn mit den Forderungen, die dem Machthaber gegen den Machtgeber nach

7.

Suchen wir aus den vorstehenden Erörterungen nach dem Ergebnis für unser spezielles Problem, so kommen wir zu dem überraschenden Resultate, daß die Verträge zu Gunsten Dritter ein Anwendungsgebiet für den Satz, wonach Einreden aus dem Rechte des Dritten (oder gegen den Dritten) zulässig oder unzulässig sind, nicht abgeben.

Einreden aus dem Rechte des Dritten oder aus dem Rechte gegen den Dritten sind hier nicht möglich, weil es an einer Verknüpfung von Ansprüchen fehlt, welche das Schicksal des einen von dem des andern abhängig machen würde.[1]) Die Einreden, die dem Begünstigten auf Grund des Vertrages entgegenstehen, machen keine Ausnahme,[2]) sie entstammen nicht den Beziehungen zum Dritten, sondern unmittelbar der Rechtsstellung des Begünstigten zum Promittenten.

E. Ansprüche mit identischem Zweck.

1.

In seinem „Recht der Schuldverhältnisse" hat Stammler unter Hinweis auf das Problem der Einrede aus dem Rechte eines Dritten Fälle zur Diskussion gestellt, deren gemeinsames Merkmal darin liege,

der Annahme und vor der Benachrichtigung entstanden sind? Soll er auch hinsichtlich dieser damals noch gar nicht existierenden Ansprüche auf das Kompensationsrecht verzichtet haben?! — Krainz wirft die Frage auf, ob der Mandatar die Einreden des Mandanten dem Dritten dann entgegensetzen könne, wenn der Auftrag auf Bezahlung einer Schuld des Mandanten an den Dritten laute. Krainz (§ 136 bei Anm. 34 und Anm. 34) entscheidet die Frage richtig verneinend, falls keine „Schuldübernahme im technischen Sinne" vorliege, aus dem unrichtigen Bährschen Grunde, „weil der Dritte, indem er den Mandatar klagt . . . die Forderung des Mandanten gegen den Mandatar geltend macht". — Über Bährs Theorie vgl. noch Unger, Iherings Jahrb X. S. 74 ff.

[1]) Deswegen kann sich auch z. B. der mit der condictio indebiti wegen Mangelhaftigkeit seines Rechtes vom Promittenten in Anspruch genommene Begünstigte, auf die etwa dem Promissar gegenüber bestehende Schuld des Promittenten nicht berufen (Hellwig, Verträge S. 276 bei Anm. 545).

[2]) Insofern unrichtig Hellwig, Verträge S. 280 A. i. f. und Langheineken, Anspruch und Einrede S. 288 III.

daß „jemand Schadensersatz in Geld zu fordern hat und er von dritter Seite mit Rücksicht auf das schädigende Ereignis bereits einigen Ersatz erhalten hat".

In seiner unserem Problem gewidmeten Untersuchung hat er neuerlich Fälle dieser Art innerhalb eines reichen sonstigen Materials als auf den Gesichtspunkt der exceptio ex iure tertii zu prüfend hingestellt.

Als Typen dieser Fälle können die beiden folgenden betrachtet werden:

1. Es fällt durch ein von einer bestimmten Person zu vertretendes schädigendes Ereignis ein Alimentationspflichtiger weg, so aber, daß ein subsidiär haftender Alimentationspflichtiger an seine Stelle rückt. Der Beschädigte hat den Schadensersatzanspruch gegen den Beschädiger, den Alimentationsanspruch gegen den nunmehr Alimentationspflichtigen.

Fragen: Kann der Beschädiger auf den Bestand des Alimentationsanspruches hinweisen?

Kann er auf eine vom Alimentationspflichtigen vollzogene Alimentenleistung hinweisen?

Kann umgekehrt der Alimentationspflichtige gleiches bezüglich des Beschädigers tun?

2. Der Beschädigte ist versichert und erlangt durch das schädigende Ereignis gleichzeitig den Schadensersatzanspruch gegen den Schädiger und den Anspruch auf die Versicherungssumme gegen den Versicherer.

Die Fragestellung ist eine analoge.

Man sieht zunächst sofort, daß es sich um eine Ausgleichung zwischen einem Schaden und einem Vorteil, die beide irgendwie auf das schädigende Ereignis zurückzuführen sind, also um jene Erscheinung handelt, welche der Wissenschaft unter dem Namen der „compensatio lucri cum damno" bekannt, neuestens unter dem weiteren Gesichtspunkt der „Vorteilsausgleichung" von Oertmann[1]) eine ebenso umfassende als gründliche Erörterung gefunden hat.

---

[1]) Die Vorteilsausgleichung beim Schadensersatzanspruch im römischen und deutschen bürgerlichen Recht. Berlin 1901.

Stammler selbst hat die erwähnten Fälle diesem Gesichtspunkte überwiesen,[1]) und Oertmann hat ihnen eine mit reichen Belegen aus der Rechtsprechung versehene Untersuchung in seinem genannten Werke unter demselben Gesichtspunkte gewidmet.[2])

Es ist von vornherein nicht leicht, den Zusammenhang dieser Erscheinungen mit der exceptio ex iure tertii einzusehen.[3])

Wird der Begriff der Einrede aus dem Rechte des Dritten in einer „Einrede" gesehen, die zunächst dem Dritten zusteht und irgendwie von einem andern gebraucht wird, so ist es klar, daß für die Anwendbarkeit des Begriffes zwei Ansprüche, zwei Verpflichtete und eine Einrede, welche dem einen Verpflichteten zusteht, von dem andern aber gebraucht wird, gegeben sein müssen.

Es scheiden daher aus unserer engeren Betrachtung jene Fälle aus, in denen es sich darum handelt, daß der eine Verpflichtete auf den Bestand des (noch unerfüllten) Anspruches gegen den anderen Verpflichteten hinweist, denn hier fehlt es an dem Requisit der Einrede des Dritten.

Hier mag nur die Bemerkung Platz finden, daß eine Abwälzung der Haftung mittelst dieses Einwandes mit Recht für unzulässig erachtet wurde,[4]) da doch zumindest in diesem Punkte jene Analogie mit der solidarischen Haftung zutrifft,[5]) daß beide Ansprüche vollwirksam nebeneinander bestehen und es von dem Belieben des Beschädigten abhängt, welcher realisiert werden soll.

---

[1]) Hallenser Festgabe S. 59.

[2]) a. a. O. S. 167 ff.

[3]) S. Oertmann a. a. O. S. 23 Anm. 1.

[4]) Oertmann a. a. O. §§ 13, 14 mit anderer Begründung, vgl. die dort cit. Entsch, vgl. § 843 Abs. 4 BGB.

[5]) A. A. Oertmann a. a. O. S. 108 Anm 1. — Oertmann meint, das BGB könne von der Annahme einer Solidarität in diesem Falle nicht ausgehen, da sonst § 843 Abs. 4 ganz überflüssig wäre, indem es schon im Begriffe der Solidarität liege, daß die Verpflichtung des einen vor der Erfüllung den andern noch nicht befreie. Oertmann übersieht hier u. E., daß es sich nicht um das Stadium handelt, in dem beide Verpflichtungen bereits neben einander bestehen, sondern um die Frage, ob die eine angesichts der andern überhaupt entstehen kann. Man denke an den Fall, da

Auszuscheiden sind ferner aus demselben Grunde jene Fälle, bei denen ein eingetretener Schade von dritter Seite ohne nach dieser Seite begründeten Anspruch eine Ausgleichung erfährt (Beispiele bei Stammler, Recht der Schuldverhältnisse S. 228; Hellwig, Verträge auf Leistung an Dritte S. 83; Stammler, Hallenser Festgabe S. 2 ff.; Oertmann, Vorteilsausgleichung S. 91).

Zur Erörterung gestellt bleiben demnach nur die Fälle, da zwei Ansprüche der genannten Art neben einander bestehen, der eine befriedigt wird und nun der aus dem andern Anspruch Verpflichtete diese Befriedigung als Einrede vorbringt.

Es ist u. E. nicht möglich, Fälle dieser Art ausschließlich aus dem Gesichtspunkte der compensatio lucri cum damno befriedigend zu erklären. Was sie von Fällen anderer Art unterscheidet, ist vor allem, daß die Möglichkeit des lucrums eigens im Hinblick auf ein eventuelles damnum geschaffen ist, daß es also geradezu die Zweckbestimmung des lucrums ist, das damnum auszugleichen. Dies allein würde allerdings eine Sonderbehandlung noch nicht rechtfertigen.

Es kommt aber noch ein Moment hinzu. Das lucrum ist schon in dem anderweitigen Anspruche gegeben. Die Schadenshandlung setzt gleichzeitig den Schaden und ruft den Versicherungs-, den anderweitigen Alimentationsanspruch hervor. Die innerhalb dieses Anspruches später eintretende Realisierung vermehrt nicht mehr das Vermögen, sie ändert bloß seine Bestandteile.

Der Gesichtspunkt der compensatio lucri cum damno ist also mit der Schaffung des andern Anspruches erledigt, und nun entsteht erst die weitere Frage, wie sich die nun gegebenen beiden Ansprüche in Bezug auf ihre Befriedigung zu einander verhalten.

Sofern die Tatsache der Befriedigung dem aus dem ersten Anspruch Verpflichteten gegen diesen Anspruch eine Einrede gibt, und nun

---

die Alimentationspflicht des Getöteten auf dessen Erben übergeht (Mot. II. S. 782). Nach Ausweis der Motive (II. S. 782) sollte verhütet werden, daß die Haftung für den Schaden vom Täter auf einen Dritten abgewälzt werde. An die Befreiung des Dritten durch die Schadenstilgung seitens des Täters wurde nicht gedacht. Diese läßt sich wohl nur aus dem im Texte angegebenen Gesichtspunkt erklären.

der zweite Verpflichtete auf diese Befriedigung verweist, scheint hier eine Einrede aus dem Rechte des Dritten gegeben.[1])

Es ist sicher, daß solche Einrede in gewissen Fällen von Erfolg begleitet ist, so, wenn sie vom Versicherer auf Grund einer vom Beschädiger vollzogenen schadenstilgenden Leistung erhoben wird.

Das Gemeinsame dieser Fälle liegt darin, daß zwei Ansprüche so gegeben sind, daß nicht der Bestand, wohl aber die Befriedigung des einen den andern aufhebt.

Man sieht sich hier vor jener Formel, welche für das Problem der Aktionenkonkurrenz aufgestellt wird.[2])

Ohne die Absicht, die Streitfrage aufzurollen, ob der Begriff der Aktionenkonkurrenz auf Fälle mit einer Mehrheit von Subjekten auf aktiver oder passiver Seite des Anspruches auszudehnen ist, kann hier nur betont werden, daß die Gleichheit der Formel auch eine Gleichheit der Lösung bedingt und daß daher die Geschichte der Lösungsversuche des Konkurrenzproblems hier unmittelbar verwertet werden kann.

Auf diese ist daher in tunlichster Kürze einzugehen.

2.

Der Begriff der Anspruchskonkurrenz ist als ein gefestigter zu betrachten, seitdem die Kategorien der successiven und subsidiären Konkurrenz aufgegeben sind, und seitdem Savigny[3]) auch die sog. kumulative Konkurrenz als einen rechtlich indifferenten Tatbestand erkannt und ausgeschieden hat.[4])

---

[1]) In der Praxis wird hier bisweilen ausdrücklich der Gesichtspunkt der exceptio ex iure tertii — natürlich als Argument für die Unzulässigkeit der Einrede — herangezogen. So entschied das OLG Hamburg im Jahre 1886 (Seuff. XLIII. Nr. 52), der Einwand, der Beschädigte habe den Schaden ersetzt erhalten, sei als exceptio ex iure tertii unzulässig. (Ebenso RG. XV. Nr. 20.)

[2]) Windscheid I. § 121 Anm. 9.

[3]) System V. S. 212 f.

[4]) S. darüber, sowie über den Begriff überhaupt: Merkel, Über den Konkurs der Aktionen (1877) S. 1 f.

Man versteht darunter ein solches Zusammentreffen von Ansprüchen, daß die Befriedigung des einen auch den Untergang des andern zur Folge hat.

Über den Grund dieser Erscheinung ist bekanntlich so viel gestritten worden, daß schon Keller [1]) das Gebiet dieser Lehre als ein „verrufenes" bezeichnen konnte.

Von vornherein war es klar, daß eine solche Abhängigkeit der Ansprüche von einander auf irgend eine Identität zurückzuführen sein müßte.[2]) Die verschiedenen Erklärungen fußen daher auf der Annahme einer Identität verschiedener Anspruchselemente.

Die älteren Erklärungsversuche sind durch das Bestreben gekennzeichnet, einerseits innerhalb des Begriffes möglichst viele und subtile Distinktionen aufzustellen, andererseits ihn auf Erscheinungen zu erweitern, welche seither als nicht hineingehörig erkannt worden sind.

So spielen noch bei Thibaut [3]) die Kategorien der kumulativen, subsidiären, alternativen und successiven Konkurrenz eine große Rolle, und das Problem erscheint durch eine vollständige Vermengung mit jenem der prozessualen Konsumption sehr verwirrt. Ein wertvoller Gedanke läßt sich höchstens dem von Thibaut aufgestellten „zweiten Hauptgrundsatz" [4]) entnehmen: „Wer einen Gegenstand bereits in Händen hat, kann denselben nicht noch einmal einfordern, und insofern erlischt durch das volle Durchsetzen (d. h. das auch die Zahlung zur Folge habende Gewinnen) einer Klage die andere Klage, welche denselben Gegenstand hat". Es ist ein ähnlicher Gedanke, wie er sich fast mit denselben Worten später bei Savigny [5]) und Unger [6]) findet und bei Besprechung der Theorie dieser Schriftsteller zu würdigen ist. Hier sei nur darauf hingewiesen, daß dieser „Grundsatz" in die

[1]) Litiskontestation und Urteil § 55.

[2]) Savigny a. a. O. S. 205

[3]) Civil. Abhdl S. 146 ff.

[4]) a. a O. S. 156.

[5]) System V. S. 209. „Das, was jemand durch eine Klage bereits erhalten hat, kann er nicht noch einmal mit einer andern Klage fordern."

[6]) Öst. Priv. R. II. S. 391 bei Anm. 15: „Das, was jemandem nur einmal gebührt und was er bereits durch eine Klage erhalten hat, kann er nicht nochmals mit einer andern Klage fordern".

Tiefe des Problems nicht eindringt, das vielmehr hier erst anfängt und zur Frage drängt, warum man denselben Gegenstand nicht zweimal soll fordern dürfen.

Brackenhöft [1]) unterscheidet zwischen uneigentlicher und eigentlicher Konkurrenz. Jene, zu der er auch die „successive Konkurrenz" gezählt wissen will,[2]) umfasse die Fälle „des Zusammentreffens von Nebenklagen mit der Hauptklage oder mehrerer Nebenklagen bei einem und demselben Rechtsverhältnisse". Es sind dies Fälle der gar nicht unter den strengen Begriff fallenden sog. kumulativen Konkurrenz.

Die eigentliche Klagenkonkurrenz sieht Brackenhöft in dem „Zusammentreffen von Hauptklagen in Beziehung auf einen und denselben Anspruch oder ein und dasselbe Objekte oder mehrere konnexe Ansprüche oder Objekte".

Diese Konkurrenz werde hervorgerufen [3]) entweder — und dies sei eigentliche Konkurrenz im strengeren Sinne — durch Identität des Rechtsverhältnisses, und hier werde der Ausschluß der zweiten Klage durch prozessuale Konsumption bewirkt oder die Konkurrenz gründe sich auf Einheit oder Konnexität des Leistungsgegenstandes.

Diese Erklärung kann schon wegen der Duplizität ihres Grundes nicht befriedigen. Zudem ist es offenbar unrichtig, daß Einheit des Rechtsverhältnisses Klagenkonkurrenz bedinge. Aus Sozietät, Mandat usw. können verschiedene Klagen entspringen, die durchaus miteinander nicht konkurrieren.

Auch bei Kleinschrod [4]) finden wir einen doppelten Erklärungsgrund. Klagenkonkurrenz wird hervorgerufen durch das Zusammentreffen der Klagen in einem „juristisch relevanten Vereinigungspunkt".[5]) Diesen findet er entweder im identischen Rechtsverhältnisse oder in der Identität des Anspruches. Die Antwort aber auf die Frage, wann wir Identität des Anspruches anzunehmen hätten, bleibt uns Kleinschrod schuldig.

[1]) Die Identität und materielle Konnexität der Rechtsverhältnisse (1889).
[2]) a. a. O. S. 286.
[3]) S. 289.
[4]) Zur Lehre von der Konkurrenz der Klagen S. 10.
[5]) a. a. O. S. 8.

In der Tat konnten Erklärungen, welche mit der Identität der Rechtsverhältnisse oder Ansprüche arbeiteten, zu einem gedeihlichen Ergebnisse nicht führen, weil sich solche Identität nirgends nachweisen läßt, es wäre denn, man ließe sie von einem einzelnen Elemente getragen sein.[1])

Schwerwiegender, weil in den gegebenen Erscheinungen besser begründet, sind daher jene Erklärungen, welche sich auf die Identität einzelner Anspruchselemente stützen.

Hier ist vor allem Keller zu nennen. Nach ihm[2]) konkurrieren Aktionen dann, wenn sie aus einer und derselben Tatsache hervorgehen, welche unter verschiedenen rechtlichen Gesichtspunkten eine und dieselbe, oder doch eine nur quantitativ, nicht qualitativ verschiedene Forderung begründet.

Seine Theorie hat Martens[3]) ausgeführt, der bloß statt der „verschiedenen rechtlichen Gesichtspunkte" „mehrere getrennte Verpflichtungsgründe" setzt.[4])

Der Gedanke des identischen, den Anspruch erzeugenden Tatbestandes, gesehen unter verschiedenen rechtlichen Gesichtspunkten, kehrt in der Literatur des Konkurrenzproblems immer wieder, wo mit dem Entstehungsgrunde[5]) als erklärendem Momente gearbeitet wird. So finden wir ihn neuestens bei Helssig[6]) und Eisele[7]) ausgedrückt, die das Problem im ganzen zwar auf andere Momente, nämlich jener auf die Identität des Leistungsgegenstandes, dieser auf die des Zweckes[8]) zurückführen, die beide aber die Identität des Entstehungsgrundes zur Erklärung bestimmter Teilerscheinungen innerhalb des Problems heran-

---

[1]) Dies tut Unger, wenn er a. a. O S. 389 Anm. 11 die Formel gibt: „Der Kläger hat mehrere Klagmittel zur Realisierung e i n e s Anspruches".

[2]) Pand. § 82 β, γ.

[3]) Über Konkurrenz und Kollision der römischen Civilklagen (1856)

[4]) S Merkel a a. O. S. 82 Anm. 5. Martens Arbeit selbst war mir leider nicht zugänglich.

[5]) Über „Klagegrund" s. Peters, Die Klagekonkurrenz, Berlin 1902 S. 64 ff.

[6]) Zur Lehre von der Konkurrenz der Klagen nach römischem Recht

[7]) ACPr. LXXIX. S. 327 ff.

[8]) a. a O. S. 368.

zuziehen.[1]) So sagt Helssig: „Das Eigentümliche dieser Fälle liegt . . . in dem Verhältnis, daß in demselben Tatbestande die Voraussetzungen verschiedener Rechtssätze enthalten sind,“ [2]) und Eisele führt aus: [3]) „Es kann aber eine und dieselbe Tatsache zwischen denselben Personen mehrere Klagen und Ansprüche nur dann erzeugen, wenn sie aus verschiedenen Gesichtspunkten rechtswirksam ist, und das ist sie, wenn sie oder der Tatsachenkomplex, dem sie angehört, mehrfacher rechtlicher Normierung untersteht.“

Es läßt sich gegen die mit der Identität des Entstehungsgrundes argumentierenden Theorien nichts besseres sagen, als was Merkel mit erschöpfender Gründlichkeit dawider ausgeführt hat,[4]) worauf hier blos zu verweisen ist.

Gegen die Theorie vom einheitlichen Entstehungsgrunde beweist auch die Erscheinung des sog. concursus duarum lucrativarum causarum. Man mag über das Verhältnis dieses Institutes zu dem der Aktionenkonkurrenz denken, wie man will,[5]) so ist doch das eine sicher, daß auch hier Untergang des einen Anspruches durch Befriedigung des andern vorliegt, und trotzdem fehlt es hier sicherlich an einer Einheit des Entstehungsgrundes.

Es ist andererseits zuzugeben, daß in der weitaus größten Mehrzahl der uns in den römischen Quellen überlieferten Fälle eine

[1]) Eisele hat insbesondere auf dem Unterschiede zwischen Konkurrenzfällen mit identischer und solchen mit nicht identischer causa seine hochbedeutsame, hier jedoch nicht weiter interessierende Unterscheidung zwischen Konsumptions- und Solutionskonkurrenz aufgebaut.

[2]) a. a O. S. 41.

[3]) a. a. O. S. 362.

[4]) a. a. O. S. 83 ff. Allerdings sind unter E. die Fälle der l. 41, 42 D. 17, 2, l. 28 D. 19. 1 nicht Gegenbeweis machend; denn der Konkurs des Anspruches auf die Konventionalstrafe mit jenem aus der Nichterfüllung des Vertrages wird durch das Faktum der unterbliebenen Erfüllung ausgelöst. Die „Nichterfüllung“ erscheint im Verhältnis zur Stipulation äußerlich als bloße Bedingung, tatsächlich ist es aber auch hier das Moment der Interessenverletzung, das entscheidet, weil die Stipulation hier zweifellos Fixierung des Interesses ist (s. Eisele a. a. O. S. 368).

[5]) Neuestens hat sich Helssig mit Entschiedenheit gegen die Subsumtion jenes unter diese ausgesprochen.

Identität des faktischen Entstehungsgrundes der konkurrierenden Ansprüche nachweisbar ist. Es ist dies aber eine bloße Begleiterscheinung des Problems, die darauf zurückzuführen ist, daß es sich hier überall um Restitutions- bezw. Ersatzansprüche handelt, welche notwendig an ein identisches Faktum anknüpfen müssen.[1])

Die Erklärung aus dem gemeinsamen Entstehungsgrunde kann auch nicht befriedigen. Man sieht sich unwillkürlich zur Frage veranlaßt, warum denn die Identität des Entstehungsgrundes den Untergang der konkurrenten actio zur Folge haben müsse. Eine Antwort darauf wird man auf dem Wege der Analyse des Begriffes nicht gewinnen. Die einzige plausible Antwort wäre, der identische Entstehungsgrund bewirke eine Identität der Zwecke. Vorausgesetzt, daß dies richtig wäre, wäre aber dann eben in der Identität der Zwecke und nicht des Entstehungsgrundes die Erklärung zu suchen.

---

[1]) Die Ansicht Merkels (a. a. O. S. 85 f.), daß zwar die bloß faktische Einheit des Entstehungsgrundes zur Herbeiführung der Konkurrenz von Deliktsobligationen nicht genüge, daß aber solche Konkurrenz bewirkt werde, wenn juristisch betrachtet, Einheit der Entstehungstatsachen vorliege, ist nicht recht verständlich. In l 1 § 22 D. 27. 3 leugnet Ulpian die Identität des Faktums nicht — wenigstens kann solches aus „ut quis dicat, plures esse actiones eiusdem facti" nicht herausgelesen werden — sondern er nimmt eben trotz derselben Verschiedenheit der Obligationen an. Ob er dies aber wegen Verschiedenheit des Zweckes oder wegen der durch den animus furandi einer-, die contrectatio invito domino andererseits bewirkte Verschiedenheit in der rechtlichen Qualifikation des identischen faktischen Entstehungsgrundes tut, ist der Stelle nicht zu entnehmen. Sollte letzteres — wie Merkel annimmt — der Fall sein, so ist nicht einzusehen, wie sich dieser Fall, von dem z. B. der l. 7 § 8 D. 9 2 unterscheidet, für welche Merkel doch Identität des Entstehungsgrundes annimmt. Denn auch hier tritt zu dem identischen Faktum des „imperite secuisse" einerseits das Rechtsverhältnis der locatio, andererseits der Gesichtspunkt der Interessenverletzung (s. Merkel S. 83) hinzu. Warum also für die Konkurrenz reipersekutorischer Klagen die Identität des Entstehungsgrundes annehmen, für Pönalklagen sie aber leugnen? Die Identität des Faktums soll nicht genügen, es soll auch, juristisch betrachtet, Handlungseinheit vorliegen. Wann aber soll diese gegeben sein? Wenn Aktionenkonkurrenz vorliegt? Das wäre eine petitio principii. Ein anderes Kriterium wird aber nicht genannt.

Ebensowenig befriedigend sind jene Theorien, welche in der Identität des Leistungsgegenstandes den Erklärungsgrund des Konkurrenzproblems zu finden glauben.

Wo der Leistungsgegenstand eine species ist, da scheint die Sache einfach zu liegen, weil die Identität des Leistungsgegenstandes durch dessen nur einmaliges Gegebensein evident ist. Die Römer beschäftigten sich mit solchen Fällen bei dem Problem des concursus duacum lucrativarum causarum.[1]) Es beweist aber die Schwierigkeit, welche die Erklärung gerade dieser Fälle seit jeher geboten hat, daß die bloße äußere Identität des Leistungsgegenstandes zur Erklärung keineswegs genügt, sondern, daß man nach einem tiefer liegenden Grunde suchen muß.

Daß dieser Grund insbesondere nicht etwa, wie zuerst Böcking,[2]) dann Mommsen,[3]) später Merkel,[4]) neuestens Stammler[5]) angenommen haben, in der durch die einmalige Leistung herbeigeführten Unmöglichkeit ihrer Wiederholung gelegen ist, hat u. E. Hartmann[6]) überzeugend dargetan und es widerlegt sich diese Erklärung vor allem durch die Tatsache, daß die Quellen beim Zusammentreffen oneroser Causen, für welche der Gesichtspunkt der Leistungsunmöglichkeit doch auch hätte zutreffen müssen, Untergang der zweiten Obligation keineswegs annahmen.

Vollends versagen muß der Erklärungsgrund der Identität des Leistungsgegenstandes in der großen Mehrzahl der Fälle des Aktionenkonkurses, in denen fungible Sachen, namentlich Geld, den Leistungsgegenstand bilden. Es fehlt hier nämlich an einem die Identitätsfeststellung ermöglichenden Individualisierungsmerkmal, wenn bloß auf den Leistungsgegenstand an sich gesehen wird. Man sieht sich hier genötigt, das individualisierende Moment von außen zu entlehnen, und

---

[1]) S. Hartmann, Die Obligation S. 85.

[2]) Pand. (1853) § 101 Anm. 10.

[3]) Fr. Mommsen, Beiträge zum Obligationenrecht Bd. I S. 255—262.

[4]) a. a. O. S. 95 a. E.

[5]) Recht der Schuldverhältnisse S. 225 ff., Die Einrede aus dem Rechte eines Dritten S. 56.

[6]) a. a. O. S. 7 ff.

dieses Bestreben führte Savigny[1]) und Unger[2]) zur Aufstellung der Kategorie des „juristischen Gegenstandes". Die Unklarheit, die Hartmann[3]) an diesem Ausdrucke fand, ist u. E. keineswegs gegeben. Es ist der durch den Zweck individualisierte Leistungsgegenstand, dessen Identität entscheidend ist, wie dies Savigny unzweideutig hervorhebt.

Mit der Aufstellung jener Kategorie haben sich aber Savigny sowohl als auch Unger auf den Boden jener Anschauung gestellt, welche die Erklärung in der Identität des Zweckes sucht.[4])

U. E. ist diese Anschauung, zu deren Vertretern wir außer den bei Merkel (S. 81 Anm. 1)[4]) Citierten auch Hartmann (a. a. O. S. 66 ff.),

---

[1]) System V. S. 208 und Anm. f. das.

[2]) Öst. Priv. R. II. S 388, 390. [3]) a. a. O. S. 67.

[4]) Für die römischen Rechtsquellen scheint mit Merkel (a. a. O. S. 93 ff.) als Grund der Konkurrenz die rein äußere von jedem Zweckgedanken losgelöste Identität des Leistungsgegenstandes anzunehmen zu sein. Es ist nicht zu bestreiten, daß die römischen Juristen auf die Zweckbeziehung nirgends direkt hinweisen, sondern statt dessen nur von der res sprechen. Man denke aber an die Bemerkung Iherings (Geist. II. 2 S. 364 Anm. 510), daß die römischen Juristen das Zweckmoment nur selten hervorhoben, „weil es demjenigen, der mitten im Leben steht, ganz geläufig ist." Es ist auch fast unbegreiflich, daß sie in den Fällen der Aktionenkonkurrenz, namentlich in den die große Mehrzahl bildenden Schadensersatzfragen, die offen liegende Zweckbeziehung übersehen haben sollen Gegen solche Annahme spricht die verschiedene Behandlung der Pönal- und reiperfekutorischen Klagen, dagegen die Vieldeutigkeit des Ausdruckes „res", welche ihnen verstattete, damit auch die Zweckbeziehung zu bezeichnen. Für sie spricht nicht unbedingt das System der Abrechnung, wie wir es in den Quellen finden. Es darf nicht übersehen werden, daß sich der nächste juristische Zweck eines Anspruches sachlich mit dem Leistungsinhalte deckt. (Vgl. Mitteis, Die Individualisierung der Obligation S. 10) Die numerische Verschiedenheit der Leistungen gestattete so gewissermaßen eine numerische Vergleichung der Zwecke, die zu einer Abrechnung führen mußte. Auch wir könnten heute im Vollbewußtsein der Bedeutung des Zweckes für das Problem über Verschiedenheiten der Summen nicht anders als durch Abrechnung hinüberkommen. Vgl. für das R. des BGB. Langheineken a. a. O. S. 140 ff., der den Grund der Anspruchskonkurrenz richtig in der Identität des wirtschaftlichen Zweckes sieht und die das Moment der Abrechnung berücksichtigende Formel aufstellt: „Der größere Anspruch (ist) dem Umfange nach, der kleinere Anspruch der Existenz nach durch die Realisierung des andern Anspruches resolutiv bedingt."

wohl auch Merkel selbst,[1]) unter den neueren vor allem Eisele[2]) zählen müssen,[3]) die einzige, welche eine befriedigende Lösung des Problems ermöglicht.

Windscheid hatte noch in seinem Buche über die actio des römischen Civilrechts die von Wächter und Savigny vertretene Identitä des Zweckes als einen „viel zu unbestimmten Begriff" bezeichnet, „als daß man sich damit zufrieden geben möchte".[4]) Das von ihm zur Erweisung dieser Unbestimmtheit herangezogene Beispiel aus l. 38 § 1 D. 17. 2 war aber so wenig glücklich, daß es von Unger[5]) leicht abgefertigt werden konnte. In der Folge hat Windscheid die Opposition gegen das Zweckmoment aufgegeben.[6])

Das Zweckmoment ist aber in der Tat in jener Allgemeinheit, wie es von den meisten seiner Vertreter verwendet wird, zur Erklärung nicht genügend. Man fasse die von Savigny gebrauchte, später bei Unger und Windscheid wiederkehrende Wendung ins Auge, mit der diese Schriftsteller die Aktionenkonkurrenz auf das Einfachste[7]) glaubten erklären zu können. „Das, was jemand", sagt Savigny,[8]) „durch eine Klage bereits erhalten hat, kann er nicht noch einmal mit einer andern Klage fordern."

Dieser Satz umschreibt aber offenbar nur das Problem, ohne es zu erklären. Wann ist der Gegenstand beider Klagen derselbe? und warum soll man ihn nur einmal fordern dürfen? Diese Frage läßt jene Formel unbeantwortet.

---

[1]) a. a. O. S. 89: „In der angegebenen Begrenzung ist der Zweck der Aktionen wenigstens für die heutigen Klagerechte als Prinzip des Konkurses am besten zu gebrauchen".

[2]) a. a O. S. 368.

[3]) Auch Peters a a. O. schließt sich dieser Richtung an. — Von ältern wäre Huschke gleichfalls hierher zu zählen, insofern er (Zeitschr. f Civ. u. Proc. N. F. II. S. 183) zwei Aktionen konkurrieren läßt, wenn sie denselben mit ihnen geltend zu machenden Anspruch „nach Grund, Art, Gegenstand und Zweck" gemeinsam haben. Huschkes Formel ist für uns unbrauchbar, weil sie völlige Identität der Ansprüche annimmt.

[4]) a. a. O. S. 36. [5]) a. a. O. S. 388 Anm. 10.

[6]) Pand. I. S. 529 f.

[7]) Savigny a. a. O. S. 209 „Der höchst einfache Grundsatz."

[8]) a. a. O. S. 209.

Die Sache wird durch den Zusatz Ungers: „Das, was jemandem nur einmal gebührt",[1]) nicht klarer, denn, wann gebührt es ihm nur einmal?

Windscheid[2]) gebraucht die offenbar gleichbedeutende Wendung „wenn sie" (die Ansprüche) „auf dasselbe gehen", und die Unbestimmtheit des Ausdruckes fühlend, erläutert er ihn sofort durch den Zusatz: „Auf dasselbe gehen aber zwei Ansprüche dann, wenn der durch sie zu erreichende Zweck derselbe ist", womit die Sache noch immer nicht deutlicher gemacht ist.

Merkel gräbt auch hier tiefer als die andern und unternimmt die Begrenzung des Zweckmomentes nach verschiedenen Richtungen.

Zuzustimmen ist vor allem seiner Bemerkung, es handle sich, wenn man den Zweck zum Maßstabe des Aktionenkonkurses mache, „um den konkreten Zweck, welcher im betreffenden Falle mit den Aktionen erreicht werden soll und kann".[3])

Nicht einwandfrei ist es jedoch, wenn er des weitern ausführt:[4]) „Einer weitern Bestimmung bedarf die den Zweck zum Maßstab nehmende Theorie dahin, daß es für den Konkurs der Aktionen nicht auf den individuellen Zweck ankomme, welchen der Berechtigte mit der actio zu verfolgen gedenkt. . . . . Jedenfalls ist der Zweck einer actio auch nicht vom Standpunkte eines ihrer Subjekte aus allein zu bestimmen, sondern es handelt sich um die Bedeutung, welche das mit der actio zu Erreichende für das Vermögen oder den Status des Berechtigten und des Verpflichteten zugleich hat."

Von einem Zwecke der Klage kann, weil sie eine Handlung des Klägers ist, nur vom Standpunkte des Klägers gesprochen werden. Einen andern „als den individuellen Zweck des Berechtigten" kann es daher bei der Klage nicht geben, wenn man — wie dies Merkel mit Recht fordert — sich an den konkreten Zweck hält. Das Verlangen, den Zweck der Aktio nicht vom Standpunkte eines ihrer Subjekte zu bestimmen, ist unerfüllbar; denn die Zwecke der handelnden Subjekte sind verschieden: Der Kläger will seinen Anspruch durchsetzen, der Be-

[1]) a. a. O. S. 391 bei Anm. 15.

[2]) a. a. O.

[3]) a. a. O. S. 88 f.

[4]) a. a. O. S. 89.

klagte ihn bekämpfen und entkräften. Ein gemeinsamer Zweck wäre höchstens von dem höhern Standpunkte der Rechtsordnung aus möglich, welche immer nur den einen Zweck hat, daß das wahre Recht sich durchsetze. In diesem Sinne ist aber der Zweckgedanke für uns unbrauchbar.

Merkel ist bei dieser Aufstellung von dem Gegensatze zwischen rei vindicatio und Besitzinterdikt ausgegangen, zwischen denen er eine Konkurrenz für unmöglich hält. Weil die rei vindicatio die Eigentumsfrage nicht nur für den Kläger, sondern auch für den Beklagten zu endgiltiger Entscheidung bringt, hat sie allerdings ganz andere Bedeutung als das Besitzinterdikt. Nicht immer ist es aber der in der rei vindicatio enthaltene Feststellungsanspruch, an dem der Kläger hauptsächlich interessiert ist, sondern in der Mehrzahl der Fälle geht es ihm um Sachrestitution. In dieser Funktion aber verfolgt die rei vindicatio denselben Zweck wie das Besitzinterdikt und es kann daher unter ihnen Konkurrenz eintreten. Solche wird denn auch von Wächter [1]) und Unger [2]) unbedenklich angenommen.[3]) [4])

Ein weiteres Begrenzungsmoment gegenüber dem Zwecke liegt nach Merkel in dem Willen der Parteien, der sich in gewissen Fällen „bei Begründung eines Anspruches zur Herbeiführung eines auch anderweitig erreichbaren Zweckes vereinige“.[5])

Dies komme beim concursus duarum lucrativarum causarum [6]) und bei der accessorischen Stipulation vor.

---

[1]) Württemberg. Priv. Recht II. 461.

[2]) a. a. O. S. 389, 391 Anm. 16.

[3]) Neuestens auch Helssig a. a. O. S. 12 Anm. 27.

[4]) Merkel erkennt den Wegfall der rei vindicatio durch die Besitzerlangung auf Grund des Interdiktes — wie wohl nicht anders möglich — an, spricht aber dem hier wirksamen Momente des Wegfalles einer gemeinsamen Anspruchsvoraussetzung die Kraft eines Erklärungsgrundes für das Konkurrenzproblem ab. Neuestens scheint er diesen Standpunkt aufgegeben zu haben, indem er sich der von Helssig ausgesprochenen entgegengesetzten Ansicht anpaßt (in der Besprechung von Helssigs Buch in der Krit. Vierteljahresschr. Bd. XXX. S. 196).

[5]) S. 90.

[6]) S. auch a. a. O. S. 92.

Den Willen der Parteien hat schon Arndts als das für den concursus duarum lucrativarum causarum Entscheidende bezeichnet, und es unterliegt keinem Zweifel, daß diese Aufstellung richtig ist, wenn der Wille wirklich darauf gerichtet ist, daß der Berechtigte die bestimmte Sache nur einmal bekommen solle oder wenn er wirklich darauf geht, dem Berechtigten den Vermögenswert der Leistung zweimal zu verschaffen. Fälle derart bestimmt nachweisbaren Willens machen aber keine Schwierigkeit, die vielmehr erst dort beginnt, wo solche Willensbestimmung nicht vorhanden oder zum mindesten nicht nachweisbar ist.

Endlich läßt Merkel das Zweckmoment begrenzt sein durch den Vermögenswert der Leistung und das „vom Rechte anerkannte Interesse des Berechtigten."

Er befand sich hier der u. E. richtigen Lösung sehr nahe, hat es aber bei dieser rudimentären Bemerkung bewenden lassen. Wir wollen im folgenden versuchen, das Erklärungsprinzip darzulegen, welches wir für das richtige halten.

3.[1])

In seinen Untersuchungen über den Bau der Obligation kommt Hartmann bekanntlich zu dem Ergebnis, daß die Obligation im Gegensatze zum dinglichen Rechte das Zweckmoment in den Begriff selbst aufnehme (Die Obligation, S. 44 f.).

> „Die beim Eigentum vorhandenen Zwecke liegen wesentlich außerhalb seines Rechtsbegriffs, bleiben tatsächlicher Natur und sind unendlicher Mannigfaltigkeit fähig. Seinem Begriff nach ist das Eigentum nur die rein rechtliche abstrakte Zugehörigkeit der Sache zur Person. Die Obligation kann zwar auch noch ihre weiteren rein faktischen Zwecke haben. Aber das Zweck-

---

[1]) Der Druck der vorliegenden Arbeit war bis zu dieser Stelle gediehen, als dem Verfasser die eben erschienene Abhandlung von Dr. Rauchenberger: „Die Einwendung aus dem Rechte Dritter und gegen Dritte" (München, Schweitzer Verlag, 1904) bekannt wurde. Dieselbe kann nur mehr im folgenden und auch hier nur soweit, als die Revision des Druckes es noch gestattet, in zusätzlichen Anmerkungen Berücksichtigung finden.

moment bricht bei ihr auch in den Begriff selbst ein, wird geradezu juristischer Natur."

Ihering hatte das substantielle Moment im Begriffe eines jeden Rechtes im praktischen Zwecke erblickt.[1]) Hartmann will dies nur für die Obligation gelten lassen.[2])

Dabei nimmt er die Bemerkung Iherings bewußt wörtlicher, als dieser sie selbst gemeint hat. Ihering war weit entfernt, dem Zweckmomente geradezu in der Begriffsdefinition eine notwendige Stelle anzuweisen.[3]) Anders Hartmann. In bewußtem Gegensatze zu Ihering will er das Zweckmoment direkt in den Obligationsbegriff, in die Begriffsdefinition aufgenommen wissen, der es sonst an Bestimmtheit und Deutlichkeit fehlen würde.[4])

Hartmanns Gedanke hat eine gewisse Richtigkeit. Der Zweck ist die im Bewußtsein des handelnden Subjektes vorgestellte Beziehung zwischen der Handlung und ihrer Wirkung, im Hinblick auf welche die Handlung gewollt und gesetzt wird. Demnach setzt jede Zweckbeziehung Handlung als Veränderung eines gegebenen Zustandes voraus und ist nur denkbar im Hinblick auf den Vorstellungskreis eines Subjektes. Von hier aus erklärt es sich, daß Hartmann in Bezug auf den Zweck einen Unterschied zwischen dinglichem Rechte und Obligation herausfinden konnte. Das dingliche Recht ist ein Zustand der Ruhe, die Obligation — wenn von der Ausnahmserscheinung der negativen Obligation, der Obligation auf ein Unterlassen, abgesehen wird[5]) — ein Zustand der Veränderung. Solange das dingliche Recht sich im normalen Zustande befindet, wird juristisch nicht gehandelt, es kann daher auch von einem Zwecke nicht die Rede sein.[6])

Hartmann spricht von weitern „faktischen Zwecken" des Eigentumes. Dies beruht auf einer Verwechslung infolge nicht genügend

---

[1]) Geist III. 2 S. 329.

[2]) S. 44 Anm. 10.

[3]) a. a. O. II. 2 S. 364 ff.

[4]) a. a. O. S. 37 f. und Anm. 1.

[5]) Welche Hartmann übersah. Vgl. Thon, Rechtsnorm und subjektives Recht S. 199.

[6]) Vgl. Erich Jung, Die Bereicherungsansprüche und der Mangel des rechtlichen Grundes (1902) S. 33 Anm. 60.

scharfer Unterscheidung. Die Zwecke, die Hartmann hier im Auge hat, sind nicht Zwecke des Eigentums, sondern Zwecke einzelner Handlungen des Eigentümers, die zum Eigentum nur die Beziehung haben, daß sie unter dem Schutze der Eigentumsnorm stehen. Das Eigentum bildet den schützenden Wall, hinter dem sich Handlungen mit „faktischer" Zweckbeziehung vollziehen.

Eine juristische Zweckbeziehung fehlt also dem Eigentum bezw. dem dinglichen Recht, und dieser Gedanke liegt den Wendungen zu Grunde, daß „Eigentum und Servitut keinen weitern Zweck, als den ihres eigenen Daseins haben,"[1]) daß die Sachenrechte „ihr Ziel in sich selbst haben",[2]) oder gar, daß das dingliche Recht „Selbstzweck" sei.[3])

Kein Ding kann wohl sein eigener Zweck sein, und mit jenen Wendungen wird nichts weiter ausgesprochen, als daß eine von gewissen Gesichtspunkten betrachtete Zweckreihe hier schließt.

Dies trifft nun allerdings bei dem Eigentum, wie dem dinglichen Rechte überhaupt zu. Dieses ist als Ergebnis einer Handlung betrachtet ihr Zweck. So ist das Eigentum als Rechtsinstitut der Zweck der es schaffenden Handlung des Gesetzgebers, als konkrete Erscheinung der Verkehrswelt der Zweck einer rechtswerbenden Handlung eines Rechtssubjektes, und zwar gewöhnlich einer obligatorischen, selbst hat es aber keinen weitern juristischen Zweck, die Reihe der Zwecke schließt damit.

Anders die Obligation, oder wie wir im Hinblick auf die Erscheinung der negativen Obligation besser sagen, der Anspruch. Dem Anspruch ist die Spannung, die Bewegung, die Veränderung und damit der Zweck charakteristisch.[4])

---

[1]) Scheurl, Zur Lehre von den Nebenbestimmungen (1871) S. 29.

[2]) Neuner, Wesen und Arten der Privatrechtsverhältnisse S. 69.

[3]) S. den Gebrauch dieses u. E. dem Begriff des Zweckes, der eine Zweiheit von Erscheinungen als Mittel und Zweck voraussetzt, geradezu widerstreitenden Ausdruckes bei Neuner (a. a. O. S. 11), Hartmann (a. a. O. S. 36), neuestens bei Oertmann (Jherings Jahrb. XXXI. S. 435, 439).

[4]) Mit der Einführung des Anspruchsbegriffes an Stelle des weitern der Obligation wird auch die in der Bezeichnung von dauernden Rechtsverhältnissen, wie Societät, Miete usw. als Obligation gelegene Klippe vermieden, die Hartmann mit dem wenig glücklichen Gegensatze (vgl. dazu

Der Zweck des Anspruchs ist ein juristischer oder ökonomischer, je nachdem die auf juristischem oder die auf ökonomischem Gebiete liegende Wirkung ins Auge gefaßt wird.

Als Rechtsgebilde muß jeder Anspruch zunächst auf juristische Wirkung gehen. Jeder Anspruch hat einen juristischen Zweck.

Der Anspruch als Erscheinung des Vermögensrechtes — und auf dieses ist unsere Untersuchung beschränkt — will aber eigentlich eine Wirkung für das Vermögen hervorbringen, er zieht also auch auf einen ökonomischen oder wie zuweilen gesagt wird, „praktischen" Zweck. Dieser ist aber in der Mehrzahl der Fälle nur als Folge des juristischen Zweckes gedacht, steht zu diesem selbst wieder im Verhältnisse des Zweckes zu seinem Mittel, ist also insofern ein „weiterer", ein „mittelbarer" Zweck, der außerhalb des gewöhnlichen Rahmens des Anspruches liegt.

Das Verhältnis zwischen dem juristischen und ökonomischen Zwecke des Anspruches stellt sich demnach so, daß ein Anspruch in der großen Mehrzahl der Fälle als nächstes Ziel nur einen juristischen Zweck hat, während der ökonomische Zweck weiterab liegt. Dieser kann sogar soweit liegen, daß es zu seiner Erreichung eines neuen Anspruches bedarf. Jener erste Anspruch scheint dann rein und ausschließlich einen juristischen Zweck zu verfolgen, tatsächlich bildet er aber nur das Anfangs- oder Zwischenglied einer ganzen, auf einen ökonomischen Endzweck gerichteten Aktion. Solcher Art ist z. B. der Anspruch bei der actio ad exhibendum.

Diesen Unterschied in den Zwecken vernachlässigt Hartmann in seiner Formel: „Das Zweckmoment bricht bei (der Obligation) auch in den Begriff selbst ein, wird geradezu juristischer Natur."

Daß Hartmann hier nur an den „juristischen Zweck" denkt, ergibt sich aus seiner Bemerkung: [1])

„Rechtlich irrelevant für den Fortbestand der Obligation ist . . . das Schicksal der besonderen weiteren praktischen Zwecke, die etwa der Gläubiger bei der Konstituierung dieser individuellen

Pernice, Goldschmidts Zeitschr. f. Handelsr. XXI. S. 322) „Gesamtzweck", „akuter Einzelzweck", zu umschiffen sucht.

[1]) a. a. O. S. 53.

Obligation im Auge hatte. Hat z. B. die Obligation zum unmittelbaren juristischen Zwecke die Verschaffung einer Sache von spezifischem Gebrauchswert, so hat die Rechtsordnung, wenn einmal der Gläubiger das Forderungsrecht geltend macht, keinerlei Anlaß, hier noch zu kontrollieren, ob auch der Gläubiger subjektiv für seine besonderen tatsächlichen Verhältnisse noch weitern Nutzen hat von jener spezifischen Leistung."

Für den juristischen Zweck ist Hartmanns Formel in ihrer Uneingeschränktheit richtig — aber auch unfruchtbar, weil dieser Zweck nichts ist, was man nicht schon bisher als Inhalt des Anspruchs kannte.

Dies hat schon Jhering [1]) klar ausgesprochen. Nachdem er sich gegen die Aufnahme des substantiellen Zweckes in die Begriffsdefinition erklärt hat, ruft er aus: „Ist denn aber z. B. die Definition des Depositums und Kommodats als Hingabe zum Zwecke der Aufbewahrung und Benutzung eine fehlerhafte? Gewiß nicht, aber auch nur aus dem Grunde, weil hier das Wort Zweck nur ein anderer Ausdruck für den Inhalt ist."

Mit Recht konnte daher Mitteis dieser Bemerkung Hartmanns die Bemerkung entgegensetzen,[2]) daß dieser Zweck sich mit dem, was man gemeiniglich den Inhalt oder den Gegenstand der Obligation oder wie sonst immer zu nennen pflegt, einfach deckt, und daß man daher, wenn man Hartmanns Ausführungen als richtig anerkennt, in denselben doch keine Förderung, nicht die Entdeckung eines „spezifischen Zweckbegriffes" begrüßen könne.

Mitteis geht aber u. E. zu weit, wenn er der Vermerkung des Zweckmomentes für die Begriffsbildung des Anspruches jede Bedeutung abspricht. Es gibt Ansprüche, für deren begriffliche Konstruktion sich der Gedanke des Zweckes, allerdings — wie wir vorausschicken — des ökonomischen Zweckes fruchtbar erweist.

Zwischen dem Anspruche aus dem Kaufvertrage auf Zahlung des Preises und jenem auf Zahlung einer gleich hohen Schadensersatz-

---

[1]) a. a. O. II. S. 364.

[2]) Die Individualisierung der Obligation S. 10.

summe besteht ein wesentlicher Unterschied. Beide gehen auf die Zahlung einer gleichen Summe, haben also scheinbar den gleichen Gegenstand, den gleichen Zweck. Während aber der Anspruch auf den Kaufpreis einen Hinweis auf seine ökonomische Verwendung nicht enthält, verlangt der Schadensersatzanspruch Zahlung dieser Geldsumme zum Zwecke der Tilgung eines bestimmten Schadens, und diese Zweckbestimmung gehört offenbar so sehr zu seinem Begriffe, daß die Ausschaltung derselben dem Anspruch seinen Charakter nehmen, ihn wesenlos machen würde.

Der Schade ist aber ein ökonomischer Begriff, er kennzeichnet einen bestimmten Vermögenszustand. Schadensersatz ist also ein ökonomischer Zweck, er geht auf eine bestimmte Wirkung für das Vermögen. Er geht auf Ausfüllung einer Vermögenslücke. Folglich nimmt der Schadensersatzanspruch im Gegensatze zu dem Anspruche aus dem Kaufvertrage den ökonomischen Zweck in seinen Begriff als wesentliches Element auf.

Er steht in dieser Hinsicht nicht allein.

Man vergleiche den Anspruch auf Übergabe einer gekauften Sache mit dem Anspruche auf Rückstellung einer Sache, mag er nun dinglich oder obligatorisch sein.

Jener geht auf einen bloß juristischen Zweck, auf Übergabe der Sache zu definitivem Haben [1]) (habere licere, im modernen Rechte: Eigentum). Der ökonomische Zweck dieses Anspruches kann die Bereicherung des Vermögens durch nachträglichen teueren Weiterverkauf, der direkte Sachgenuß durch Gebrauch oder Verbrauch sein, es kann sein, daß der Kaufpreis hinter dem wahren Sachwerte zurückblieb, so daß das Vermögen des Käufers vermehrt, es kann sein, daß er ihn übertraf, so daß es vermindert wurde. Alle diese Beziehungen zum Vermögen treten im Anspruche nicht hervor.[2])

---

[1]) Windscheid, Pand. II. S. 608.

[2]) Es macht keinen Gegenbeweis, wenn der handelsrechtliche Spekulationskauf als Kauf „zum Zwecke der Weiterveräußerung", der Anspruch aus der Miete, als Anspruch auf Übergabe der Sache „zum Gebrauche" erscheint. Die „Weiterveräußerung" ist erst ein weiterer Zweck des Kaufes, auch läßt sie eine bestimmte ökonomische Beziehung, wie etwa der Schadens-

Anders der Anspruch auf „Rückstellung" einer Sache.[1]) Im Begriffe der Rückstellung liegt genau, wie im Begriffe des Schadensersatzes das Moment der Ausfüllung einer Lücke in der Vermögenssphäre des Anspruchsberechtigten.[2]) Schadensersatz und Restitution

ersatzanspruch nicht erkennen. Ist der Spekulationskauf geschlossen, so besteht der Anspruch auf Übergabe der Sache genau wie bei dem gewöhnlichen Kaufe, und der Erwerber kann noch immer mit der Sache machen, was er will. Soweit es sich um die Übergabe der gekauften Sache und nicht etwa um Interesseleistung handelt — worüber später —, ist die Weiterveräußerungsabsicht des Käufers für den Anspruch gleichgültig. Die Bezeichnung des Übergabeanspruches aus der Miete aber „zum Gebrauche" bildet nur einen nicht in den Anspruchsbegriff gehörigen Zusatz, sie betont nur eine aus dem sonstigen Vertragsinhalte stammende Beschränkung der Dispositionsbefugnis des Mieters. Er darf die Sache nicht verbrauchen, sondern nur gebrauchen, er kann sie aber auch unbenutzt lassen. Der ökonomische Zweck liegt hinter dem juristischen der Übergabe, er läßt sich von ihm trennen. Eine Trennung des Schadenstilgungs- vom Übergabszwecke beim Schadensersatzanspruche ist unmöglich. Mit der Übergabe ist auch die Schadenstilgung vollzogen, mag der Empfänger hinterher mit dem Gelde tun, was er will.

[1]) Und zwar gleichviel, ob der obligatorische oder dingliche, die bei aller sonst anzuerkennenden und besonders im Konkursrecht bedeutungsvollen Verschiedenheit, in der im Texte erörterten Beziehung sich nicht unterscheiden. A. A. Merkel, Krit. Vierteljahrsschr. XXX. S. 196. Vgl. jedoch neuestens Jung, Bereicherungsansprüche Anm. 21 S. 9 und Anm. 98.

[2]) Jung, der den Gegensatz zwischen obligatorischem und dinglichem Recht besonders tief erfaßt hat, ist bei Behandlung des Unterschiedes zwischen obligatorischem und dinglichem Anspruch nicht ganz frei von Widersprüchen. Er stellt (a. a. O. § 1) die Ansprüche auf Rückgabe einer Bereicherung und aus Delikt in Gegensatz zu den andern obligatorischen Ansprüchen und neben die „Ausschließungsrechte" (Stammler, Das Recht der Schuldverhältnisse S. 9). Mit den letztern haben die Ansprüche aus Bereicherung und Delikt, „mit denen ich auf Eingriffe in meine Vermögenssphäre reagiere, mittelst deren ich einen mir ohne rechtlichen Grund abhanden gekommenen Wert vindiziere, offenbar, so wie sie sich unter die andere Kategorie, die Verbindungsrechte" (Stammler a. a. O.) „nicht unterbringen lassen, etwas gemeinsames; sie haben beide den für Ansprüche aus Ausschließungsrechten bezeichnenden rekuperatorischen Charakter. Sie dienen, wie man sagen kann, der Statik der Werte, nicht deren Dynamik, und scheiden sich auch hierin von den übrigen Obligationen,

sind ja so sehr verwandt, daß jener zunächst durch diese und erst subsidiär durch Geldleistung zu bewirken ist (§ 249 BGB.).[1])

Auf diese Eigentümlichkeit des Schadensersatz- und Restitutionsanspruches ist es zurückzuführen, daß es — wenn man von den noch zu erörternden Fällen des concursus duarum lucrativarum cau-

welche die aus der Bewegung der Werte, aus gewollten Veränderungen der Güterverteilung sich ergebenden Verhältnisse und Beziehungen darstellen." Jedenfalls also gibt es obligatorische Ansprüche mit rekuperatorischem Charakter. S. 130 f. ist aber zu lesen: „Das obligatorische Recht dient der Bewegung der Werte; während die dinglichen Ansprüche rekuperatorisch sind, einen rechtlichen Zustand wahren wollen, wollen die obligatorischen eine Veränderung der Verteilung der Werte bewirken; die dinglichen Ansprüche machen die Zugehörigkeit eines Wertes zu einem bestimmten Vermögen geltend; die obligatorischen wollen einen solchen aus einem Vermögen in ein anderes überführen." Dazu wird in Anm. 197 auf den von Heusler (Institutionen des deutschen Privatrechts Bd. 1 S. 399) hervorgehobenen „fundamentalen Gegensatz der Klagen auf Gut (malo ordine possides) und der Klagen um Schuld (dare debes)" hingewiesen. Dies ist ja im allgemeinen richtig. Es darf aber dadurch nicht verdeckt werden, was Jung, wie oben dargetan, selbst treffend ausführt, daß es obligatorische Ansprüche mit rekuperatorischem Charakter gibt und daß dazu — was Jung nicht angibt (wogegen mit Recht Siber, Rechtszwang im Schuldverhältnis [1903] S. 96 f.) — auch die Ansprüche auf Rückgabe nach Beendigung obligatorischer Verhältnisse, Kommodat, Depositum, Miete usw. gehören.

[1]) Dabei soll die Verschiedenheit von Naturalherstellung und Schadensersatz in Geld ihrem Inhalte nach nicht geleugnet werden Der Hervorhebung dieser Verschiedenheit gegenüber dem E. des BGB. ist der Aufsatz Degenkolbs im AcPr. LXXVI. S. 1 ff. gewidmet. Es ist richtig, daß „die Naturalwiederherstellung ein spezifisches Objekt, der Geldersatz eine Wertgröße" darstellt (S. 16), daß das Objekt der Wiederherstellung gedacht ist bei jener als „individuell charakterisiertes", bei diesem als „Wertgröße" (S 20) und daß sich daraus Gegensätze im Mittel der Wiederherstellung ergeben (s. namentl S. 20 f. und Anm. 31), aber durch diese Gegensätze wird die gemeinsame Eigentümlichkeit beider Arten von Wiederherstellung auf die Ausfüllung einer Vermögenslücke zu geben, wie sie sich eben in dem gemeinsamen Oberbegriffe der Wiederherstellung, Reparation (Degenkolb S. 16, 25) ausprägt, nicht berührt. Vgl. Jung, Bereicherungsansprüche bei und in Anm. 84.

sarum und der gewillkürten Leistungssolidarität absieht — durchwegs solche Ansprüche sind, auf welche in den Quellen der Konkurrenzgedanke angewendet wird.[1])

Die Erscheinung der Anspruchskonkurrenz ist nur möglich bei Ansprüchen mit identischem ökonomischem Zwecke und besteht darin, daß die Erfüllung dieses identischen ökonomischen Zweckes beide Ansprüche tilgt.[2])

Ansprüche, welche den ökonomischen Zweck in ihren Begriff aufnehmen, weisen diese Möglichkeit besonders evident auf, weil der ökonomische Zweck als unerfüllt gedacht, bei ihnen geradezu zu einer An-

---

[1]) Vgl. die von Merkel a. a. O. S. 97 f. zusammengestellten Kategorien von in den Quellen behandelten Konkurrenzfällen, für das BGB. Langheineken a. a. O. S. 141 f.

[2]) Der Gedanke, daß es der ökonomische Gehalt des Anspruches sei, auf den es ankomme, ist vielfach erkannt und ausgesprochen, jedoch nirgends tiefer erfaßt und begründet worden. Die Schriftsteller des Konkurrenzproblems begnügen sich damit, ihn im Vorübergehen zu streifen, so daß er mehr einem unbestimmten Gefühl, als einer bis zur letzten Konsequenz verfolgten klaren Erkenntnis des Richtigen zu entstammen scheint. So weist Huschke, Zeitschr. f. Civ. u. Proc. N. F. Bd. 2 S. 187 darauf hin, „es sei zu bestimmen, ob nach der Beschaffenheit des Rechtsverhältnisses, aus dem die konkurrenten Klagen herrühren, das Unrecht, über welches sich der Kläger beschwert, wirklich dasselbe materielle Vermögensinteresse betrifft. Merkel bemerkt flüchtig am Schlusse seiner Abhandlung (S. 141) „es handelt sich bei jeder" (der konkurrierenden Klagen) „nur noch um den ökonomischen Wert des mit ihr Verfolgten, was bisher mit Leistung (sic!) bezeichnet wurde. Eisele sagt (a a. O. S. 329) mehrere Klagen hätten einen gemeinsamen Zweck immer dann, wenn mit ihnen derselbe vermögensrechtliche Erfolg erreicht würde. Eine weitere Ausführung wird nicht gegeben. Peters („Die Klagenkonkurrenz" Berlin 1902 S. 10) glaubt, „es wäre vielleicht angebrachter, „die wirtschaftliche Seite des Zweckes" der Klage zu betonen; denn die Verschiedenheit des vermögensrechtlichen Zweckes zweier Klagen schließt nicht Identität ihres wirtschaftlichen Erfolges aus." Auch hier ist nähere Begründung zu vermissen. Neuestens Langheineken a. a. O. S. 140, die (elektive oder „vielleicht besser Ideal-") Konkurrenz bedeute stets eine Anspruchsmehrheit; „aber eine solche von besonderer Qualifikation, die ihren Grund darin hat, daß die mehreren Ansprüche auf den gleichen wirtschaftlichen Zweck gerichtet sind".

spruchsvoraussetzung wird, seine Tilgung also innerhalb des einen, dem andern eine wesentliche Voraussetzung entzieht.

Daß bei den in den römischen Quellen enthaltenen Aktionenkonkurrenzen sich überall der Wegfall einer Klagsvoraussetzung infolge Erfüllung des andern Anspruches als die Konkurrenz lösend nachweisen läßt, hat schon Wächter erkannt und ausgesprochen, ohne dies freilich aus dem Wesen der in Frage kommenden Ansprüche zu begründen. Merkel und nach ihm Helssig haben diesen Gedanken Wächters als für das Konkurrenzproblem unfruchtbar, weil zu selbstverständlich, abgelehnt, als ob das Einfache und Selbstverständliche nicht oft gerade das Beste und Richtigste wäre.[1])

4.

Als Ansprüche, welche den ökonomischen Zweck in ihren Begriff aufnehmen, sind neben den bereits genannten, noch die Ansprüche aus unentgeltlicher Zuwendung und die Alimentationsansprüche, nicht aber die Bereicherungsansprüche zu nennen.

Was zunächst die letztern anlangt, so ist wohl auch die Bereicherung ein ökonomischer Begriff, aber ein solcher, der keine Beziehung zum Vermögen des Anspruchsberechtigten, sondern nur eine solche zu dem des Anspruchsverpflichteten hat.[2]) Wenn wir aber von Anspruchszweck reden, so können wir nur vom Standpunkte des Anspruchswerbers sprechen. Für diesen ist die Bereicherung des Gegners nicht Zweck, sondern Grund des gerade auf Beseitigung der Bereicherung gerichteten Anspruches.[3]) Indes ist auch nicht die Beseitigung

---

[1]) Bei Abfassung des BGB. wurde die Beziehung des Konkurrenzproblems zu dem Zwecke der Obligation erkannt, gerade deswegen aber eine gesetzliche Regelung der Frage unterlassen. Man ging von der Ansicht aus, daß sich eine zweifelsfreie Fassung des Grundsatzes überhaupt nicht wohl finden ließe. Außerdem wollte man „eine Stellungnahme zu der rechtswissenschaftlichen Streitfrage über die Bedeutung des Zweckes bei der Obligation" vermeiden (Mot. I. S. 278, s. Peters a. a. O. S. 55).

[2]) Stammler, „Zur Lehre von der ungerechtfertigten Bereicherung nach dem Bürgerlichen Gesetzbuche" in der Hallenser Festgabe für Fitting (1903) S. 157, V.

[3]) Daß es sich übrigens nicht eigentlich um Bereicherung im Sinne

der Bereicherung, sondern Tilgung eines im Zusammenhang mit ihr dem Anspruchswerber erwachsenen Schadens[1]) Zweck des Anspruches. Die Bereicherung des Beklagten aber steht im Vordergrunde, den Schadensersatzzweck begrenzend, ihn eventuell vereitelnd. (Vgl. Stammler a. a. O.) Insoweit kann hier nur der Gesichtspunkt des „Ersatzes" [2]) maßgebend sein.[3])

Ansprüche aus unentgeltlicher Zuwendung gehen auf Erhöhung des Vermögens um den Wert des Zuzuwendenden. Ist dieser ökonomische Zweck erfüllt, so gehen alle Ansprüche unter, welche diesen identischen Zweck hatten. Aus diesem Gedanken erklärt sich u. E. die Erscheinung des concursus duarum lucrativarum causarum. Hier ist auch die Beziehung zum Konkurrenzproblem, die bis nun gefühlt aber nicht klar erkannt und deshalb bald behauptet, bald geleugnet wurde, blosgelegt, und Hartmann war daher auf dem richtigen Wege, als er die Lösung dieser Frage im Zweckmomente suchte.[4])

Auch der Alimentationsanspruch nimmt den ökonomischen Zweck in seinen Begriff auf.

---

einer effektiven Vermögensvermehrung, sondern um das „Erlangen auf Kosten eines andern" handelt, wird neuestens immer deutlicher erkannt. Vgl. Jung, Bereicherungsansprüche.

[1]) § 812 BGB. „auf dessen Kosten". Robert von Mayr, Der Bereicherungsanspruch des deutschen bürgerlichen Rechtes, Leipzig 1903, S. 192 „der Bereicherung des einen muß ein Vermögensnachteil des andern entsprechen", s. auch S. 360 f.

[2]) Vgl. die interessanten Beispiele bei Hellwig, Verträge S. 297. — Hierher schlägt der Fall unter α ein, s. auch Anm. 583.

[3]) Wir erörtern hier die Frage, wann zwei uns gegebene Ansprüche konkurrieren, d. h. so zu einanderstehen, daß die Befriedigung des einen die Tilgung des andern herbeiführt. Eine andere Frage, die früher bei der eluktiven und subsidiären Konkurrenz erörtert zu werden pflegte, ist es, inwiefern gewisse Ansprüche etwa wegen ihrer subsidiären Natur überhaupt neben andern bestehen können. Fragen dieser Art erörtert für den Bereicherungsanspruch mit Gründlichkeit und Ausführlichkeit Robert v. Mayr a. a. O. S. 356 ff., S. 418 f. — Vgl. Jung a. a. O. S. 42 f. und die tiefgründenden Erörterungen von Stammler a. a. O., insbes. S. 167 f.

[4]) Ein näheres Eingehen auf diese Frage verbietet sich durch die Begrenzung unserer Aufgabe.

Wir verdanken der gedankenreichen Arbeit von Schanze im 69. Bande des Archivs für die civilistische Praxis eine scharfe Scheidung zweier im Begriffe des Alimentationsanspruches enthaltener Obligationsarten.[1])

Schanze führt aus:[2])

Inhalt der Alimentationspflicht ist die Fürsorge für die Unterhaltung des Berechtigten. Sie geht nicht auf eine im voraus bestimmte einfache Leistung, sondern bezweckt Befriedigung einer Menge verschiedenartiger und wechselnder Bedürfnisse. Der Schuldner ist verpflichtet, dafür Sorge zn tragen, dahin zu wirken, daß dem Berechtigten an nichts gebricht, was zu seines Leibes und beziehentlich Geistes Nahrung und Notdurft gehört. Die Alimentationspflicht in diesem Sinne besteht also in einem facere, nicht in einem dare." .... „Es wird aber noch in einem andern Sinne von Alimentation gesprochen: Der Verpflichtete hat eine im voraus nach Zeit und Inhalt bestimmte Leistung, deren Gegenstand meist, aber nicht immer in Geld besteht, zum Zwecke der Alimentation zu gewähren. Allein die Erreichung dieses Zweckes, die wirkliche Sustentation des Berechtigten, ist für die Erfüllung der Unterhaltspflicht nicht wesentlich." Der Unterhaltsverbindlichkeit ist Genüge getan, wenn der Verpflichtete die erforderlichen Mittel gewährt hat. Es handelt sich hier lediglich um ein dare, dem Berechtigten aber bleibt es überlassen, den Leistungsgegenstand seiner Bestimmung gemäß oder in anderer Weise zu benutzen.

Der Unterschied der beiden Arten von Alimentation liegt darin, daß in dem einen Falle die Verwirklichung der ökonomischen Zweckbeziehung des Leistungsgegenstandes in den Inhalt der Rechtspflicht aufgenommen worden ist, während sie im andern

---

[1]) Es wird durch diese Scheidung gleichzeitig unsere eben gegebne Aufstellung von Ansprüchen mit begrifflich notwendiger Zweckbeziehung — welche uns bereits feststand, als wir Schanzes Ausführungen kennen lernten — wesentlich unterstützt.

[2]) a. a. O. S. 243 f.

Falle außerhalb des obligatorischen Nexus verbleibt, nur in sekundärer Beziehung von rechtlicher Bedeutung ist.“ [1])

Der eigentliche Alimentationsanspruch nimmt also die Verwirklichung der ökonomischen Zweckbeziehung des Leistungsgegenstandes in den Inhalt der Rechtspflicht auf.

Wir können dem Gedanken auch die Fassung geben, der ökonomische Zweck des Anspruches werde hier zu einem Elemente seines Begriffes.

Von hier aus ist also der Alimentationsanspruch dem Ersatzanspruch und dem Anspruch aus unentgeltlicher Zuwendung gleich.

Es ist jedoch noch zu bestimmen, worin beim eigentlichen Alimentationsanspruch der Inhalt des ökonomischen Zweckes — beim Ersatzanspruch war es: Ausfüllung einer Vermögenslücke — besteht.

Die Antwort scheint leicht zu sein. Schanze sagt: Die Alimentationspflicht „bezweckt die Befriedigung einer Menge verschiedenartiger und wechselnder Bedürfnisse. Demnach wäre der ökonomische Zweck: Bedürfnisbefriedigung. Diese Befriedigung wäre man geneigt als eingetreten anzunehmen, wenn der zu Alimentierende die nötigen Nahrungs-

---

[1]) Schanze nennt jene die eigentliche, diese die uneigentliche Alimentation und schlägt für jene die Bezeichnung Alimentationsanspruch, für diese den Ausdruck Alimentenanspruch, für das genus die Bezeichnung Unterhaltsanspruch vor. Dernburg (II. 92 Anm. 3) spricht von unmittelbarer und mittelbarer Alimentation, Windscheid (II. § 474) vom Gegensatze zwischen eigentlicher Alimentation und einer fixierten Leistung zum Zwecke der Alimentation. Es kann hier unerörtert bleiben, ob die Begriffsbestimmung Schanzes dem römisch-rechtlichen Begriff der obligatio auf ein facere entspricht (wogegen Hussarek, Die familienrechtliche Alimentation nach österreichischem Rechte, Grünhuts Zeitschr. XX. S. 491 Anm. 13). Mag sie ihm nicht entsprechen, dem Wesen der Sache entspricht sie sicherlich. Hussarek will die Unterscheidung zwischen eigentlicher und uneigentlicher Alimentation durch jene zwischen familienrechtlicher und vermögensrechtlicher Alimentation ersetzt wissen (a. a. O. S. 493). Gewiß ist die zweite Unterscheidung wertvoll, aber daß sie die erste zu ersetzen geeignet wäre, ist nicht anzunehmen. Es kann eigentliche und uneigentliche Alimentation, sowohl bei familienrechtlicher als auch bei vermögensrechtlicher Alimentation geben, und es liegen daher verschiedene gleichwertige Einteilungsgründe vor.

mittel, Kleider usw. erhält.[1]) Genau genommen wird aber dadurch eine wirkliche Bedürfnisbefriedigung noch nicht herbeigeführt. Der zu Alimentierende muß die Nahrungsmittel auch verzehren, die Kleider tragen usw., damit sie eintrete.

Wie nun, wenn er die Nahrungsmittel, Kleider usw. ihrer Zweckbestimmung nicht zuführt, sie etwa aus Mitleid einem Bettler weggibt? Da kann doch wohl von einer Befriedigung seiner Bedürfnisse nicht gesprochen werden.

Trotzdem werden wir in solchem Falle den Alimentationspflichtigen zu nochmaliger Leistung nicht verhalten, den Alimentationsanspruch also als durch die einmalige Leistung getilgt betrachten.[2])

Es muß somit der ökonomische Zweck in diesem Falle erreicht sein, obzwar eine wirkliche Bedürfnisbefriedigung gar nicht eingetreten ist. Folglich kann der ökonomische Zweck gar nicht in der Bedürfnisbefriedigung bestehen.

Er besteht in einem andern und dies ist: Die Behebung der Bedürftigkeit[3]) des zu Alimentierenden.

Der Alimentationspflichtige ist, auch wenn es sich um eigentliche Alimentation handelt, nicht verpflichtet, die Befriedigung der zu stillenden Bedürfnisse auch wirklich herbeizuführen.[4])

---

[1]) Über den Umfang der Verpflichtung s. Schanze S. 244 Anm. 8a.

[2]) Die von Schanze (S. 244) hier hereingezogene Frage eines allfälligen Verschuldens, welches in der Auslieferung der Alimente an den zu Alimentierenden liegen kann, bleibt außer Betracht.

[3]) Der Ausdruck ist hier nur in Beziehung auf die bei der einzelnen Leistung konkret zu gewährenden Alimente gemeint. Die Leistung muß den zu Alimentierenden in die Möglichkeit versetzen, seine konkreten Bedürfnisse im einzelnen Falle zu befriedigen. Vgl. § 7 Z. 2b des österr. Ges. vom 28. Dez. 1887 RGBl. Nr. 1 für 1888 betreffend die Unfallversicherung der Arbeiter, wo der Begriff der „Bedürftigkeit" in dem allgemeinern Sinne eines dauernden Zustandes zu nehmen ist.

[4]) Abgesehen von den Fällen, wo die mangelnde Willens- oder faktische Handlungsfähigkeit des zu Alimentierenden zu ersetzen ist, wie beim Kinde, beim Wahnsinnigen, beim völlig Gelähmten usw. Hier wird die Beistellung der Nahrungsmittel nicht genügen. Man wird sie wohl auch dem zu Alimentierenden beibringen, an ihn verfüttern müssen usw. Allein auch hier gibt es Unterschiede. Es wird darauf ankommen, ob der Alimentations-

Er hat seiner Verpflichtung genügt, wenn er die Bedürftigkeit des zu Alimentierenden beseitigt hat. Wenn dieser durch eine Handlung, die jener nicht zu vertreten hat, die Bedürftigkeit wieder herbeiführt, so lebt der Alimentationsanspruch nicht wieder auf.

Schanze, der die Frage nicht ausdrücklich erörtert, steht auf einem verschiedenen Standpunkt. Er erklärt eigentliche Alimentation auch dort für möglich, wo Bedürftigkeit des zu Alimentierenden nicht gegeben ist.[1])

Wir glauben aber, daß solchenfalls die Leistung von Alimenten, auch wenn es Naturalien sind, von der Leistung einer gewissen Geldsumme, wie sie bei der uneigentlichen Alimentation die Regel ist, nicht verschieden ist und daß dann das Bedürfnis des zu Alimentierenden bloß die Bedeutung eines Maßes für die Quantität der Alimente hat.

5.

Wir haben als erklärendes Prinzip den Satz gewonnen: Wenn zwei Ansprüche auf denselben ökonomischen Zweck gerichtet sind, so gehen infolge von Zweckerfüllung, also Befriedigung, beide unter, wenn die Erfüllungshandlung auch nur innerhalb des einen erfolgt.[2])

In dieser Allgemeinheit scheint der Satz überall anwendbar, denn jeder Anspruch läuft in letzter Linie auf einen ökonomischen Zweck hinaus,[3]) durch dessen Identität mit dem ökonomischen Zweck eines andern Anspruches Konkurrenz erzeugt werden kann.

Wenn nun aber bei zwei Ansprüchen aus verschiedenen Kaufverträgen betreffend die Leistung derselben species, es sich zeigt, daß

---

pflichtige auch die Verantwortung für das Leben, die Gesundheit, das Gedeihen des zu Alimentierenden hat, wie es regelmäßig im Verhältnis von Vater und Kind der Fall ist. Trägt er diese Verantwortung nicht, etwa weil er ein vom verantwortlichen Vormund oder Kurator verschiedener Dritter ist, so wird es auch hier genügen, daß die betreffenden Alimentationsmittel in den physischen Machtbereich des verantwortlichen Organes kommen.

[1]) a. a. O. S. 248.

[2]) Der Zweck ist erfüllt, der Anspruch aber, innerhalb dessen eine Erfüllungshandlung nicht erfolgte, wohl nicht, zum mindesten nicht direkt; vgl. Windscheid II. § 343a bei Anm. 1 und Anm. 4.

[3]) Wir befinden uns auf dem Gebiete des Vermögensrechtes.

die Erfüllung des einen Anspruches auf den andern keinen Einfluß äußert, wenn der Käufer, der den Hengst „Achmed" aus dem einen Kaufe pünktlich erhalten hat, nicht verhindert ist, das volle Erfüllungsinteresse wegen unterbliebener Leistung aus dem andern Kaufe zu erlangen, so scheint jene Regel durchbrochen und damit widerlegt.

Man würde aber bei solcher Folgerung übersehen, daß von uns Identität des ökonomischen Zweckes postuliert wird.

Die ökonomische Bedeutung einer Leistung in diesem Sinne kann aus der isolierten Betrachtung der Leistung nicht erschlossen werden. Insofern der Leistungsgegenstand vermöge seiner Identität einen identischen Wert in beiden Ansprüchen darstellt, scheint allerdings auch Identität in ökonomischer Hinsicht vorzuliegen. Nicht auf diesen Wert kann es jedoch ankommen, sondern auf jenen, den die Leistung als eine unter bestimmten Modalitäten geschuldete für das Vermögen des Berechtigten darstellt.[1]) In diesem Sinne ist die Leistung desselben Gegenstandes an verschiedenen Orten, zu verschiedenen Zeiten, bei verschiedenen Verkaufswerten eine verschiedene. Diese Verschiedenheit ihrer ökonomischen Bedeutung prägt sich in der Verschiedenheit des Erfüllungsinteresses, bezw. wenn auf den einen Anspruch hin gehörig geleistet wurde, in dem Vorhandensein eines Interesses an der Leistung auf den andern Anspruch aus. Man setze aber völlige Gleichheit aller Leistungsmodalitäten und man wird zum Schlusse kommen, daß solchenfalls mit der Leistung auf den einen Anspruch auch der andere befriedigt wird, was dadurch zum Ausdrucke kommt, daß ein Interesse an Erfüllung auch des zweiten, also eine Interesseforderung aus der unterbliebenen Erfüllung des zweiten nicht besteht, sondern höchstens nur ein Anspruch auf Rückstellung des etwa hingegebenen Entgeltes.

Es muß also der gewöhnliche Leistungsanspruch in einen Interesseanspruch umschlagen, um die ökonomische Zweckbeziehung erkennbar, dadurch — was wichtiger ist, — meßbar, vergleichbar und damit des konkurierens fähig zu machen.

---

[1]) Vgl. Windscheid II. § 343a, 2 (S. 402): „Der Gläubiger muß dasjenige, was er zu fordern hat, nicht bloß überhaupt erhalten haben, sondern auch mit dem gleich günstigen Resultat für sein Vermögen, welches stattgefunden haben würde, wenn er es auf sein Forderungsrecht erhalten hätte."

Es sind nur Ansprüche mit einem in ihren Begriff aufgenommenen ökonomischen Zweck, die hier in Betracht kommen.

6.

Diese Ansprüche sind aber noch zur vollständigen Klärung des Begriffes im Verhältnis zu gewissen andern Ansprüchen zu betrachten.

Es wurde oben der Bemerkung Schanzes Erwähnung getan, der eigentliche Alimentationsanspruch gehe auf ein „facere“, nicht auf ein dare. Der Satz ist für alle Ansprüche richtig, die den ökonomischen Zweck in den Begriff aufnehmen. Die Erfüllung des ökonomischen Zweckes erscheint gewissermaßen als eine dem Verpflichteten obliegende Arbeitsleistung. Wer 100 als Schadenersatz zu leisten hat, ist nicht zur Leistung von 100, sondern zur Arbeit der Schadenstilgung verpflichtet, die im konkreten Falle nur durch die Leistung von 100 zu bewirken ist. Die Ansprüche dieser Art erscheinen also einer Kategorie von Ansprüchen nahe gerückt, neben denen man sie zu sehen wohl nicht erwarten würde.

Helssig [1]) hat dies erkannt und sich bestrebt, hier eine Grenze zu finden. Er stellt dem Schadensersatzanspruche Ansprüche entgegen, „in welchen die Leistung, auf welche der eine und der andere Anspruch geht, seiner faktischen Natur nach nur einmal erfolgen kann,“ wie z. B. Vornahme einer bestimmten Arbeit an einer konkreten Sache, Verschaffung einer Anstellung 2c. „Denn in solchen Fällen“ liege „zwar nach Bewirkung der einen Leistung ein faktisches Hindernis der Bewirkung der andern vor, diese“ sei „aber keineswegs schon logisch ausgeschlossen, und es gehen also hier die mehreren Ansprüche nicht schon von vornherein notwendig auf eine einzige Leistung.“

Stellen wir zur Prüfung dieser Behauptung den Anspruch auf Ersatz eines Schadens, neben den auf Beseitigung eines Erdwalles,[2]) auf Einrenkung meines verstauchten Fußes, auf Rasieren meines Bartes. Hier wie dort liegen unwiederholbare Leistungen vor. Die logische Voraussetzung des Anspruches ist dort der Bestand eines

---

[1]) a. a. O. Anm. 27.

[2]) Windscheid II. § 343 a Anm. 1.

Schadens, hier der eines Erdwalles, einer Verrenkung meines Fußes, das Vorhandensein meines Bartes. Fehlen diese Voraussetzungen, so handelt es sich in allen Fällen um ein bloß faktisches Hindernis. Schade und Erdwall usw. sind in dieser Hinsicht nicht verschieden. Die Logik spielt beim Schadensersatz keine andere Rolle, als wenn sie den Anspruch auf Beseitigung des Erdwalles hinfällig erscheinen läßt, wenn der Erdwall irgendwie beseitigt ist.

Helssigs Gegenüberstellung von logischem und faktischem Hindernis trifft also nicht zu.

Man könnte sich versucht fühlen, Helssigs Distinktion auf die Weise zu retten, daß man sagt, der Schade als ein Abstraktum setze immer eine bewußt auf seine Beseitigung gerichtete erfüllende Tätigkeit voraus, während die konkreten realen Zustände auch ohne Erfüllungstätigkeit, z. B. der Bestand des Erdwalls durch ein Erdbeben beseitigt werden können.

Indeß ist auch schadentilgende Restitution ohne Erfüllungshandlung möglich, so wenn der Eigentümer die ihm gestohlene und etwa vom Diebe verlorene Sache wiederfindet.[1])

Es kann auch nicht etwa ein Unterschied darin gefunden werden, daß der auf eigentliche Arbeitsleistung gerichtete Anspruch das facere als primären Zweck enthalte, während beim Schadensersatz primär die Leistung bezweckt sei, an welche sich als sekundärer Erfolg der Schadensersatz schließe. Solche Behauptung wäre geradezu falsch. Auch der Schadensersatz ist genau wie dort die Arbeitsleistung ein primärer Anspruchszweck, zu dem die Leistung bestimmter Art bloß ein Mittel ist, genau wie es die Schaufelbewegungen zum Zwecke der Beseitigung des Erdwalles sind.

Der Unterschied liegt einzig und allein im ökonomischen Zwecke, der dort zum Anspruchsbegriffe gehört und in ihm klar hervortritt,

---

[1]) Man denke auch an den Fall, daß der etwa durch Brand einer Kirche verursachte Schade durch freiwillige Gaben, die zwar im Hinblick auf den Schaden, aber nicht zur Erfüllung eines Anspruches geleistet werden, gedeckt wird (Stammler, Recht der Schuldverhältnisse S. 228; Hellwig, Verträge S. 83).

hier aber hinter dem Anspruch liegt und erst bei unterbliebener Erfüllung im Vorhandensein einer allfälligen Interesseforderung zum Vorschein kommt.

7.

Ist so der ökonomische Zweck als der Angriffspunkt des Problems erkannt, so entsteht die für die begriffliche Klarheit, sowie für die systematische Stellung des Konkurrenzphänomens gewiß nicht unwichtige Frage, unter welchen Gesichtspunkt der Untergang des konkurrenten Anspruches bei Erfüllung des andern zu bringen sei.

Man könnte sagen, die Erfüllung des einen Anspruches tilge den ökonomischen Zweck in beiden und beseitige so im konkurrenten Anspruche eine seiner Voraussetzungen. Dies ist richtig und unangreifbar. Wenn man aber weiter folgern wollte, es werde dadurch eine Unmöglichkeit der Erfüllung des konkurrenten Anspruches herbeigeführt, dieser gehe also durch eintretende Unmöglichkeit unter, so wäre dies falsch.

Diese Argumentation ist aber tatsächlich für den concursus duarum lucrativarum causarum,[1]) wie für den Alimentationsanspruch gebraucht worden.[2])

Nun ist es ja unbestreitbar, daß ein Schade, der bereits irgendwie getilgt ist, nicht noch einmal ersetzt, eine Bedürftigkeit, die einmal behoben wurde, nicht nochmals beseitigt werden kann; trotzdem kann hier nicht von Anspruchsuntergang wegen Unmöglichkeit der Leistung gesprochen werden.

Dieser Begriff ist nur dort anwendbar, wo der zu erfüllende Zweck bestehen blieb, während das Mittel seiner Erfüllung vernichtet wurde. Es ist vorhanden, was erfüllt werden soll, man kann es aber nicht, weil man das Mittel dazu nicht hat.

Hier aber liegt die Sache umgekehrt. Das Mittel wäre wohl vorhanden, es ist aber der Zweck nicht mehr da, weil er erfüllt wurde.

Die ganze Unmöglichkeitslehre im Rechte ist ja auf dem Gedanken aufgebaut, daß für die unterbliebene Befriedigung des Gläubigers

---

[1]) S. oben S. 161.

[2]) Schanze a. a. O. S. 247: Die Alimentenforderung ist für die Vergangenheit wegen Unmöglichkeit der Erfüllung hinfällig geworden.

Ersatz zu beschaffen ist. Solche Notwendigkeit ist hier nicht gegeben. Wie will man nun auch nur einen der Sätze aus der Unmöglichkeitslehre hier anwenden? [1])

Könnte man hier den Gesichtspunkt der Unmöglichkeit walten lassen, so müßte jeder erfüllte Anspruch nicht als durch Erfüllung, sondern als durch Leistungsunmöglichkeit nicht mehr bestehend angesehen werden!

Der konkurrente Anspruch ist daher nicht durch Unmöglichkeit seiner Erfüllung, sondern durch Erfüllung untergegangen. Allerdings werden wir von direkter Erfüllung des Anspruches [2]) nicht sprechen dürfen, vortrefflich paßt aber der in dieser Hinsicht schon von andern, (so von Merkel,) [3]) gebrauchte Ausdruck der indirekten Erfüllung.

Der eine Anspruch wird durch direkte Erfüllung des andern mit ihm konkurrierenden indirekt erfüllt.

8.

Indem wir mit dem Begriffe der Konkurrenz von Ansprüchen in den voranstehenden Erörterungen arbeiteten, waren wir uns dessen bewußt, daß der Umfang des Begriffes keineswegs feststeht. Es besteht

---

[1]) In dem Rechte der Alimentation gelangen scheinbar die Regeln über verschuldete Unmöglichkeit der Leistung zur Anwendung, wenn man im allgemeinen am Satze „in praeteritum non vivitur“ festhaltend, für den Fall, daß der Alimentierungsberechtigte bei unterbliebener rechtzeitiger Leistung der Alimente sich diese von einem Dritten leihweise verschafft hat, einen Schadensersatzanspruch auf Tilgung dieser Schuld entstehen läßt (Schanze, S. 247 f.). Es ist jedoch zu erwägen: der Inhalt des Alimentationsanspruches läßt zwei Teile unterscheiden, 1. soll der Alimentationsberechtigte die Alimente überhaupt, 2. soll er sie aus dem Vermögen des Verpflichteten erhalten. Gewöhnlich und regelmäßig geschieht beides zugleich. Es fallen jedoch die beiden Teile schon dort auseinander, wo der Alimentationspflichtige die Alimente von einem Dritten auf seine Rechnung verabreichen läßt. Ökonomisch liegt aber die Sache nicht anders, wenn der Alimentationsberechtigte infolge Unterbleibens rechtzeitiger Leistung ohne den Willen des Verpflichteten sich die Alimente durch Schuldenmachen beschafft. Die Alimentierung geht eben auch hier auf Rechnung des Verpflichteten.

[2]) Sein Zweck ist direkt erfüllt.

[3]) a. a. O.

darüber in der gemeinrechtlichen Literatur ein lebhafter Meinungsstreit. Die einen wollen den concursus duarum lucrativarum causarum, die andern die Korreal- und Solidarobligationen, die dritten, so Eisele[1]) und ihm beistimmend neuestens Peters,[2]) überhaupt Ansprüche zwischen nicht identischen Personen ausgeschieden wissen.[3])

Es handelt sich hier um einen für die Systematik des Konkurrenzproblems vielleicht wichtigen, für unser Sonderproblem aber gleichgiltigen Streit.

Die besprochenen Fälle lassen sich auch der Kategorie der Solidarobligationen nicht restlos einordnen,[4]) weshalb man sie den sog. unechten Solidarobligationen anreiht.[5]) Jedenfalls treffen sie sich mit der Erscheinung konkurrierender Ansprüche in dem Merkmal eines gemeinsamen ökonomischen Zweckes, und würden sich daher mit diesem einem auf dieses Merkmal gestützten Oberbegriffe unterordnen lassen, für den es bisher an einer gemeinsamen Bezeichnung fehlt.

Diesem Oberbegriffe wären aber auch die echten Korreal- und Solidarobligationen zu unterstellen.

In der Abrede, daß einmalige Erfüllung alle Ansprüche tilgen solle, bringt sich u. E. gleichfalls die Identität des ökonomischen Zweckes zum Ausdrucke. Die Fälle der Gesamtschuldnerschaft sind daher aus diesem Gesichtspunkte hier ebenfalls anzureihen.[6])

---

[1]) a. a. O. S. 330.

[2]) a. a. O. S. 5.

[3]) So auch Merkel in der Rezension von Helssigs Untersuchung in der Krit. Vierteljahrsschr. Bd. XXX. S. 197: „Dagegen hat es für uns keinen Wert mehr, darüber zu deliberieren, ob die Fälle solidarischer Verpflichtung Konkurrenzfälle seien, mag man sie auch — wie es u. E. richtig ist — von dem Standpunkte der Mehrheit der Ansprüche aus von diesen Fällen trennen. Jedenfalls hat für sie unsere Dogmatik anderswo Raum.“ (Anders in seiner eigenen dem Konkurrenzproblem gewidmeten Untersuchung.)

[4]) Oertmann a. a. O. S. 123 ff.

[5]) Oertmann S. 124, 272, 277.

[6]) Daß sonstige gesetzliche Merkmale der Gesamtschuld nicht zutreffen (Oertmann S. 124), hindert nur die Einordnung dieser Gebilde in den Begriff der Gesamtschuld.

Man sehe darin keinen Zirkel, wenn wir dort aus der Identität des ökonomischen Zweckes auf nur einmalige Erfüllung, hier umgekehrt aus dieser auf jene schließen. Wir glauben in der Tat, daß beide Erscheinungen so mit einander zusammenhängen, daß die eine der Ausdruck der andern ist.[1])

Die Fälle der Gesamtgläubigerschaft gehören dagegen im allgemeinen nicht unter unsern Begriff. Die Identität des ökonomischen Zweckes verlangt Identität des Vermögens, auf welches er sich bezieht, und diese ist bei einer Mehrheit von Gläubigern im allgemeinen ausgeschlossen. Ausnahmsweise kommt sie in jenen Fällen vor, wo die Forderungsrechte mehrerer Personen darauf gerichtet sind, daß nicht einer beliebigen Person unter ihnen, sondern nur einer bestimmten Person geleistet werde, der Schuldner also nur durch Leistung an diese eine bestimmte Person seiner Verpflichtung ledig wird.

Es sind das jene Fälle, in denen das römische Recht aktive Solidarität annahm.[2]) Im modernen Recht ist der wichtigste jener des Vertrages zu Gunsten eines Dritten. Der Stipulant und der Begünstigte dürfen vom Promittenten Leistung *an den Begünstigten* fordern.[3])

Ob man deswegen hier von einem Falle wirklicher Gesamtgläubigerschaft[4]) oder bloß von einem ähnlichen[5]) Verhältnisse sprechen

---

[1]) Peters a. a. O. S. 21 macht einen Unterschied zwischen Klagen, die „auf ein und dieselbe, nur einmal geschuldete Leistung" gehen, und solchen, die „auf mehrere, aber gleiche Leistungen, von denen aber nur eine gewährt zu werden braucht, damit die andere nicht mehr gefordert werden kann", gerichtet sind Der Unterschied ist uns unverständlich. Er soll dadurch begründet sein, daß dort Identität der causa vorliege, hier nicht. Deshalb sollen bei der Konkurrenz von actio commodati und rei vindicatio mehrere Leistungen in Frage sein. Wir glauben, daß immer eine Mehrheit von Leistungen vorliegt, bei identischem hier in der Sachrestitution bestehendem ökonomischem Zwecke.

[2]) Ihering in den Jahrb. XXIV. S. 165 ff., Windscheid Pand. II. § 625 Nr. 17; Dernburg II. § 71 Nr. 2.

[3]) Hellwig, Verträge § 47. [4]) So Hellwig a. a. O.

[5]) Stammler, Recht der Schuldverhältnisse § 170 f. — Vgl. Ehrenzweig a. a. O. S. 123.

darf, kann hier dahingestellt bleiben. Jedenfalls weisen diese Rechtsverhältnisse Ansprüche mit identischem ökonomischen Zwecke auf.

9.

Wir haben nun die Grundlage für die Erfassung und Entscheidung der von Stammler in geistreicher Kasuistik[1]) aufgestellten Fälle gewonnen. Man prüfe diese Fälle und man wird finden, daß es sich durchwegs um Ersatz (und zwar Schadensersatz oder Restitution), unentgeltliche Zuwendung oder Alimentation handelt.

Die Fälle weisen durchwegs keine kausale, wohl aber eine finale Verknüpfung auf, sie stellen Ansprüche dar, die nicht einer den andern zur Voraussetzung haben, sondern die auf einen identischen ökonomischen Zweck gehen.

In allen Fällen läßt sich — wie dies die Lehre vom Konkurrenzproblem deutlich zeigt[2]) — irgend ein identisches Faktum als Ursache der Entstehung beider Ansprüche nachweisen; diese Erscheinung ist aber — so wichtig sie für die Anwendbarkeit des Gesichtspunktes der compensatio lucri cum damno sein mag — für unsere Lösung bedeutungslos. Es ist daher auch verfehlt, wenn in den einschlägigen Entscheidungen[3]) bloß nach einer ursächlichen Verknüpfung gesucht und die Abweisung des in Frage kommenden Einwandes mit dem Mangel ursächlicher Verknüpfung gerechtfertigt wird.

Mag immerhin der Schadensersatzanspruch aus der Tatsache der Beschädigung, der Versicherungsanspruch aber aus dem Versicherungsvertrage entspringen[4]) und mag dies vielleicht eine compensatio lucri cum damno hindern, so kommt hier eben noch ein anderes in Betracht: die Erfüllung des in beiden Ansprüchen identischen Zweckes.

---

[1]) S. oben S. 151 f.

[2]) Wenn vom concursus duarum lucrativarum causarum abgesehen wird.

[3]) S. die Rechtsfälle bei Oertmann a. a. O. §§ 13 u. 14.

[4]) Der Versicherungsanspruch hat übrigens trotzdem auch seine Ursache im schädigenden Faktum und es ist nur eine gewaltsame Umgehung des Kausalitätsprinzipes, wenn hier der Begriff der Bedingung als ein von der Ursache Verschiedenes eingeführt wird.

Hiernach ergäbe sich nun allerdings, daß z. B. der Beschädiger frei würde, wenn der Versicherer den Schaden durch Leistung der Versicherungssumme gedeckt hätte, ein Resultat, daß aller Billigkeit Hohn spräche. Es ist aus dem Gesichtspunkte der Vermeidung dieses unbilligen Ergebnisses zu erklären, wenn in solchem Falle trotz Leistung des Versicherers der Anspruch gegen den Beschädiger aufrecht erhalten wird. Es ist eine aus Billigkeits- und Zweckmäßigkeitsgründen und entgegen dem logischen Postulat des Prinzipes getroffene Maßregel,[1]) die nicht anders aufzufassen ist, als die Erhaltung der Forderung bei Zahlung der Hauptschuld durch den Bürgen oder einen andern Dritten. Obzwar mit Solutionsabsicht gezahlt wird, bleibt die Forderung doch erhalten, um an den Zahlenden cediert werden zu können. Auch hier ist es nur das Interesse des zahlenden Dritten, welches ausnahmsweise die Forderung bestehen bleiben läßt. Es soll in letzter Linie doch die Leistung aus dem Vermögen desjenigen erfolgen, der zuerst für sie haftet, und zu diesem Behufe wird die Möglichkeit des Forderungsüberganges auf den Dritten dadurch geschaffen, daß die Forderung eigens und nur zum Zwecke der Cession (oder gesetzlichen Subrogation) aufrecht erhalten wird.[2]) [3])

Ein Beleg für die Richtigkeit des Gesagten liegt auch in der einfachen Erklärung, die hiernach ein der Entscheidung sonst große Schwierigkeiten entgegensetzender Fall findet:

Ist einer Witwe wegen Tötung ihres zum Unterhalte verpflichteten Mannes eine Entschädigungsrente zu zahlen, so wird dieses Recht

[1]) Vgl. die trefflichen Ausführungen der Motive zum BGB. II. S. 782.

[2]) l. 36 D. 46 1 (Paul. libr. XIV. ad Plaut.): Cum is qui et reum et fideiussores habens ab uno ex fideiussoribus accepta pecunia praestat actiones, poterit quidem dici nullas iam esse, cum suum perceperit et perceptione omnes liberati sunt. Sed non ita est: non enim in solutum accepit, sed quodammodo nomen debitoris vendidit, et ideo habet actiones, quia tenetur ad id ipsum ut praestet actionem. Dazu Hartmann a. a. O. S. 46 ff., vgl. auch Regelsberger in Iherings Jahrb. XXXXI. S. 276 ff.

[3]) A. A. Oertmann S. 126, der darin, daß „zwar die Leistung des Solidarschuldners A den Solidarschuldner B befreit, aber nicht umgekehrt die des B den A" einen begrifflichen Unterschied sieht.

herabgesetzt oder entzogen, soweit die Witwe infolge einer neuen Heirat bei ihrem neuen Gatten die völlige Alimentation findet.[1])

Diese Entscheidung bleibt vom Standpunkte derjenigen, welche nur das Moment der compensatio lucri cum damno walten und dieses bei Verschiedenheit der Entstehungsgründe von Schaden und Vorteil ausgeschlossen sein lassen, unerklärlich. Der Schade entsteht durch die Tötung, der Vorteil durch die Wiederverheiratung, also müßte eine Anrechnung der Vorteile aus der Wiederverheiratung auf den durch die Tötung verursachten Schaden ausgeschlossen sein.

Gleichwohl sahen sich die Vertreter jenes Standpunktes genötigt, jene Entscheidung als dem „unbefangenen Rechtsgefühl" allein entsprechend, als richtig anzuerkennen.[2])

Nun entsteht natürlich die Notwendigkeit, zwischen diesem Falle und den sonstigen aus dem Gesichtspunkt der compensatio lucri cum damno entgegengesetzt behandelten Fällen ein differenzierendes Moment herauszufinden. Man werfe aber einen Blick auf die bei Oertmann[3]) gegebenen Erklärungsversuche, um zu sehen, wie schwankend und wenig befriedigend die Gründe dieses sonst so klar und sicher argumentierenden Schriftstellers werden.

Einfach und einleuchtend gestaltet sich dagegen die Erklärung aus dem von uns vertretenen Gesichtspunkte.

Der Schadensersatzanspruch hat den Zweck, der Witwe die ihr entzogene Alimentation zu verschaffen. Wird dieser Zweck von anderer Seite, etwa durch das Vorhandensein eines subsidiär nach dem Getöteten zur Alimentation Verpflichteten bezw. die von ihm geleistete Alimentation erfüllt, so soll auch der Schadensersatzanspruch wegen Zweckerfüllung untergehen. So die Regel. Nun tritt aber eine Erwägung hinzu, welche einen Grund zur Setzung einer Ausnahme, also zur Aufrechterhaltung des Schadensersatzanspruches bildet: die Erwägung, daß bei durchgreifender Regel der Schade nicht vom Be-

[1]) §§ 3, 7 des deutschen Reichshaftpflichtgesetzes und die von Oertmann a. a. O. S. 109 citt. Entsch.

[2]) So Oertmann a. a. O. S. 109: „Die Richtigkeit solcher Entscheidung wird vom unbefangenen Rechtsgefühl allgemein zugegeben werden."

[3]) a. a. S. S. 109 f.

schädiger, sondern vom unschuldigen Dritten schließlich getragen würde. Dieser Ausnahmsgrund fällt in unserem Falle der Wiederverheiratung weg. Der neue Gatte ist als solcher zur Alimentation auf jeden Fall verpflichtet und kann es unmöglich als eine Schadensüberwälzung empfinden, daß er seine Gattin alimentieren muß.

Also fällt der Ausnahmsgrund weg und es tritt die Regel ein: Der Schadensersatzanspruch erlischt durch Zweckerfüllung.[1])

Ein weiterer Beweis für die Richtigkeit der hier vertretenen Ansicht liegt darin, daß eine Erfüllung des Schadensersatzanspruches auch den Alimentations-, Versicherungsanspruch usw. tilgt. Stehen sich damnum und lucrum in einer jeden Zusammenhang ausschließenden Weise gegenüber, so ist dieses Resultat aus dem Prinzip der compensatio lucri cum damno nicht zu rechtfertigen. Die einzig mögliche Erklärung gibt die Identität des ökonomischen Zweckes.[2])

Es ist weder eine Ausnahme von dem hier vertretenen Prinzip, noch ein Beweis dagegen, wenn in Fällen sog. Summenversicherung, also vor allem der Lebens- und Unfallversicherung eine völlige Unabhängigkeit des Versicherungs- vom Schadensersatzanspruch behauptet und diese mit dem satisfaktorischen Charakter des letztern[3]), mit der sparenden Funktion der Summenversicherung[4]) gerechtfertigt wird. Denn damit wird die Schadensersatznatur der Versicherungssumme und demgemäß die Identität der Zwecke geleugnet, so, daß das Prinzip überhaupt ausgeschaltet ist.[5])

---

[1]) Auf Zweckerfüllung führt nach dem Citate bei Oertmann S. 110 auch Eichhoff die Lösung zurück. Das Buch dieses Schriftstellers war uns leider nicht zugänglich, was wir umsomehr bedauern, als wir uns in dieser Lehre, nach den Citaten bei Oertmann zu schließen, in völliger Übereinstimmung mit ihm befinden.

[2]) Vollkommen richtig entwickelt bei Oertmann a. a. O. S. 292 c.

[3]) Degenkolb a. a. O. S. 26.

[4]) S. gegen diese Erwägungen namentlich Paul Hiestand: Der Schadensersatzanspruch des Versicherers gegen den Urheber der Körperverletzung oder Tötung des Versicherten, Stuttgart 1896.

[5]) Mit der Frage nach der sog. Subrogation und dem Abtretungsanspruch aus § 255 BGB. haben wir uns in diesem Zusammenhange nicht zu beschäftigen. Sie werden ausführlich von Hiestand a. a. O. und Oertmann a. a. O. S. 256 ff. erörtert.

Man mag übrigens bei der wissenschaftlichen Klassifizierung und Einordnung dieser Fälle die eine oder andere Gruppe ausscheiden — für unsere Untersuchung bleibt der Gedanke wichtig, daß es Fälle des Zusammentreffens von Ansprüchen in einem identischen Zweck gibt und daß — wie wohl von keiner Seite bestritten wird — diese Fälle dadurch ausgezeichnet sind, daß die Erfüllung des identischen Zweckes, wenn sie auf den einen Anspruch hin erfolgt, auch den andern tilgt.

9.

Es ist nun die Frage zu beantworten, ob es eine exceptio ex iure tertii ist, wenn der Verpflichtete auf die Erfüllung des Anspruchszweckes innerhalb des fremden Rechtsverhältnisses hinweist, wenn also etwa der Versicherer einwendet, der Beschädiger habe den Schaden ersetzt.

Äußerlich scheint eine exceptio ex iure tertii gegeben zu sein, denn es wird die Erfüllung des fremden Anspruches eingewendet. Bei näherem Zusehen findet man jedoch, daß die innern Merkmale einer solchen Einrede fehlen.

Die Einrede aus dem Rechte des Dritten ist dadurch charakterisiert, daß eine Einrede des Dritten als solche zur Verteidigung verwendet wird, indem sie dem Gläubiger zunächst vom Dritten aus entgegensteht und nun vom Schuldner gebraucht wird. Dem Schuldner wird — nach der herrschenden Vorstellung — „die fremde Einrede überlassen, gegeben". Richtig gedacht: Das die Einrede schaffende tatsächliche Moment wirkt auf den eigenen Anspruch indirekt dadurch ein, daß es den seine Grundlage bildenden fremden Anspruch zerstört.

Dieses Merkmal fehlt hier. Nicht weil die zweckerfüllende Tatsache den fremden Anspruch zum Untergange bringt, also ihm gegenüber eine Einrede schafft, und nun als Einrede auf den Schuldner „übergeht", sondern weil sie gleichzeitig in beiden Ansprüchen auf das ihnen identische Element wirkt, ruft sie in beiden Ansprüchen identische Wirkung hervor, indem sie in beiden die identische Einrede schafft.

Dort stirbt der eine Anspruch, weil dem fremden, ohne den er nicht leben kann, der Todesstoß versetzt ist, hier trifft ein und derselbe

Stoß gleichzeitig beide Ansprüche zu Tode, weil er gegen ihr gemeinsames Organ gerichtet ist.

Diese Fälle sind daher aus dem Problem der exceptio ex iure tertii weg zu verweisen.[1] [2]

---

[1]) Stammler spricht diesen Fällen den Charakter der Einrede aus dem Rechte des Dritten gleichfalls ab, a. a. O. S. 52 Note 17 a. E., S. 55 f. Note 19 mit der Begründung, daß hier nicht Haupt- und Nebenpflicht, sondern zwei Hauptansprüche, die jeweils eigenartig und selbständig bestehen, gegeben seien.

[2]) In dem Zusammentreffen mehrerer Ansprüche in einem identischen Zweck sieht Rauchenberger (a. a. O.) gerade das Haupt- und eigentliche Merkmal zulässiger exceptio ex iure tertii, das überall nachweisbar sein müsse, damit von Zulässigkeit solcher exceptio die Rede sein könne. Dieses Merkmal kann es aber jedenfalls nur erklärlich machen, daß eine auf Erfüllung des identischen Zweckes hinweisende exceptio zugelassen wird, nicht aber auch, daß mitunter, ja in der überwiegenden Zahl von Fällen, auch exceptiones ex iure tertii Erfolg haben, die nicht auf Erfüllung, sondern im Gegenteil auf Untergang des unerfüllten Anspruches hinweisen. Rauchenberger sieht sich denn auch genötigt, ein weiteres differenzierendes Merkmal heranzuziehen, welches er in einem „über den einheitlichen Obligationszweck hinausgehenden gemeinschaftlichen Inhalte der mehreren Schuldverhältnisse“ findet. Dies führt ihn dann zu dem weitern differenzierenden Satze: . . „ist das Verhältnis ein derartiges, daß die Verpflichtung des jetzigen Beklagten mit rechtlicher Notwendigkeit bedingt ist durch die Entstehung der Verpflichtung desjenigen, aus dessen Recht die Einwendung entnommen werden soll, so ist die Einwendung aus dem Rechte des Dritten zulässig“. — So richtig die beiden von Rauchenberger formulierten Erklärungsgründe sind, so wenig können wir uns mit dem Verhältnis einverstanden erklären, in das sie Rauchenberger zu einander und zum Problem setzt. Es ist unrichtig, daß das Moment der Zweckidentität das allgemein und überall zutreffende Erklärungsprinzip ist, zu welchem nur in gewissen Fällen das zweite Moment als differenzierendes Merkmal hinzutritt. Nicht überall, wo eine „zulässige“ Einwendung aus dem Rechte des Dritten oder gegen einen Dritten vorkommt, kann ein identischer Zweck der Ansprüche nachgewiesen werden. Rauchenberger bestimmt den Zweck zutreffend als den vom Berechtigten beabsichtigten individuellen und rechtserheblichen wirtschaftlichen Erfolg für das Vermögen des Anspruchsberechtigten. Ist dem so, dann kann für die Fälle der Einwendung aus dem Rechte gegen den Dritten von einer Einheit des Zweckes nicht die Rede sein, denn es kommen hier immer zwei verschiedene Gläubigerpersonen und Gläubigervermögen in Betracht, in Beziehung auf welche vielleicht gleiche

F. Ansprüche auf Rückstellung einer Sache.

1.

Im Jahre 1866 schrieb Ziebarth:[1])

„Keine Obligation kann bewirken, daß ein anderer meinen Besitz mir vorenthalten darf."

„Keine Obligation kann bewirken, daß ein anderer mein Eigentum oder mein dingliches Recht mir vorenthalten darf." ... Es „kann die exceptio rei locatae, commodatae niemals zu einer Abweisung der rei vindicatio, niemals zu einer auch nur zeitweiligen berechtigten Vorenthaltung der Sache, niemals zu einer pfandartigen Sicherung des Beklagten wegen irgend welcher persönlicher Ansprüche führen, weil der Beklagte die Sache weder

aber nicht identische Zwecke möglich sind. Demnach würde jenes Erklärungsprinzip bei der Cession, Aktivdelegation usw. nicht zutreffen. Ferner erklärt die Einheit des Zweckes auch bei der Einwendung aus dem Rechte des Dritten jene Fälle ganz und garnicht, bei denen nicht Zweckerfüllung, sondern Anspruchshinderung oder Vernichtung des unbefriedigten Anspruchs vorliegt. Sie ist deshalb auch hier nicht ein Erklärungsmoment neben jenem andern und etwa mit ihm zusammenwirkend, sondern jeder der beiden Erklärungsgründe hat sein Anwendungsgebiet für sich. Ist dem aber so, dann kann man die beiden Erklärungsgründe nicht in ein Verhältnis der Unter-, sondern nur in ein solches der Nebenordnung bringen, d. h. man muß sagen: es gibt Erscheinungen innerhalb unseres Problems, die nur durch jenen, und solche, die nur durch diesen Gedanken erklärt werden können.

Die Anwendung des Begriffes der exceptio ex iure tertii auf Ansprüche mit identischem Zweck ist neuern Datums und entstand der Praxis. Die mangelnde Anciennität allein könnte aber selbstverständlich keinen Grund bilden, diesen Erscheinungen ihre Stelle innerhalb unseres Problems zu versagen und beide Kategorien von Fällen könnten unter dem erwähnten allgemeinen Gesichtspunkt einer Anspruchsverknüpfung überhaupt als zu unserem Problem gehörig betrachtet werden. Was uns gleichwohl veranlaßt, die Fälle mit identischem Zweck auszuscheiden, ist die im Text hervorgehobene innere Verschiedenheit. Wenn es überhaupt noch einen Sinn haben soll von Einwendungen, die dem Rechte des Dritten „entnommen" werden, die von dem Dritten „übergehen" zu sprechen, so kann dies nur bei den Fällen von kausaler, nicht aber bei jenen von finaler Anspruchsverknüpfung zutreffen.

[1]) Die Realexekution und die Obligation S. 49.

ganz noch zum geringsten Teile besitzt. Ein Miether, der diese seine Pflicht verkennt, der auf die rei vindicatio überhaupt nur litem kontestiert, ist nicht mehr detentor, sondern invasor rei alienae, praedo, malae fidei possessor und muß ohne alle Rücksicht entfernt werden. Ein Unrecht geschieht ihm durch die Wegnahme nicht, denn er wußte ja von Anfang an, daß er seines eigentlichen Rechts nicht teilhaftig werden könne, wenn der Vermieter schlechterdings nicht wolle. Ein Unrecht geschieht ihm lediglich durch dies Nicht-Wollen, und diese Schwäche seines Rechts muß er ertragen, sein Schaden wird ihm reichlich in Geld ersetzt."

Mit dieser Formulierung hatte der Gedanke des streng obligatorischen Rechts seinen äußersten, man kann ruhig sagen, seinen übertriebensten Ausdruck gefunden. Mit Recht ist diese dem Leben und seinen Bedürfnissen abgewandte Lehre allgemein abgelehnt und bei der Neuregelung des bürgerlichen Rechts in Deutschland bewußt zurückgewiesen worden.[1])

Es frägt sich nun aber, ob man angesichts dieser Entwickelung noch den Begriff des obligatorischen Rechts in voller Reinheit aufrecht halten kann.

Es mag dahin gestellt bleiben, ob man durch diesen Begriff genötigt wird, den Anspruch des bloß obligatorisch Berechtigten auf Naturalerfüllung auszuschließen,[2]) so ist das eine doch sicher, daß der Begriff des Anspruches — und dies ist wohl die reinste Form obligatorischer Berechtigung — eine Verwendung des Anspruchs als Einrede nicht zuläßt.

Man wende nicht die Erscheinung der rechtsverfolgenden Einrede ein. Die Anfechtungs- und Aufrechnungseinrede sind nicht einredeweise vorgebrachte Ansprüche, sondern einseitige Dispositivakte des Beklagten, die ein Tun des Gegners, das ja für den Anspruch wesentlich ist, nicht bezwecken. Dieses Bedenken entfällt nun allerdings bei der Zurückbehaltungseinrede. Diese ist aber Einrede nur insofern, als sie

[1]) Mot. III. § 942 S. 421 f., s. auch Dernburg, B. R. II. Aufl. III. Bd. (1901) § 119 Anm. 22.

[2]) Mot. a. a. O.

vom Beklagten vorgebracht wird, sie ist es nicht, insofern sie den gegenüberstehenden Anspruch weder verneint, noch auch nur hemmt oder sonst beeinflußt.

Nun hat allerdings das BGB. die Verwendung obligatorischer Ansprüche als Einreden ermöglicht. Es ist aber bereits oben[1]) auf das Unnatürliche solcher Regelung, sowie darauf verwiesen worden, daß diese Rechte in ihrer Einredefunktion notwendig zu Anfechtungsrechten werden. Es liegt eben ein Widersinn darin, daß der Angegriffene seine Verteidigung in einer erst künftig zu setzenden und zum Zwecke der Verteidigung, also gewissermaßen selbstmörderisch zu setzenden Handlung des Klägers suche.

Dieser Widersinn ist auch aus der Einrede des obligatorischen Rechts zum Besitz nicht ganz auszumerzen.

Der dingliche Anspruch und die obligatorische Einrede werden immer etwas von einer contradictio in adjecto an sich haben: Ist jener das dingliche Recht gerichtet gegen eine bestimmte Person, so ist diese das obligatorische Recht gerichtet auf eine Sache.

Die obligatorische Einrede enthält ein Element absoluter Natur, welches das obligatorische Recht gegen das dingliche hindrängt.

2.

Das BGB. hat die uns hier interessierenden Verhältnisse in dem bekannten § 986 geordnet.

„Der Besitzer kann die Herausgabe der Sache verweigern, wenn er . . . dem Eigentümer gegenüber zum Besitze berechtigt ist."

Die Berechtigung zum Besitze — selbstverständlich mit dem Besitz selbst nicht zu verwechseln[2]) — kann eine dingliche oder obligatorische sein, je nachdem sie auf einem dinglichen oder obligatorischen Rechte beruht. In diesem Sinne sind einerseits der Nießbraucher, Faustpfandgläubiger, Erbbauberechtigte, andererseits der Kommodatar, der Mieter zum Besitze berechtigt, jene sind es gegenüber jedermann, diese nur gegenüber dem Eigentümer.

---

[1]) S. 30 ff.

[2]) Strohal, Iherings Jahrb. XXXVIII. S. 26. 1.

Aber auch derjenige, der dem Eigentümer gegenüber Anspruch darauf hat, daß er ihm die Sache zum dauernden Behalten verschaffe, wer also etwa ein Grundstück ohne Auflassung gekauft und übergeben erhalten hat, kann sich der Eigentumsklage gegenüber auf sein obligatorisches Recht zum Besitze berufen, exceptio rei venditae ac traditae.[1])

Dies ist sicher der Fall, wenn das physische Gewaltverhältnis durch Übergabe seitens des Eigentümers hergestellt ist. Dadurch bekommt der obligatorisch zum Besitze Berechtigte den Besitz und erfährt so, insofern dieser ein Recht ist, eine Erweiterung seiner Rechtslage. Erfährt er eine solche auch in Bezug auf das Recht zum Besitz? Verwandelt sich etwa das „Recht auf Übergabe" in ein „Recht zum Besitz?"

Wenn die Besitzübergabe den Zweck hat, ein dingliches Recht des Empfängers an der Sache zu begründen, so hört das „Recht auf Übergabe" mit dem Augenblick der Übergabe auf und es entsteht das betreffende dingliche Recht des Empfängers, zu dessen Inhalt das Recht zum Besitz gehört.

Wo die Übergabe ein solches dingliches Recht garnicht begründen soll (Miete) oder nicht begründen kann (exceptio rei venditae ac traditae), was geschieht da im Momente der Übergabe?

Das obligatorische Recht des Empfängers erfährt eine Veränderung seines Inhaltes. Es kann nicht mehr „auf Übergabe" gehen. Trotzdem besteht es weiter und kommt gegenüber der Eigentumsklage als Einrede zum Vorschein. Die Einrede enthält aber bereits — wie erwähnt — ein Element der Dinglichkeit, insofern sie den Anspruch des Eigentümers abwehrt, weil dieser die Beziehung des Beklagten zur Sache als eine rechtlich richtige gelten lassen muß. Ob man wegen dieses Elementes der Dinglichkeit nunmehr von einem „Recht zum Besitze", in welches sich das Recht auf Übergabe verwandelt habe,[2]) sprechen dürfe, mag dahingestellt bleiben. Uns scheint ein Anlaß zu einer derartigen Einschiebung einer Sonderkategorie dinglicher Rechte

[1]) Planck zu § 986. Biermann, Das Sachenrecht des BGB., 2. Aufl. (1903), zu § 986 S. 191 f.

[2]) Martin Wolff, Das Recht zum Besitze, in der Berliner Festgabe für Richard Koch (1903) S. 7.

zwischen das obligatorische Recht und den Besitz nicht gegeben zu sein. Es genügt das Bewußtsein, daß das obligatorische Recht, insofern es dem dinglichen in Einredefunktion entgegentritt, selbst ein Element der Dinglichkeit enthält.

Diese inhaltliche Verstärkung erhält aber das obligatorische Recht nicht etwa durch den Akt der Übergabe seitens des Eigentümers, sondern bloß durch den — wie immer — hinzutretenden äußern Besitztatbestand. Denn sie drückt sich eben in dem Bestande der Einrede aus und diese hat auch derjenige, der die Sache ohne, ja gegen den Willen des Eigentümers in seine Gewalt bekam.[1])

Es ergiebt sich hier das Paradoxon, daß das obligatorische Recht in dieser Hinsicht dem etwa zu erzeugenden dinglichen Rechte des Empfängers überlegen ist. Dieses kann durch Usurpation nicht entstehen, jenes erhält seine Einredefunktion unabhängig vom Willen des Eigentümers.

3.

Der eigentliche Prüfstein einer dinglichen Rechtsstellung ist das Verhältnis zu Dritten.

> § 986 enthält im Absatz 2 die Bestimmung: „Der Besitzer einer Sache, die nach § 931 durch Abtretung des Anspruchs auf Herausgabe veräußert worden ist, kann dem neuen Eigentümer die Einwendungen entgegensetzen, welche ihm gegen den abgetretenen Anspruch zustehen."

Nach § 931 kann die zur Übertragung des Eigentums notwendige Übergabe der Sache, wenn diese sich im Besitze eines Dritten befindet, dadurch ersetzt werden, daß der Eigentümer dem Erwerber den Anspruch auf Herausgabe der Sache abtritt.

Die Bestimmung erscheint bei näherer Erwägung nicht so harmlos als sie sich giebt.

Wird durch Abtretung des Anspruches auf Herausgabe der Sache Eigentum an ihr beim Cessionar erzeugt, so hat dieser nunmehr kraft dieses Eigentumes seine eigene Eigentumsklage; er hat es also garnicht

---

[1]) Richtig Martin Wolff a. a. O. S. 7. Vgl. § 864 Abs. 2 BGB. und dazu Strohal, Jherings Jahrb. XXXVIII. S. 120 f.

nötig, auf die abgetretene zurückzugreifen. Die Abtretung der Eigentumsklage erscheint von hier aus als leerer Formalakt. Solches liegt sicher nicht in der Absicht des Gesetzes. Den wahren Gehalt jener Bestimmung hat Kohler[1]) treffend entwickelt.

Der dritte Besitzer sollte durch die Eigentumsveränderung an seiner Rechtsstellung keine Einbuße erleiden. Er sollte die ihn schützenden Einwendungen aus dem obligatorischen Rechte gegen den alten Eigentümer, auch dem neuen gegenüber behalten. Deswegen sollte der neue Eigentümer gegen ihn nur die abgetretene Eigentumsklage haben, der gegenüber ihm nach den Grundsätzen der Cession seine Einwendungen erhalten blieben. § 986 Abs. 2 stellt diesen Schutz dem unmittelbaren Besitzer sicher,[2]) gibt aber durch seine Fassung Raum zu manchem Zweifel. Indem die Einwendungen dem Besitzer gegen den neuen Eigentümer schlechthin, also wenn er auch nicht die abgetretene Klage anstrengt, gewahrt werden, scheint sich der Rechtsgedanke von dem Falle des § 931 zu emanzipieren. Auf der andern Seite kann aber gerade die Hervorhebung von § 931 BGB. zu dem arg. e contrario führen, daß jener Gedanke in andern Fällen des Eigentumsüberganges nicht gelte. Davon wäre jedoch vor allem der Fall von § 934, insofern dieser auf § 931 Bezug nimmt, auszunehmen.

Hier ergibt sich nun die wohl weniger bedeutsame, als theoretisch interessante Frage, ob es die Einwendungen aus dem obligatorischen Rechte gegen den Veräußerer, oder jene aus einem solchen gegen den Eigentümer seien, die dem unmittelbaren Besitzer gegen den Erwerber erhalten blieben.

Z. B.: V besitzt die Sache des Eigentümers E und verleiht sie an C. Dieser erfährt, daß V gar nicht Eigentümer der Sache sei, und um sicher zu gehen, mietet er sie von E. V aber veräußert die Sache an A und überträgt ihm durch Abtretung des Herausgabeanspruches gegen C nach § 934 daran Eigentum.

---

[1]) Zwölf Studien zum Bürgerlichen Gesetzbuch, Nr. IV. im Arch. f. B. R. XVIII. S. 89 ff.

[2]) Aus § 986 Abs. 2 ergibt sich die der obligatorischen Seite der Rechtsstellung des Besitzers entstammende Folgerung, daß der Besitz im Augenblicke des Eigentümerwechsels bestehen muß. Vgl. Hellwig, Verträge S. 425 bei Anm. 881 b.

Wenn nun A gegen C klagt, hat dieser gegen ihn die Einwendung aus dem Leihvertrage mit V oder jene aus dem Mietvertrage mit E? Ein Unterschied, der bei verschiedener Vertragsdauer sehr wichtig sein kann.

Martin Wolff [1]) gibt dem Besitzer die Einwendungen aus beiden obligatorischen Rechtsverhältnissen, weil der Veräußerer sowohl seinen eigenen obligatorischen, als auch den dinglichen Anspruch des Eigentümers auf Herausgabe der Sache an den Erwerber abtrete.

Aber wenn schon gegen die Anspruchsabtretung nach § 931 der Vorwurf der Fiktion erhoben werden konnte,[2]) so kann dieser Vorwurf wohl mit noch größerem Rechte gegen die Annahme einer durch den Veräußerer erfolgenden Abtretung des Herausgabeanspruches des Eigentümers gerichtet werden.

Nicht etwa, daß hier jene Lehre bekämpft werden sollte, welche in der Veräußerung durch den Nichtberechtigten eine Verfügung über das Recht des Eigentümers sieht, sondern, während die Anspruchsabtretung nach § 931 eben wegen dieser Gesetzesstelle stets ausdrücklich gesetzt werden wird, werden die Parteien eine Abtretung des Eigentümeranspruchs bei einem Rechtsgeschäft nach § 934 BGB. nie vereinbaren, sie wohl nie auch nur im Sinne haben.

Trotzdem bejahen auch wir mit Wolff die von ihm aufgeworfene Frage, weil es sich um den Schutz des unmittelbaren Besitzers handelt, dessen Rechtsstellung durch einseitige Dispositionen Dritter nicht beeinträchtigt werden darf. Es ist nämlich Kohler zuzugeben, daß der dem § 931 zu Grunde liegende Gedanke auf diesen Fall nicht zu beschränken, sondern auf jeden Fall des Eigentumsüberganges auszudehnen ist.[3])

Martin Wolff ist übrigens noch über Kohler hinausgegangen,[4]) indem er dem unmittelbaren Besitzer den Schutz des obligatorischen Rechtes zum Besitze auch gegen den Ersitzungseigentümer gewährt. Theoretisch ist durch die Spaltung des Besitzes in mittelbaren und unmittelbaren die praktisch wohl kaum vorkommende[5]) Möglichkeit einer Ersitzung des

---

[1]) a. a. O. S. 10 f.

[2]) Kohler a. a. O. S. 90.

[3]) a. a. O. S. 90 f., 94 f. [4]) a. a. O. S. 11 f.

[5]) Martin Wolff a. a. O. S. 12 Anm. 2.

mittelbaren Besitzers gegen den unmittelbaren gegeben. Es liegt wohl im Geiste der Bestimmungen von § 986 Abs. 2 und § 936 Abs. 3 wenn solchenfalls der unmittelbare Besitzer geschützt wird.[1])

Somit setzt sich das obligatorische Recht des Besitzers unabhängig, von den auf seiner passiven Seite vorgehenden Veränderungen [2]) gegen jedermann und wohl auch gegen die Konkursmasse des verpflichteten Eigentümers durch.[3])

Von seinem obligatorischen Charakter bleibt da offenbar sehr wenig.[4]) Er tritt dort hervor, wo der Einrede aus dem obligatorischen Anspruch eine Replik aus demselben Rechtsverhältnis entgegengestellt wird.[5]) Ist diese Replik als Einrede gegen den Anspruch gedacht, geeignet, ihn zurückzuschlagen, dann muß der Besitzer unterliegen.

---

[1]) Zweifelhaft Crome, Iherings Jahrb. XXXVII S. 69, der die Einrede nur gegen Singularsuccessoren des Eigentümers für zulässig erachtet.

[2]) Die gleichen Grundsätze finden gegenüber dem Pfandgläubiger und Nießbraucher Anwendung. §§ 1065, 1227 BGB. Gierke, Fahrnisbesitz S. 44 f.

[3]) M. Wolff a. a. O. S. 13; über die Unterschiede im Liegenschaftsrechte das. S. 12 f. Vgl. die Erklärung von Crome a. a. O. S. 71 f.

[4]) Hellwig, Verträge § 63 spricht hier von dinglich radizierten Obligationen, vgl. insbes. S. 426 ff., 434, 2 a, 441, 5. Im Anschluß an Crome (Iherings Jahrb. 37 S. 70 ff.) betont er, daß der Gedanke an ein dingliches Recht desjenigen, dem eine bewegliche Sache kraft eines Schuldverhältnisses überlassen wurde, nach den Grundprinzipien, auf denen das BGB. aufgebaut sei, völlig fern gehalten werden müsse Das BGB. verstärke die Position eines solchen Inhabers lediglich zum Zwecke der Verteidigung gegenüber dem Eigentümer. Ganz richtig, aber die „Verstärkung“ kann nur nach der dinglichen Seite liegen und beruht auf der unmittelbaren Beziehung des Inhabers zur Sache. Hellwig hebt hervor, der obligatorische Charakter der Rechtsstellung des Inhabers zeige sich am klarsten, wenn der Eigentümer die Sache irgendwie zurückerlange. Der Inhaber sei dann ihm gegenüber völlig rechtlos. Dies ist sehr zutreffend, folgt aber eben daraus, daß die Verdinglichung der Rechtsstellung des Inhabers an seiner Innehabung klebt und mit ihr verloren geht.

[5]) Vgl. dazu M. Wolff a. a. O. S. 9 f.

4.

Die hier entwickelte dingliche Seite des Rechtes zum Besitze gibt uns die Grundlage für die Untersuchung jener Fälle, welche unmittelbar in unser Problem einschlagen.[1])

§ 986 Abs. 1 gibt dem Besitzer die Einrede gegen die Klage des Eigentümers auch dann, wenn das obligatorische Rechtsverhältnis nicht zwischen ihm, sondern zwischen dem mittelbaren Besitzer, von dem er sein Recht zum Besitz ableitet, und dem Eigentümer besteht.

Der mit der Eigentumsklage auf Herausgabe der Sache belangte Besitzer hat eine Einrede auch dann, wenn er weder ein dingliches Recht an der Sache, noch unmittelbar dem Eigentümer gegenüber einen obligatorischen Anspruch auf Überlassung des Besitzes hat.

Welcher Natur ist diese Einrede, worauf gründet sie sich?

Die Einrede ist rechtsverteidigend, d. h. sie ist wohl anspruchsverneinend, enthält aber Rechtsübung durch Rechtsverteidigung.

Sie verneint den Klageanspruch: Auf den gesetzlichen Wortlaut, „kann die Herausgabe der Sache verweigern", ist kein Gewicht zu legen. § 1004 BGB. behandelt den analogen Fall für die Negatorienklage mit der Wendung: „Der Anspruch ist ausgeschlossen, wenn der Eigentümer zur Duldung verpflichtet ist". Es ist anerkannt, daß eine verschiedene Behandlung der Vindikations- und der Negatorienklage in diesem Punkte ganz ungerechtfertigt wäre.[2]) Den richtigen Ausdruck findet § 1004: „der Anspruch ist ausgeschlossen". Der Richter wird deshalb, wenn er aus dem Klagsvortrage den ganzen Sachstand erfährt, den Anspruch als bestehend nicht ansehen, gegen den ausgebliebenen Beklagten Versäumnisurteil nicht fällen können.

---

[1]) Will man zwischen Einreden aus dem Rechte gegen den Dritten und solchen aus dem Rechte des Dritten unterscheiden, so handelte es sich bei den bisher erörterten Fragen um Einreden aus dem Rechte gegen den Dritten Man darf dabei aber nicht übersehen, daß dieser Begriff bei Einreden aus dinglichen Rechten vermöge des Wesens der Dinglichkeit sich in ein Nichts auflöst.

[2]) Martin Wolff a. a. O. S. 1 f. Anm. 1, der hier Einrede im Sinne eines Leistungsverweigerungsrechtes annimmt.

Andererseits enthält das Vorbringen der Einrede durch den Beklagten die Geltendmachung eines Rechtes, es ist Rechtsübung durch Rechtsverteidigung.

Welcher Art ist nun das Recht, das hier verteidigt wird?

Denn ohne, daß ihm irgend ein Recht zustände, könnte der Besitzer sich gegen die Eigentumsklage nicht behaupten. Dies leugnet allerdings Martin Wolff. Es könne nur an ein Recht zum Besitze gegenüber dem mittelbaren Besitzer, nicht aber gegenüber dem Eigentümer gedacht werden, sonst liege ein fehlerhafter Zirkel vor.[1])

Dies ist nicht richtig. Das Recht, das vom mittelbaren Besitzer „abgeleitet" ist, schützt den Beklagten gegen den Eigentümer. Allerdings ist es kein obligatorischer Anspruch gegen diesen. Ein solcher steht nur dem mittelbaren Besitzer zu, aber daß deshalb der Beklagte selbst kein Recht zum Besitze habe, ist zu leugnen. Wie könnte er sich denn sonst gegen den Eigentümer behaupten. Wolff erklärt die Einrede aus einer Summierung des Besitzrechts des Zwischenmannes gegen den Kläger mit einem Besitzrecht oder einer Besitzpflicht des Beklagten gegen den Zwischenmann.[2]) Juristische Begriffe lassen sich aber doch nicht wie Zahlen addieren, Wolffs Aufstellung kann daher nur ein Bild sein, hinter dem der wahre juristische Vorgang hervorzuholen ist.

Aus jener Summierung resultiert dem Beklagten ein „Besitzbehaltungsrecht".[3]) Also doch ein Recht? Es soll offenbar nur ein Einrederecht sein, aber ein solches ohne Unterlage: die Einrede des Beklagten enthält nicht Geltendmachung eines eigenen, sondern eines fremden Rechtes.[4])

Solches ist aber ganz und gar unmöglich. Fremde Rechte kann niemand ohne vermittelnden Übergang, wodurch sie eben eigene werden, für sich geltend machen.

Daß der Beklagte mittelst irgend einer Cession etwa in die obligatorische Rechtsstellung seines Rechtsgebers gegenüber dem Eigentümer

---

[1]) a. a. O. S. 17 f.

[2]) a. a. O. S. 17.

[3]) a. a. O. S. 17.

[4]) a. a. O. S. 19.

gelange, schließen auch wir aus.[1]) Es ist vielmehr auch hier das dingliche Element des Rechtes zum Besitze, welcher zum Vorschein kommt.

Die Rechtsstellung des Besitzers weist infolgedessen, daß es sich um Sachbeherrschung, Sachgenuß handelt, zwei Seiten auf. Gegenüber dem Eigentümer ist sie obligatorisch, erzeugt und getragen von seinem Willen, gegenüber der Sache ist sie dinglich, ist sie ein, wenn auch noch so geringer Ausschnitt aus den Machtbefugnissen des Eigentümers gegenüber der Sache. In diese Rechtsstellung des Besitzers zur Sache rückt derjenige ein, der sie von ihm zu unmittelbarem Besitz empfängt.[2]) [3])

Auch hier wird aber der Einredeschutz des obligatorischen Rechtes den Übertragungsakt zwischen mittel- und unmittelbarem Besitzer ersetzen. Wenn daher der dem mittelbaren Besitzer gegenüber obligatorisch zum Besitze berechtigte Beklagte die im Besitz des Zwischenmannes befindliche Sache irgendwie in seine Gewalt bekommt, so rückt er vermöge jener Einredemöglichkeit in die dingliche Stellung des Zwischenmannes zur Sache ein. Er wird sich daher auch in diesem Falle

[1]) Der Parteiintention wird solche Cession gewöhnlich fernliegen. Die Verhältnisse sind hier ferner schon deswegen nicht einer Cession entsprechend, weil ja der mittelbare Besitzer seine obligatorischen Rechte gegen den Eigentümer auch fernerhin behält. Man kann auch nicht etwa sagen, die Obligation als dauerndes Rechtsverhältnis bliebe bestehen und es übergingen nur einzelne Rechte auf den unmittelbaren Besitzer. Denn welche Rechte enthält z. B. die Gebrauchsleihe außer dem eben beim unmittelbaren Besitzer befindlichen Gebrauchsrechte? Das Verhältnis ist so, daß eine Rechtstellung die andere trägt, nicht aber in sie übergeht.

[2]) Hiernach ist es selbstverständlich, daß die Einrede auch dem Depositar des mittelbaren Besitzers zusteht. Der Depositar ist dem mittelbaren Besitzer gegenüber zum Besitze bloß verpflichtet, dem Eigentümer aber und jedem Dritten gegenüber kraft seiner verdinglichten Rechtsstellung auf Grund seines „abgeleiteten Rechts" zum Besitze berechtigt. So erscheint die Textierung von § 986 ganz richtig, ohne daß man den Depositar als dem Zwischenmann gegenüber zum Besitze berechtigt ansehen müßte. S. dageg. M. Wolff a. a. O. S. 17 f.

[3]) Weil der unmittelbare Besitzer die dingliche Position des mittelbaren überkommt, muß der unmittelbare Besitz zur Zeit des Eigentümerwechsels nicht bestanden haben. Es genügt, wenn es beim mittelbaren der Fall war.

gegen die Eigentumsklage erfolgreich wehren können, man wird auch hier sagen können, er leite sein Recht zum Besitze vom mittelbaren Besitzer ab. Andernfalls käme man auch zu einem Widerspruch. Gäbe man dem Beklagten, der sich eigenmächtig in den Besitz der von einem Dritten ihm obligatorisch zur Besitzüberlassung Verpflichteten besessenen Sache gesetzt hat, die Einrede gegen den Eigentümer nicht, so müßte man ihm die Rückstellung der Sache an den mittelbaren Besitzer auferlegen. Wenn eine solche nämlich dort geboten ist, wo der mittelbare Besitzer selbst durch sein Entgegenhandeln gegen den Willen des Eigentümers die Eigentumsklage hervorgerufen hat (§ 986 Abs. 1 Satz 2), so ist sie gewiß dort billig, wo der mittelbare Besitzer zu jener Klage keinen Anlaß gegeben hat.[1]) Der Eigentümer könnte also bewirken, was der mittelbare Besitzer selbst nicht könnte, weil ihm direkt doch sicherlich die Einrede aus § 986 Abs. 1 Satz 1 entgegenstünde. Es wird daher dem unmittelbaren Besitzer eine Einrede gegen die Eigentumsklage auch dann zu geben sein, wenn er dem mittelbaren Besitzer gegenüber, der selbst gegen den Eigentümer ein Recht zum Besitze hat, bloß obligatorisch berechtigt und irgendwie, wenn auch ohne, ja gegen den Willen des mittelbaren Besitzers in den Besitz der Sache gelangt ist.

Dies ist aber auch die äußerste Grenze, bis zu der sich die Bestimmung von § 986 Abs. 1 Satz 1 dehnen läßt.

Es ist Martin Wolff zuzugeben, daß sie auch dort anwendbar ist, wo das Besitzrecht von einem Vormann des jetzigen Besitzmittlers abgeleitet ist, ja auch dort, wo sein Besitzmittler — wie im Falle der exc. rei vend. ac. trad. — überhaupt nicht mehr existiert,[2]) ein Postulat wird man aber immer aufrechthalten müssen: daß der Beklagte sein Recht von einem B e s i t z e r ableite. Wer selbst nicht besessen hat, kann eine Rechtsbeziehung zur Sache nicht vermitteln, und deshalb ist die Schlußfolgerung Wolffs entschieden abzulehnen, es sei nicht nötig, „daß der Zwischenmann je (mittelbarer oder unmittelbarer) Besitzer der Sache war".[3])

[1]) Der Abschluß des obligatorischen Vertrages mit dem Beklagten hat eine Überschreitung seiner Machtbefugnisse noch nicht involviert.

[2]) a. a. O. S. 18 f.

[3]) a. a. O. S. 19.

„A verkauft sein Grundstück an B, B verkauft es weiter an C, C gelangt in den Besitz des Grundstücks, gleichviel, auf welche Weise (durch Übergabe des A oder eines Dritten, durch gewaltsame Dejektion des A, oder C war Mieter und behält das Grundstück nach Ablauf der Mietszeit). Wollte hier A gegen C die Eigentumsklage anstrengen, so würde C sich darauf berufen können, daß er dem B, und daß B dem Kläger A gegenüber obligatorisch zum Besitze berechtigt sei."

Dies halten wir für ausgeschlossen. Es käme in der juristischen Wirkung einer eigenmächtigen Pfändung des Anspruches des B in der ökonomischen einem Eingriffe in dessen Vermögen gleich.

B kann sich mit A in der verschiedensten Weise auseinandersetzen, kann ihm den Anspruch erlassen, ihn sonst wie modifizieren wollen. Dies geht C nichts an. Ihm eine Geltendmachung des Rechtes des B verstatten, hieße einen unerträglichen Eingriff in fremde Dispositionsfreiheit schaffen.

Geschähe es aber doch, so wäre eben kraft Gesetzesvorschrift ein Rechtsübergang vollzogen. Daß ohne solche rechtliche Vermittlung jemand fremdes Recht sollte üben können, ist jetzt und immerdar unmöglich.[1])

5.

Der beklagte Besitzer kann sich gegen die Eigentumsklage nicht schützen, wenn der mittelbare Besitzer nicht befugt war, ihm den Besitz zu überlassen.

Man sieht hier deutlich, worauf es bei dem ganzen Verhältnis ankommt. Entstände das Besitzbehaltungsrecht wirklich nur aus der Summierung der beiden Rechte des unmittelbaren und mittelbaren Besitzers, so wäre jene Bestimmung inkonsequent. Ihr Vorhandensein beweist, daß auch der Beklagte, der obligatorisch in keiner Verbindung mit dem Eigentümer steht, doch irgendwie von seinem Willen abhängt.

---

[1]) Die moderne Lehre von der Verfügung über fremdes Eigentum durch Veräußerung seitens eines Nichtberechtigten steht dem nicht entgegen. Es wird hier eben kraft Rechtens solche Verfügungsgewalt Dritten gegeben. Ohne solches Mittelglied wäre die Logik des Vorganges durchbrochen.

Wir haben[1]) die Rechtsbeziehung des dem Eigentümer gegenüber obligatorisch berechtigten Besitzers einen Ausschnitt aus den Machtbefugnissen des Eigentümers gegenüber der Sache genannt. Der Umfang dieses Ausschnittes, der Inhalt der dem Besitzer so überlassenen Sachherrschaft bestimmt sich nach der obligatorischen Willensbindung des Eigentümers.

In diese dingliche Beziehung des Besitzers zur Sache tritt sein Unterbesitzer ein. War nun der mittelbare Besitzer dem Eigentümer gegenüber zur Weggabe des Besitzes an den Dritten nicht berechtigt, so fehlte ihm die Verfügungsgewalt über den Sachbesitz. Mag daher ihm gegenüber der unmittelbare Besitzer obligatorisch durch Einrede im Besitze geschützt sein, dem Eigentümer gegenüber ist er es nicht, weil er mangels der Verfügungsgewalt seines Vormannes in dessen dingliche Beziehung zur Sache nicht einrücken konnte.[2])

Er muß daher die Sache herausgeben. — Würde aber die Herausgabe an den Eigentümer erfolgen, so wäre damit ein Eingriff in die noch immer bestehende Herrschaft des mittelbaren Besitzers über die Sache begangen. Die Macht des Eigentümers reicht hin, den in der Weggabe des Besitzes liegenden Fehler des mittelbaren Besitzers zu korrigieren, sie reicht nicht hin, über diese Korrektur hinaus den mittelbaren Besitz aufzuheben. Sie fängt dort an, wo die Macht des mittelbaren Besitzers aufhört, sie hört aber auch auf, wo jene anfängt. Deshalb muß der unmittelbare Besitzer die Sache zunächst nur dem mittelbaren zurückgeben.

Wenn daher der Eigentümer Herausgabe an sich selbst verlangt, kann ihm der beklagte unmittelbare Besitzer mit dem Hinweise darauf begegnen, daß der mittelbare Besitzer ihm gegenüber obligatorisch zum Besitze berechtigt ist.

Der unmittelbare Besitzer bedient sich also des Rechtes des Dritten zu Zwecken seiner Einrede.[3]) Wie ist das zu verstehen?

---

[1]) oben S. 204.

[2]) Vom Besitz als faktischer Sachherrschaft und den durch ihn gegebenen Rechtsvorteilen ist hier abzusehen.

[3]) Ist das obligatorische Verhältnis zwischem dem mittelbaren und dem unmittelbaren Besitzer bereits beendet und enthält dieser jenem den Besitz un-

Es ist von Hellwig darauf hingewiesen worden, daß „in gewissem Sinne“ ein ähnlicher Erfolg, wie ihn jetzt § 986 Abs. 1 Satz 2 bedingt, schon vorher durch die laudatio auctoris ermöglicht war.

Der den Rechtsstreit nach § 73 CPO. übernehmende Auktor konnte den Vindikanten mit Einwendungen aus seiner Person zurückschlagen.

Hellwig sieht den Fortschritt der Rechtsentwicklung nur darin, daß jetzt dem „Unterbesitzer selbst die Möglichkeit gegeben wird, die Zurückweisung des Vindikanten herbeizuführen.“ [1])

Die Entwickelung hat sich aber auch insofern zu Gunsten des Eigentümers vollzogen, als dieser nun die direkte Möglichkeit hat, die Herausgabe der Sache an den Oberbesitzer zu erzwingen.

§ 986 Abs. 1 Satz 2 trägt daher den Rechten sowohl des Eigentümers als auch des mittelbaren Besitzers Rechnung.[2])

Dem Eigentümer ist ein Anspruch auf Herausgabe gegen den unmittelbaren Besitzer gegeben, denn auch die Herausgabe an den mittelbaren Besitzer geschieht mittelbar an den Eigentümer.

Der Anspruch des Eigentümers auf Herausgabe ist inhaltlich beschränkt, aber nur insoweit, als die Rechtsstellung des unmittelbaren Besitzers von dem Willen des mittelbaren getragen wird. Insofern sich in dieser Rechtsstellung der Wille des mittelbaren Besitzers ausdrückt, ist er insoweit wenigstens zu achten, daß die Herausgabe nur an ihn verlangt werden kann.

Der unmittelbare Besitzer, der das Recht des mittelbaren einwendet, bringt zunächst eine anspruchsverneinende Einrede vor. Es wird verneint, daß ein Anspruch des Eigentümers auf Herausgabe der Sache an ihn selbst bestehe. Aber die Einrede geht über bloße Anspruchsverneinung hinaus, sie ist Rechtsverteidigung. Wäre dem nicht

---

berechtigt vor, so wird der Eigentümer replizierend darauf hinweisen dürfen, seine Replik also solchenfalls den Rechtsbeziehungen unter Dritten entnehmen. Ob ihm in solchem Falle das Recht zusteht, Herausgabe der Sache an sich zu verlangen, ist im Gesetz nicht entschieden, dürfte aber analog § 986 Abs. 1 Satz 2 zu verneinen sein bezw. nur eventuell zu bejahen sein.

[1]) Verträge S. 421.

[2]) A. A. Martin Wolff a. a. O. S. 21.

so, dann bedürfte es eines Bindegliedes zwischen der Rechtsstellung des unmittelbaren Besitzers und jener des mittelbaren garnicht. Es hätte jene Einrede auch derjenige, der den mittelbaren Besitzer gewaltsam entsetzt hat, ja, der überhaupt ein Recht zum Besitze gegen ihn garnicht hat, der ihm also etwa die Sache gestohlen hat, endlich auch derjenige, der die Sache garnicht mehr für den andern als mittelbaren Besitzer besitzt.

Diese Folgerungen zieht nun in der Tat Martin Wolff.[1]) Das einzige Postulat, das er aufstellt, ist, daß der Zwischenmann unmittelbarer Sachbesitzer war, bevor der Beklagte Besitzer wurde.

Daß er damit über den Wortlaut des Gesetzes weit hinausgeht, dessen ist sich Wolff bewußt. Wir glauben aber, daß er auch über den Sinn und die Absicht jener gesetzlichen Bestimmung hinausgegangen ist.

Mag sein, daß die Bestimmung von § 986 Abs. 1 Satz 2 es auf den Schutz des mittelbaren Besitzers abgesehen hat, aber daß sie es in so geradezu schrankenloser Weise täte, halten wir in jener Vorschrift nicht für gegeben.

Zum mindesten müßte, wenn schon wirklich nur der Schutz des mittelbaren Besitzers unter allen Umständen angestrebt ist, der mittelbare Besitz doch im Augenblicke des Schutzes vorhanden sein. Die Fälle der vom Pfandgläubiger formwidrig veräußerten, der gestohlenen, verlorenen Sache[2]) hätten daher auszuscheiden. Aber es ist noch mehr zu verlangen. Der unmittelbare Besitzer muß den Besitz vom mittelbaren erhalten haben. Dadurch erst bekommt er das Recht und die Pflicht, die Rechte des mittelbaren Besitzers an der Sache gegenüber dem Eigentümer zu wahren.

Man wende nicht ein, es sei widersinnig, den Schutz des mittelbaren Besitzers von der Rechtmäßigkeit der Stellung des Dritten abhängig zu machen. Es handelt sich hier eben nicht ausschließlich um

[1]) a. a. O. S. 20 ff. Es ist nicht mit Sicherheit zu entnehmen, ob Wolff in den Fällen der gewaltsamen Entsetzung, des Diebstahls usw. den Bestand eines obligatorischen Verhältnisses zwischen mittelbarem und unmittelbarem Besitzer fordert.

[2]) Martin Wolff a. a. O. S. 22.

den Schutz des Besitzers, sondern um eine Beschränkung der Eigentumsklage und diese soll nur soweit gehen, als ihr ein vom Willen des mittelbaren Besitzers beherrschtes Gebiet gegenübersteht.

6.

Auf die nach Analogie des § 986 BGB. zu behandelnden Klagen bezw. Ansprüche,[1]) die Martin Wolff[2]) in scharfsinniger Kasuistik zergliedert hat, ist hier nur im Rahmen unserer besondern Aufgabe einzugehen.

Hervorzuheben ist zunächst die analoge Behandlung der Negatorienklage. Wer von demjenigen, der dem Eigentümer gegenüber zum Besitze berechtigt ist, die Ausübung eines Rechtes an der Sache eingeräumt erhalten hat, der kann, wenn jene Einräumung der Befugnis des Zwischenmannes nicht widerstreitet, der Negatorienklage des Eigentümers gegenüber sich durch eine der Einrede aus § 986 Abs. 1 Satz 1 analoge Einrede schützen.[3])

Der Grundbuchberichtigungsanspruch aus § 894 BGB. hat gleichfalls Fälle geschaffen, die von unserem Problem aus zu erörtern sind.

Zuzugeben ist vorweg, daß derjenige, dessen Recht auf Grund eines obligatorischen Rechtes aber ohne giltige Einigung in das Grundbuch eingetragen ist, sich gegen die Berichtigungsklage des obligatorisch Verpflichteten mit einer Einrede aus dem obligatorischen Rechte schützen und dadurch im Grundbuche behaupten kann, daß ferner gemäß § 879 Abs. 2 BGB. die nachträgliche freiwillige oder durch ein über Klage des Eingetragenen ergehendes rechtskräftiges Urteil ersetzte Einigung, dem Eingetragenen den Rang auch gegenüber dritten Berechtigten wahrt, die zwischenzeitig auf Grund giltigen Rechtes und giltiger Einigung konkurrierende und kollidierende Rechte im Grundbuche erworben haben.[4])

---

[1]) Abgesehen von den auf Grund ausdrücklicher gesetzlicher Verweisung (§§ 1017, 1065, 1227, nicht §§ 1632, 2018 BGB., s. Stammler, Hallenser Festgabe S. 40 bei und in Anm. 1) analog zu behandelnden Fällen.

[2]) a. a. O. S. 23 ff. [3]) das. S. 23 ff.

[4]) S. Turnau u. Förster, Das Liegenschaftsrecht nach den Deutschen Reichsgesetzen und den Preußischen Ausführungsbestimmungen II. Aufl. I. (1902) S. 138 Nr. 3, S. 134 f. I. 2 b.

§ 894 BGB. ermöglicht aber im Gegensatze zum österreichischen Rechte, welches die Austragung derartiger Konflikte erst im Meistbotverteilungsverfahren verstattet, daß der von solcher nichtiger Eintragung betroffene, nachfolgend eingetragene, Berechtigte, den unberechtigten Vormann sofort, also bevor eine sanierende Einigung erfolgt ist, auf Berichtigung belange und hier entsteht nun die Frage, ob der Belangte sich auf sein obligatorisches Recht auf Einigung gegen den dritten Grundstückseigentümer dem Kläger gegenüber berufen darf. Martin Wolff, auch hier radikal, bejaht die Frage.[1])

§ 879 Abs. 2 bietet jedoch hierfür keine Grundlage.[2]) Darnach muß die Einigung bereits zu stande gekommen sein, um die Eintragung objektiv zu einer rechtsgültigen zu machen. Vorher läßt sich im obligatorischen Verhältnis die Einigung durch die Einredefunktion des obligatorischen Anspruchs ersetzen. Dritten gegenüber kann zum Nachteil ihrer dinglichen Rechte jene an sich nichtige und nur ausnahmsweise dem obligatorisch Verpflichteten gegenüber geschützte Eintragung keine Wirkung äußern. Eine Analogie aus § 986 BGB. verbietet sich hier vermöge der völlig verschiedenen Rechtslage[3]) und ist wohl auch von Martin Wolff nicht behauptet.

Dagegen ist die Analogie zu § 986 in dem zweiten von Martin Wolff zur Erörterung gestellten Falle nicht ganz abzuweisen.

> „A verkauft gültig sein Grundstück an B, B wird als Eigentümer eingetragen, obwohl die Auflassung wegen Formmangels nichtig ist, B bestellt dem C, der die Nichtigkeit jener Auflassung kennt, durch Einigung und Eintragung eine Hypothek. A klagt auf Berichtigung des Grundbuches gegen B und C, B kann ihm sein Recht auf Auflassung einredeweise entgegenhalten, aber auch C entgeht der Verurteilung, da er ein Recht gegen B und dieser ein Recht gegen A auf Aufrechterhaltung des Buchstandes hat."

---

[1]) a. a. O. S. 26.

[2]) A. A. Martin Wolff a. a. O. S. 26 Anm. 2 ohne weitere Begründung.

[3]) Dort „summieren" sich zwei Einreden, von denen doch die eine wenigstens gegen den Kläger geht. Hier steht dem Rechte des Klägers in seiner unmittelbaren Beziehung zu den beiden andern Personen keinerlei Einrede entgegen.

Wir glauben vor allem, daß es für das Wesentliche der Entscheidung gleichgültig ist, ob B und C gleichzeitig belangt werden,[1]) daß vielmehr das Prinzip auch dort zur Wirkung kommen muß, wo C allein und vor B auf Berichtigung geklagt wird.

Die Entscheidung Wolffs ist nur auf Grund der Annahme völliger Analogie mit § 986 BGB. haltbar. Ob aber der physische mit dem „Tabularbesitz" [2]) in dieser Hinsicht gleich zu setzen ist, bleibt fraglich, die Verleihung einer Einrede an den Hypothekargläubiger daher bedenklich. Es ist aber zuzugeben, daß Wolffs Entscheidung vom Standpunkte der Billigkeit und Zweckmäßigkeit sehr ansprechend ist.

7.

In allen bisher erörterten Fällen wurde vorausgesetzt, daß zwischen dem Kläger und dem beklagten Besitzer ein obligatorisches Verhältnis nicht bestehe, daß vielmehr der Kläger bloß kraft dinglichen Rechtes Herausgabe der Sache verlange.

Es ist nun aber auch möglich, daß der belangte Besitzer dem Kläger auf Grund eines zwischen ihnen bestehenden obligatorischen Verhältnisses zur Herausgabe verpflichtet, diese vermöge einer Beziehung zu einem dritten Berechtigten verweigert; z. B. A verlangt als Deponent vom Depositar B die Herausgabe der deponierten Sache, B wendet ein, er habe sie vom Eigentümer C gemietet.[3])

Die Entscheidung des Falles hängt von der Stellung zu der neuestens wieder lebhaft erörterten Frage ab, inwiefern einem obligatorischen Herausgabeanspruch mit einer Einrede aus einem dem Beklagten zustehenden und ihn zum Besitze berechtigenden dinglichen Rechte begegnet werden kann.[4])

---

[1]) Mit der Aufnahme dieser Komplikation scheint auch von Wolff nicht besondere Absicht verfolgt zu sein.

[2]) So Wolff a. a. O. S. 26.

[3]) Martin Wolff a. a. O. S. 32.

[4]) Für das gemeine Recht s. Windscheid-Kipp II. §§ 375 Anm. 3a, 378 Anm. 3, 382 Anm. 7a, 400 Anm. 18. — Das sächs. bürgerl. Gesetzbuch enthält als grundsätzliche Norm bei der Gebrauchsleihe in § 1184 die Bestimmung: „Der Entleiher kann sich der Rückgabe der Sache nicht durch den Einwand

Eine Eventualität ist hier vorweg auszuscheiden. Hat nämlich der obligatorisch zur Herausgabe der Sache Verpflichtete während des Bestandes des obligatorischen Verhältnisses von dem nachmaligen Kläger selbst das dingliche Recht erworben, so kann in solchem Rechtsgeschäft der übereinstimmende Wille beider Teile ausgedrückt sein, daß es von der Rückgabepflicht sein Abkommen haben solle. Dieser Fall bietet selbstverständlich keinen Anlaß zu weiterer Erörterung.[1])

Was ist aber Rechtens, wenn z. B. der Depositar schon vor Übernahme des Depositum Eigentümer war und es erst nachträglich erfährt, oder wenn er das Eigentum nachträglich von einem Dritten erwirbt?

Kann er solchenfalls wegen seines Eigentumes[2]) die Herausgabe an den Deponenten verweigern?

Und wenn er selbst kein Recht an der Sache hat, dagegen erfährt, daß gar nicht der Deponent, sondern ein Dritter Eigentümer der Sache ist, kann er auch hier die Herausgabe unter Hinweis auf jenes Recht des Dritten verweigern?

---

entziehen, daß ihm das Eigentum an derselben zustehe, ausgenommen, wenn er bereits zur Zeit der Verleihung Eigentümer war und die Verleihung nicht unter Umständen erfolgte, unter welchen auch dem Eigentümer der Gebrauch seiner eigenen Sache von einem andern eingeräumt werden konnte, oder wenn ihm der Verleiher nach der Verleihung das Eigentum überließ." — Bei der Pacht und Miete im § 1227 und beim Hinterlegungsvertrage im § 1271 wird dann auf jene Bestimmung Bezug genommen. Das österr. A. BGB. und das BGB. enthalten keine diesbezügliche Bestimmung. Vgl. zu letzterem Martin Wolff a. a. O. S. 29 f.

[1]) RG. XV. Nr. 48 S. 210. „Denn, wenn der Depositar das Eigentum der deponierten Sache von dem Deponenten nach der Deposition erwirbt, so liegt darin eine vertragsmäßige Aufhebung des Aufbewahrungsvertrages; es fällt damit die Verpflichtung zur Rückgabe der hinterlegten Sache hinweg und es fehlt der Klage an der rechtlichen Begründung." Dazu die dortselbst Anm. 1 Citt., ferner Dernburg, Pand. 7. Aufl. II. § 92 Anm. 23.

[2]) Es kann auch ein anderes dingliches Recht z. B. Pfandrecht sein. Vgl. den Rechtsfall RG. 25 Nr. 37. A hat Wertpapiere des B bei C deponiert, C dieselben bei sich zu Gunsten seiner Forderung gegen B pfänden lassen und verweigert auf Grund dessen dem A die Herausgabe der Papiere.

Die erste Frage wird jetzt schlankweg bejaht,[1]) die zweite ebenso schlankweg verneint,[2]) weil der Beklagte dem Rechte des Dritten keine Einrede entnehmen könne,[3]) weil es eine exceptio ex iure tertii wäre.[4]) [5])

Ist die Sache wirklich so einfach? Soll der bloße Nachweis des Eigentums auf Seite des Beklagten genügen, um den obligatorisch Fordernden aus dem Felde zu schlagen?

Es ist doch sicherlich zulässig, über eine beiden Teilen als fremd bekannte Sache einen obligatorischen Vertrag zu schließen, vermöge dessen der eine vom andern die Sache mit der Verpflichtung zur Rückgabe übernimmt. Daß die Sache fremd ist, macht hier kein Hindernis. Der Übernehmer wird deswegen die Rückstellung nicht verweigern können.

Es ist ebenso unbezweifelt, daß der Eigentümer selbst seine — und zwar beiden Teilen als die seinige bekannte — Sache mit obligatorischer Rückgabepflicht, z. B. als Verwahrer seines Mieters, übernehmen und sich auch hier bei der Rückgabe hinter sein Eigentum nicht verschanzen kann.[6])

Also ist es doch nicht das Eigentum des Beklagten, welches ihn der Rückgabepflicht entbindet.

Man kann andererseits nicht schlechthin sagen, der Beklagte dürfe zu seinem Schutze auf das Eigentum des Dritten nicht hindeuten, denn der Eigentumsklage gegenüber darf er es.

Dies ist nie bezweifelt worden. Schon die Kommentatoren, vor allen Baldus und Bartolus,[7]) kannten diesen Fall und sprachen

---

[1]) Förster-Eccius, Pr.Pr.R. VI. Aufl. I. (1892) S. 743, Dernburg a. a. O. mit eigentümlicher Begründung; Crome, Bürg. Recht II. § 237 Anm. 42, § 276 bei Anm. 23, Kipp, Zusätze II. S. 552, Martin Wolff a. a. O. S. 29 ff.

[2]) Crome a. a. O. und Anm. 24.

[3]) Förster-Eccius a. a. O.

[4]) Crome a. a. O. Anm. 25.

[5]) Eine historisch tiefer gehende Begründung gibt Wolff a. a. O.

[6]) Vgl. § 1093 A. BGB. „er" (der Eigentümer) „kann aber auch in den Fall kommen, den Gebrauch seiner eigenen Sache, wenn er einem Dritten gebührt, in Bestand zu nehmen".

[7]) S. unten.

von ihm als einem Fall der exceptio ex iure tertii, die sie deshalb für zulässig erklärten, weil es sich um ein „ius tertii exclusivum iuris agentis positum in esse“ handle.

Heutzutage sagt man, es liege hier gar keine Einrede aus dem Rechte des Dritten, sondern Leugnen einer Klagsvoraussetzung, nämlich des Eigentumes des Klägers vor.

Sehr richtig, aber aus dem allem ergibt sich, daß die bloße vom Beklagten ausgehende Eigentumsbehauptung — werde nun sein eigenes oder Eigentum des Dritten behauptet, gegenüber dem obligatorischen Klagsanspruche keine Schlüssigkeit hat, weil sich jenes Eigentum mit dem Rechte des Klägers auf Herausgabe sehr wohl vertragen kann.

Es kann daher nicht genügen, wenn der Beklagte erklärt, er gebe die Sache nicht heraus, weil er selbst Eigentümer sei. Der Kläger ist gar nicht genötigt, solcher Behauptung ein besseres Recht, z. B. Nießbrauch, entgegenzusetzen,[1]) sondern kann sich darauf beschränken, hervorzuheben, daß aus dem Eigentume des Beklagten an sich noch nicht das Geringste gegen seinen Anspruch folge.

Der Beklagte muß vielmehr den ganzen Sachverhalt so weit aufdecken und beweisen, daß sich daraus ergibt, der Kläger habe kein Recht, dem Beklagten die Sache vorzuenthalten.

Nun erst kann der Beklagte die Sache behalten, weil das Recht nicht den Widersinn begehen kann, ihm in einem Atem die Herausgabe an den Kläger und diesem die augenblickliche Rückgabe an den Beklagten aufzuerlegen.

In diesem Sinne gilt allerdings noch heute: dolo facit, qui petit quod redditurus est.[2])

8.

Dieser Gesichtspunkt entfällt, wenn nicht der Beklagte, sondern ein Dritter Eigentümer der Sache ist.

---

[1]) Kipp a. a. O.

[2]) Vgl. Kipp a. a. O. „Denn er kann geltend machen, daß der Verleiher die zurückempfangene Sache ihm als dem Eigentümer sofort wiederum zurückgeben müßte.“

Mag immerhin der Kläger dem Eigentümer gegenüber gar keinen Grund zum Behalten der Sache haben, den Beklagten geht es nichts an, seine Herausgabepflicht wird dadurch nicht tangiert. Vielleicht will der Kläger die Sache gerade zurück, um sie dem Dritten rückzustellen, vielleicht läßt sie ihm der Dritte absichtlich in stillschweigendem Schenkungswillen. Das sind Beziehungen, in welche der Beklagte als Dritter nicht eindringen darf. Das Recht des Dritten kann ihm nicht helfen, und im Interesse des Dritten zu handeln, ist er nicht legitimiert.

Hier ergibt sich also: die bloße einredeweise Verweisung auf das Recht des Dritten hilft zunächst deshalb nicht, weil sie nicht schlüssig ist. Beweis: der Fall der Eigentumsklage; hier nützt jene Verweisung, weil sie schlüssig ist.

Wo ihre Schlüssigkeit aber auch insofern gegeben ist, als dargetan wird, daß Kläger die Sache des Dritten ohne Grund behält, würde die Einrede allerdings deswegen abzuweisen sein, weil sie das Recht des Dritten ohne Legitimation geltend machen würde. Vom Rechte des Dritten besehen, erscheint in solchem Falle der Beklagte so wenig als der Kläger berechtigt, die Sache zu behalten. Zwischen Kläger und Beklagten entscheidet aber das obligatorische Rückforderungsrecht des Klägers.[1])

Anders, wenn der Beklagte zu dem Dritten in einem Verhältnis steht, welches ihn berechtigt, dessen Rechte geltend zu machen. Ob ein solches Verhältnis durch die Einräumung obligatorischer Rechte an der

[1]) In einen anderen Zusammenhang gehört die Frage, inwiefern und warum sich der Beklagte darauf berufen darf, daß er die Sache dem dritten Berechtigten zurückgestellt habe. Er darf sich auf die Rückstellung an den Dritten berufen, soweit die erörterten Voraussetzungen mangelnden Rechtes beim Kläger, vorhandenen Rechtes beim Dritten gegeben sind, weil in der Entgegennahme der Sache durch den Dritten legitimierende Kraft für die Handlung steckt. Ist dem Beklagten vollends vom Dritten die Sache rechtskräftig abgestritten worden, so tritt für ihn nicht etwa die Einrede der Rechtskraft, sondern schuldloser Unmöglichkeit der Leistung ein. Vgl. Crome, BR. II. § 276 Anm. 24; Hellwig, Grenzen. Im Prozesse kommen dann bei der Frage der Schuldlosigkeit Einreden zwischen dem Beklagten und dem Dritten zur Sprache. Dar. unten.

Sache (in dem eingangs erwähnten Beispiel: Miete) begründet wird, ist eben die Frage.

Man kann sagen, daß der Beklagte vermöge des obligatorischen Einredenschutzes gegenüber dem dritten Eigentümer einen Ausschnitt aus dessen Sachherrschaft überkomme. Vermöge dessen er sich in analoger Anwendung von § 986 Abs. 1 Satz 1 dem Kläger gegenüber im Besitze behaupten kann.

Der Analogie steht aber der gewichtige Umstand entgegen, daß die physische Beziehung des Beklagten zur Sache gerade durch den Willen des Klägers hergestellt wurde, und daß hier dem Kläger gegenüber eine ausdrücklich übernommene Pflicht zur Herausgabe auf seiten des Beklagten besteht. Wir halten daher eine Analogie hier für ausgeschlossen.[1])

9.

In zwei Sonderbestimmungen hat das BGB. Fälle geregelt, die sich den eben besprochenen dadurch anreihen, daß der Kläger nur ein obligatorisches Recht auf Herausgabe der Sache hat, dadurch aber sich von ihnen unterscheiden und den Fällen des § 986 näher treten, daß zwischen dem Kläger und dem in Anspruch genommenen unmittelbaren Besitzer ein obligatorisches Verhältnis nicht besteht.

Gemeint sind die durch § 556 Abs. 3 und § 604 Abs. 4 geregelten Rechtsverhältnisse.

Nach § 556 Abs. 3 kann der Vermieter vom Untermieter, nach § 604 Abs. 4 der Verleiher vom Unterleiher die Sache nach Beendi-

---

[1]) A. A. M. Wolff a. a. O. S. 32. Es drängt sich hier eine weitere Frage auf, die allerdings in diesem Zusammenhang, wo es sich um die Wirkung dinglicher Rechte gegenüber obligatorischen Ansprüchen handelt, nicht direkt hineingehört. Ist der dem Kläger obligatorisch zur Herausgabe der Sache verpflichtete besitzende Beklagte auch dann zur Herausgabe berechtigt, wenn der Dritte kein dingliches Recht an der Sache, sondern nur einen obligatorischen Anspruch auf sie gegenüber dem Kläger hat. Die Frage ist aus bereits angeführten Gründen (s. oben S. 205 f.) zu verneinen. Wolff, der die analoge Einrede gegenüber dinglicher Klage zuläßt, schweigt über diesen Fall.

gung des Haupt- (Miet- oder Leih-)verhältnisses unmittelbar zurückfordern.[1])

Es sind zur Erklärung der Natur dieses Anspruches, der gerne als „actio utilis“ bezeichnet wird,[2]) zwei verschiedene Ansichten aufgestellt worden.

Die eine sieht hier eine singuläre Erstreckung der obligatorischen Klage gegen den Dritten gegeben,[3]) die andere findet hier den engsten Zusammenhang mit § 986 BGB. und will den Anspruch „nicht als die gegen den Dritten erstreckte Kontraktsklage betrachten, sondern seine Natur einfach nach den Tatsachen, auf welche er sich stützt, bestimmen: also als den Anspruch des mittelbaren Besitzers auf Herausgabe, als die deutschrechtliche, trotz der romanistischen Verkleidung in das BGB. aufgenommene Mobiliarvindikation.“ [4])

Man mag jedoch den Anspruch fassen, wie man will, so gehören

---

[1]) Ohne Rücksicht auf den Stand des Verhältnisses zwischen dem Beklagten und seinem Zwischenmann. S. Kipp, Zusätze II. S. 691, 2. Über den Grund des Mangels einer analogen Bestimmung beim Depositum siehe Hellwig, Verträge S. 422, und gegen diesen Romeick, Die abgeleitete Schuld S. 16 f., S. 33.

[2]) Stammler a. a. O. S. 45; Fischer-Henle, BGB. zu § 556 Anm. 4, § 604 Anm. 3.

[3]) Planck, Komm. a. h. l., Fuld, Mietrecht S. 109 f.; Romeick a. a. O., der in sehr ansprechender Weise auf dieses Verhältnis, ebenso wie auf dasjenige des Erwerbers des vermieteten Grundstückes zum Mieter den Begriff der „abgeleiteten Schuld“ anwendet, „als eine obligatio, welche vom Gesetz aus der Tatsache einer anderweiten primären Obligation (zwischen A und B) und aus der Tatsache einer gewissen rechtlich an sich indifferenten Berührung des C mit dem Rechtszweck jener primären Obligation abgeleitet wird, und zwar um der sonst sich ergebenden Vereitelung dieses Rechtszwecks vorzubeugen.“ In Übereinstimmung mit Planck und Fuld findet er hier ein der actio in rem scripta — jedoch nicht in dem erweiterten gemeinrechtlichen Begriff derselben: actio aus einem Verhältnis zu einer Sache — analoges Verhältnis. S. 29 f. Es sei hier an die von Jhering im Jahre 1871 (Jahrb. X. S. 331) ausgesprochene Prophezeihung erinnert, daß „die Ausdehnung der in personam actio auf den bösgläubigen Erwerber des Obligationsobjekts in nicht zu langer Zeit geltendes Recht sein dürfte“.

[4]) Hellwig, Verträge S. 421.

nach dem Worte des Gesetzes zu seiner Begründung folgende Behauptungen:

1. daß der Vormann des Beklagten die Sache auf Grund Miet-(Leih-)verhältnisses zum Kläger innegehabt habe,
2. daß sie von ihm dem Beklagten in Untermiete (-leihe) gegeben worden sei,[1])
3. daß das Miet- (Leih-)verhältnis zwischen dem Anspruchswerber und dem Mieter (Leiher) beendet sei.

Aus dieser Begründung ergibt sich für den Angegriffenen die Möglichkeit, die Beziehungen des Klägers zum Zwischenmann zum Gegenstande einer Einrede zu machen.

Er wird nämlich zu 1 einwenden können, die Beziehungen zwischen dem Kläger und dem Zwischenmann seien andere, es liege zwischen ihnen ein anderer oder gar kein Vertrag vor; zu 3 wird er geltend machen dürfen, das Vertragsverhältnis zwischen dem Kläger und dem Zwischenmann sei noch nicht beendet oder es bestehe keine Rückgabepflicht des Zwischenmannes. Dies wären Einwendungen aus dem Verhältnis des Dritten zum Kläger, in diesem Sinne also Einreden „aus dem Rechte des Dritten". Ferner wird Beklagter sich auch erfolgreich mit der Einwendung verteidigen dürfen, er habe die Sache nicht zum Gebrauche erhalten, also eine Einrede aus dem Verhältnisse zum Dritten „aus dem Rechte gegen den Dritten" vorschützen.

Worauf beruht die Möglichkeit oder Zulässigkeit dieser Einwendungen?

Am einfachsten ist die Erklärung von Hellwig, wonach man es hier mit einem nach Analogie von § 986 BGB. zu behandelnden Fall zu tun hat. Es erklärt sich hiernach namentlich ungezwungen die dem

[1]) Es ist dies der normale, gewöhnliche Fall. Es kann aber die Sache auch vom Mieter verliehen, vom Entlehner vermietet sein. Das Gesetz bedient sich der umfassenden Wendung: „den Gebrauch der Sache überlassen", womit jede Form der Gebrauchsüberlassung getroffen ist (Kipp, Zusätze II. S. 691; Romeick a. a. O. S. 31). Es ist keine Ausnahme, wenn die Bestimmung der cit. Paragraphen auf den Fall des Nießbraucherwerbes durch den Dritten nach § 1032 S. 2 keine Anwendung findet (Kipp a. a. O.), da hier die Grundsätze über gutgläubigen Erwerb vom Nichtberechtigten dazwischen treten.

Untermieter (2c.) zuzugestehende Möglichkeit, der Rückgabepflicht des Mieters (2c.) peremtorisch entgegenstehende Einreden vorzubringen.

Indeß scheint uns Hellwigs Annahme durch Romeick[1]) gut widerlegt.

Einfach wäre die Erklärung ferner wenn mit Oertmann[2]) hier ein Fall gesetzlicher Schuldübernahme als gegeben anzuerkennen wäre. Es würde jedoch solche Annahme vom Standpunkte der Parteiintention eine bloße Fiktion, vom Standpunkte der Gesetzesintention nicht gerechtfertigt sein und über das praktische Bedürfnis hinaus den Untermieter (2c.) mit einer Haftung für das Verhalten des Mieters (2c.) belasten.[3])

Interessant würde sich die Erklärung auf Grund der Theorie Romeicks von der abgeleiteten Schuld gestalten. Darnach ist die Verpflichtung des Dritten eine „eigene, ursprüngliche" (S. 27), „begründet durch den — beendigten Mietvertrag" (S. 28) und durch die sich neben diesen „lagernde völlig neutrale Tatsache" (S. 28) in der Person des Dritten, bestehend in der „von seiten des Mieters oder Entleihers erfolgten Gebrauchsüberlassung an den Dritten, insbesondere Untermiete und Unterleihe — welche den Vermieter bezw. Verleiher an sich rechtlich nicht berührt"; und aus welcher „Lagerung der Sache" „das Gesetz einen direkten Anspruch des A gegen den C" folgert, „um einen Rechtszweck — absolut zu erreichen" (S. 28).

Mit dieser Konstruktion, welche den Gedanken einer Succession ängstlich vermeidet,[4]) ist eine vollständige Analogie eines Vertrages zu Gunsten eines Dritten, ein Vertrag zu Lasten eines Dritten geschaffen. Die Verpflichtung des Dritten entspringt — unter Hinzutritt einer „neutralen" Tatsache — unmittelbar aus dem Vertrag zwischen dem Vermieter (2c.) und Mieter (2c.). Daraus ergäbe sich sehr einfach, daß der Dritte dem Vermieter (2c.) alle Einreden entgegensetzen könnte, welche dem Rückgabeanspruche gegenüber aus dem Vertrage hervorgehen. Einwendungen, welche dem Mieter nach beendetem Miet-

---

[1]) a. a. O. S. 14 ff.

[2]) Kommentar S. 278 f.

[3]) So Romeick a. a. O. S. 24 ff.

[4]) „Es entfällt also in alle Wege der Begriff der Succession" (a. a. O. S. 28).

verhältnis gegen den Vermieter auf Grund von außerhalb des Mietvertrages liegenden Verhältnissen gegen den Rückgabeanspruch zustehen, könnte er nicht geltend machen; und doch scheint uns die Zulässigkeit solcher Einreden von der Natur des Verhältnisses gefordert zu werden.

Romeick geht eben in dem Bestreben, jedes Moment der Rechtsnachfolge aus seiner Konstruktion auszuschließen, zu weit. Das Recht des Begünstigten entsteht bei dem Vertrage zu Gunsten eines Dritten wirklich unmittelbar aus dem Vertrage, ohne die Person des Promissars zu passieren, das Recht des Dritten bei Untermiete und Unterleihe (2c.) entsteht auf dem Durchgange durch die Person des Mieters (Leihers). Die „Überlassung des Gebrauches" seitens des Mieters (Leihers) an den Dritten ist mehr als eine „neutrale Tatsache". Es ist mit Stammler [1]) hier anzunehmen, daß die Rückgabepflicht des Dritten als aus der Pflicht des Mieters (Leihers) abgeleitete Nebenpflicht erscheint, die in ihrem Bestande von jenem der Hauptpflicht des Mieters (Leihers) abhängig ist. So würde sich dann erklären, daß der Dritte auch jene Einreden hat, die dem Mieter (Leiher) gegen den Rückgabeanspruch zustehen.[2])

Es läge hier eine Analogie zum accessorischen Verhältnis vor.[3])

Man gelangt aber zu einer Erklärung ungezwungen noch auf eine andere Weise.

Die Einrede greift hier die vom Kläger behaupteten Umstände an und bekämpft Voraussetzungen seines Anspruchs. Hier greift der selbst-

[1]) Hallenser Festgabe S. 44 f.

[2]) Stammler a. a. O. S. 45 f.

[3]) Interessant ist der von Hruza (Correalobligation nach dem 2. Entw. [1895] S. 55 ff.) aufgeworfene, von Stammler (a. a. O. S. 45) aufgegriffene Zweifelsfall, da sich der Dritte gegenüber der Klage des Vermieters (Verleihers) auf die Rückstellung an den Mieter (Leiher) beruft. Stammler nimmt eine Befreiung des Dritten wegen schuldloser Unmöglichkeit der Rückgabe an. Wir glauben, daß der Dritte sich die Rückgabe nicht schuldlos unmöglich macht, sondern sie mittelbar an den Vermieter (Verleiher) vollzieht, wenn er dem Mieter (Leiher) die Sache rückstellt. Es ist logisch konsequent und billig, daß bei Umkehrung der Sachbewegung, welche die Pflicht des Dritten hervorgerufen hat, diese Pflicht wieder aufhört.

verständliche Satz durch, daß jeder, der seine Rechtsstellung auf das Vorhandensein gewisser rechtlicher Beziehungen stützt, sich gefallen lassen muß, aus diesen von ihm selbst aufgestellten Anspruchsvoraussetzungen heraus bekämpft zu werden.[1])

Von einer andern Seite bedeutungsvoll werden diese Verhältnisse für unser Problem, insofern Mieter und Untermieter, Leiher und Unterleiher als Gesamtschuldner haften und der bei Gesamtschulden vorwaltende auf finaler Verknüpfung beruhende Gesichtspunkt gleichzeitiger Tilgung beider Ansprüche durch einen Erfüllungsakt in Betracht kommt.[2])

10.

Es entsteht die Frage, wie die Stellung des auf Herausgabe einer Sache Belangten sich nach österreichischem Rechte gestaltet.[3])

Selbstverständlich sind auch hier jene Fälle auszuscheiden, in denen der beklagte Inhaber dinglichem Anspruche ein dingliches Recht an der Sache entgegensetzen kann. Die Möglichkeit des Unterganges solcher Rechte durch gutgläubigen Erwerb der vom Treuhänder veräußerten Sache seitens des Dritten gehört gleichfalls einem andern Zusammenhange an.

Es ist somit nur die Stellung des obligatorisch Berechtigten gegenüber der Eigentumsklage zu erörtern.

---

[1]) S. unten.

[2]) Stammler, Hallenser Festgabe S. 45 f.

[3]) Der ungar. Entw. schließt sich den Bestimmungen des deutschen bürgerlichen Gesetzbuches vollständig an.

§ 661 trifft die dem § 986 BGB. analoge Bestimmung: Der Besitzer ist nicht verpflichtet, die Sache heraus zu geben, wenn ihm vermöge eines die Sache belastenden Rechtes oder einer Forderung gegen den Eigenthümer der Besitz zusteht. Das Gleiche gilt, wenn vermöge eiues dieser Rechtsgründe der Besitz demjenigen zusteht, dem gegenüber hinwieder der Besitzer kraft eines Rechtsverhältnisses zum Besitze berechtigt ist.

Der Besitzer einer Sache, hinsichtlich deren das Eigentum mittelst der Abtretung der Forderung auf Herausgabe übertragen wird, kann dem neuen Eigentümer auch diejenigen Einreden entgegensetzen, deren er sich gegenüber dem gewesenen Eigentümer bedienen könnte. Für Miete, Pacht und Leihe finden sich in den §§ 1563, 1582 Abs. 3 und 1379 die den §§ 556 Abs. 3, 581 Abs. 2 und 604 Abs. 4 BGB. analogen Bestimmungen. —

Es kann auch für das österreichische Recht behauptet werden, daß der obligatorisch berechtigte Inhaber gegen den Anspruch des Vertragsgegners auf Herausgabe der Sache vermöge seines obligatorischen Rechtes gegen den Kläger auch dann durch Einrede geschützt ist, wenn der Kläger nicht die Vertrags- sondern die Eigentumsklage anstrengt. Im A. BGB. ist allerdings ein darauf bezüglicher Hinweis nicht enthalten, es folgt aber jener Satz aus der modernen Rechts- und Verkehrsentwickelung von selbst. Jene, welche durchaus für jede Entscheidung ein Wort des Gesetzes als Grundlage verlangen, können sich an das „vorenthalten" in § 366 A. BGB. halten. Von jemandem, der unter Achtung des Eigentumes des Gegners nur seine vertragsgemäßen obligatorischen Rechte an der Sache in Anspruch nimmt, kann nicht gesagt werden, er „enthalte die Sache dem Eigentümer vor".

Dritten Erwerbern der Sache gegenüber kann der obligatorisch berechtigte Sachinhaber sich in der Innehabung nicht behaupten und zwar auch dann nicht, wenn der Dritte das obligatorische Recht des Inhabers kannte. Eine dem Gedanken von § 986 Abs. 2 BGB. analoge Bestimmung ist dem A. BGB. fremd.

Mildernd wirkt hier jedoch ein, daß das A. BGB. eine Eigentumsübertragung durch Abtretung der Eigentumsklage, wie im § 931 BGB. nicht kennt. Eine Abtretung der Vindikation würde dem Erwerber über die Stellung eines Cessionars hinausgehende Rechte nicht geben.[1]) Dieser könnte daher nur die abgetretene Eigentumsklage gegen den Inhaber anstrengen, der gegenüber dem letztern seine Einwendungen aus dem obligatorischen Rechte nach den Grundsätzen über die Cession erhalten bleiben würden.

Eine Übergabe durch Erklärung nach § 428 A. BGB. wäre nicht leicht möglich, weil der Veräußerer nicht Sachinhaber wäre.

Wohl aber kann die Veräußerung in der Weise geschehen, daß der Veräußerer dem obligatorisch berechtigten Sachinhaber den Erwerber der Sache vorstellt und ihn anweist, die Sache nunmehr namens des Erwerbers zu besitzen. Der Inhaber könnte, ohne sich einer Besitzstörung schuldig zu machen, solcher Weisung nicht widersprechen. Mit

---

[1]) Für das gemeine Recht s. Windscheid-Kipp § 337 Anm. 9.

seiner Erklärung, die Sache nunmehr für den Erwerber zu besitzen,[1]) überginge dann das Eigentum auf diesen, der dann nicht gehindert wäre, die Sache mit der Eigentumsklage dem Inhaber ohne Rücksicht auf dessen obligatorische Rechte gegen den Veräußerer abzufordern.

Daß für den Immobiliarverkehr die Widerstandsunfähigkeit des obligatorischen Rechtes des Inhabers gegenüber dem dinglichen Rechte des Erwerbers wie sie sich in dem Grundsatze „Kauf bricht Miete" ausdrückt, in ihrer vollen Schärfe aufrecht besteht, ist bekannt.

Es wurden bisher nur die Fälle eines obligatorischen Gebrauchsrechtes an der fremden Sache in Betracht gezogen.

Es heischt aber für das österreichische Recht gerade auch der Fall Beachtung, daß jemand den Besitz einer Sache auf Grund eines ihn obligatorisch zum Anspruche auf Eigentumsübertragung berechtigenden Rechtsgeschäftes erhält, ohne jedoch Eigentum zu erwerben, weil irgend ein Mangel hindernd im Wege stand.

Es ist dies der Fall der sog. exceptio rei venditae ac traditae, so benannt im römischen Rechte nach dem Hauptfall,[2]) da der Veräußerer nicht Eigentümer war und es nachher geworden, nun mit der Eigentumsklage gegen seinen Vertragsgegner auftrat.

Schon das römische Recht behandelte diese Einrede in besonderer Weise.

Auf dem bloß obligatorischen Rechte zwischen dem Veräußerer und dem Besitzer beruhend, hätte sie vor allem dritten Personen gegenüber versagen müssen. Dies geschah aber bekanntlich nicht, sondern der Prätor gab sie auch gegen die Singularsuccessoren des Veräußerers, wozu ihn die durch die Tradition[3]) bewirkte Verdinglichung der Rechtsstellung des Empfängers veranlaßte.[4]) [5])

---

[1]) die der Veräußerer auch in Abwesenheit des Erwerbers als dessen Vertreter entgegen nehmen konnte.

[2]) S. darüber Leonhard, Iherings Jahrb XVII. S. 183 ff. Windscheid-Kipp I. § 197 Anm. 4.

[3]) Vgl. Ziebarth, Die Realexekution usw. S. 49, Windscheid-Kipp a. a. O. Anm. 6.

[4]) l. 2 D. 21. 3, l. 3 § 1 D. 21. 3, l. 4 § 32 D. 44. 4, s. zu diesem Fragment Dernburg, Pand. l. § 216 Anm. 3.

[5]) Leonhard a. a. O. S. 196 Anm. 1, Dernburg a. a. O. S. 500.

Die Einrede wurde aber auch den Rechtsnachfolgern des Besitzers verliehen.[1]) Sie ergab sich für diese aus dem Eintritte in die dingliche Rechtsstellung ihres Vorgängers.[2])

Diese Einrede hat im § 366 ihre ausdrückliche Aufnahme in das A. BGB. gefunden.

„Mit dem Rechte des Eigentümers, jeden andern von dem Besitze seiner Sache auszuschließen, ist auch das Recht verbunden, seine ihm vorenthaltene Sache von jedem Inhaber durch die Eigentumsklage gerichtlich zu fordern. Doch steht dieses Recht demjenigen nicht zu, welcher eine Sache zur Zeit, da er noch nicht Eigentümer war, in seinem eigenen Namen veräußert, in der Folge aber das Eigentum derselben erlangt hat."

Es entsteht in Folge der Hervorhebung des einen Sonderfalles[3]) in der eben citierten Gesetzesstelle die Frage, ob diejenigen Fälle des gemeinen Rechtes, welche sich unter dieser Fassung ihrem Wortlaute nach nicht begreifen lassen, nach österreichischem Rechte von einer Unterbringung unter dieser Gesetzesbestimmung ausgeschlossen sind.

---

[1]) Leonhard a. a. O. S. 188. Wer nicht Rechtsnachfolger war, konnte sich gegen die Vindikation nicht schützen, s. jedoch Dernburg, Pand. I. § 216 Anm. 12.

[2]) Interessant l. 3 pr. D. 21. 3, Hermogenian: Exceptio rei venditae et traditae non tantum ei cui res tradita est, sed successoribus etiam eius et emptori secundo, etsi res ei non fuerit tradita, proderit: interest enim emptoris primi secundo rem non evinci. Es ist der Gedanke der Regredienteneinrede. Der zweite Erwerber hat die Einrede nur deshalb, damit andernfalls nicht infolge des Regresses der erste, direkt geschützte Besitzer mittelbar betroffen werde (Das pari ratione des folgenden Satzes ist nicht allzu genau zu nehmen.) — Stammler a. a. O. glaubt, es sei in dieser Quellenstelle auf vermutete Cession des Gegenrechtes abgestellt gewesen. — Vgl. Krainz, System § 224 Anm. 24.

[3]) Für das BGB. erledigt durch § 185, wonach Konvaleszenz eintritt. Vgl. Leonhard a. a. O. S. 183 f., Demelius in Grünhuts Zeitschr. IX S. 318 f., Dernburg, Pand. I. § 216 i. f., Kipp, Zusätze I. S. 894 bezw. 374, Stammler a. a. O. S. 37.

Nach Unger[1]) „ist es nicht zu bezweifeln, daß der Gesetzgeber in § 366 durch die Hervorhebung des einen Falls die übrigen Fälle nicht ausschließen, sondern mit dem Hauptfall sich die ganze gemeinrechtliche Theorie aneignen wollte."

Demnach wäre — was uns hier allein interessiert — die Einrede unbedenklich gegen jeden Rechtsnachfolger im Eigentume und jedem Rechtsnachfolger des Besitzers zu gewähren.

Der von Krainz zur Erklärung der Wirkung gegen die Singularsuccessoren des Eigentümers herangezogene Gedanke,[2]) der neue Eigentümer habe die Stellung eines Cessionars der Eigentumsklage und sei deshalb den Einreden aus der Person des Cedenten ausgesetzt, trifft — wie oben erörtert — nicht immer zu. Er versagt insbesondere im Immobiliarverkehr, wo die Eigentumsübertragung sich mit der bücherlichen Eintragung vollzieht. Hier formuliert denn auch Krainz einen allgemeinen aus § 1500 A. BGB.[3]) abgeleiteten Grundsatz, „daß der aus dem Titel und der Besitzerlangung hervorgehende Anspruch (die exc. rei vend. et trad.) nicht nur gegen den durch den Titel Verpflichteten, sondern auch gegen jenen Singularnachfolger desselben geltend gemacht werden kann, der sein Recht nicht im Vertrauen auf das öffentliche Buch erworben hat".

Für den modernen auf dem Prinzip des Grundbuches aufgebauten Immobiliarverkehr läßt sich jedoch der Gedanke der exceptio rei venditae ac traditae nicht ohne weiteres verwerten.[4])

Für das österreichische Recht steht die für Immobilien maßgebende

---

[1]) System I. S. 83 Anm. 29. Ebenso Strohal, Grünhuts Zeitschr. III. S. 155 ff., vgl. dagegen Krainz a. a. O. § 244 Anm. 8 und dawider Dernburg, Pand. I. § 216, II. 1c und Anm. 8, Windscheid-Kipp I. § 197 Anm. 6, s. auch Krainz a. a. O. bei Anm. 15 u. 16.

[2]) a. a. O. bei Anm. 15.

[3]) „Das aus der Ersitzung oder Verjährung erworbene Recht kann aber demjenigen, welcher im Vertrauen auf die öffentlichen Bücher noch vor der Einverleibung desselben eine Sache oder ein Recht an sich gebracht hat, zu keinem Nachteile gereichen."

[4]) Vgl. Leonhard a. a. O. S. 220 f. Vgl. jedoch Gl. U. 1550, 2383, 4232, 14059.

Bestimmung in dem bekannten § 440, welcher den Grundbuchsgedanken in voller Strenge ausdrückt.[1])

Wir werden indes auch hier die Einrede aus dem obligatorischen auf Eigentumsübertragung gerichteten Rechtsgeschäft der Eigentumsklage des im Grundbuche eingetragenen unmittelbaren Vertragsgegners gegenüber gelten lassen.[2])

Soweit hiernach die exceptio rei venditae ac traditae für das österreichische Recht maßgebend erscheint, beruht sie in ihrer Wirkung für und gegen die Rechtsnachfolger auf der aktiven und passiven Seite des obligatorischen Verhältnisses auf der durch die unmittelbare Beziehung zur Sache geschaffenen dinglichen Position des Besitzers. Es wäre insbesonders verfehlt, den Übergang der Einrede auf den Rechtsnachfolger des Besitzers mit einer Cession des obligatorischen Rechtes erklären zu wollen und etwa gar den Nachweis einer solchen neben dem eigentlichen Übertragungsgeschäfte zu verlangen.[3])

Fragen, wie sie § 986 BGB. für den Fall entscheidet, da der Besitz einer herauszugebenden Sache als mittelbarer und unmittelbarer auf zwei Personen verteilt ist und der Anspruch gegen den unmittelbaren Besitzer gerichtet wird, erledigen sich für das österreichische Recht dadurch, daß bloße Rechte an fremder Sache keinen Besitz begründen.

Doch sind ähnliche Lebensverhältnisse auch für das österreichische Recht möglich und daher nach diesem zu entscheiden.

Der Schutz des unmittelbaren Sachinhabers ist hier zunächst durch die in § 375 A. BGB. festgesetzte laudatio auctoris möglich. Der den Streit übernehmende auctor ist gegenüber dem Eigentümer durch sein dingliches oder obligatorisches Recht geschützt. Allfällige obligatorische Rechte des ausscheidenden Sachinhabers wird er nicht

---

[1]) Randa, Eigentum I. S. 399 f. und das. Anm. 34. Vgl. die bei Manz (1902) zu § 440 unter Note 1—6 citierte Judikatur, ferner Gl. U. 5359, 5850, 6503, 8354, 10208, 12642, 14382, 15422, ferner Unger, allg. Öster. Ger.Ztg. (1868 Nr. 26); neuestens Hugo Schauer in derselben Zeitschrift 1903 Nr. 47, für das BGB. Martin Wolf a. a. O. S. 12 f.

[2]) BGB. § 986 Abs. 1 Satz 1 und Turnau-Förster, Liegenschaftsrecht I. Band S. 409 III, 1.

[3]) Vgl. Krainz § 224 Anm. 24, § 244 Anm. 16, Gl. U. Nr. 2235.

vorbringen können, da er weder prozessual, noch materiell als Vertreter desselben anzusehen ist.

Will der auctor den Streit nicht übernehmen, so kann nach § 23 CPO. der Sachinhaber die Einlassung auf den Streit nicht weiter verweigern, und hier kommt es nun darauf an, ob er die Rechtsstellung dessen, von dem er seine Innehabung ableitet, gegenüber dem Eigentümer verwerten kann.

Es wird keinem Anstand unterliegen, ihn als bloßen Stellvertreter in der Innehabung seines Vormannes gegenüber dem Eigentümer zu betrachten und demgemäß auf Grund der Rechtsstellung jenes zu schützen.[1])

Keinen Zweifel erregen ferner jene Fälle, wo des Rechtes der Überlassung der Innehabung auf einen Dritten ausdrücklich gedacht ist, so § 1098 A. BGB.: „Mieter und Pächter sind berechtigt, die Miet- und Pachtstücke . . . in Afterbestand zu geben . . .

[1]) Dem Obersten Gerichtshof lag der Fall einer Negatorienklage, gerichtet vom Eigentümer eines Grundstückes gegen den Pächter des Nachbargrundstückes, zur Entscheidung vor. Der Eingriff, über den sich der Kläger beschwerte, lag darin, daß der beklagte Pächter über das Grundstück des Klägers gefahren war und sein Vieh darüber getrieben hatte. Der Beklagte berief sich auf den Rechtsbesitz des Verpächters, ohne jedoch von der laudatio auctoris Gebrauch zu machen. Der O. GH. entschied (E. v. 19. Januar 1899, Z. 17007 ex 1898. [Abgedruckt im JMVB. Nr. 74 ex 1899 und bei Links, Die Rechtsprechung des k. k. obersten Gerichtshofes, Nr. 5677]), es sei die Person des Beklagten verfehlt. „Es ist von vornherein ausgeschlossen, daß die Geklagten als Pächter sich einer Servitut zu Gunsten des einem andern gehörigen, von ihnen lediglich gepachteten Grundstückes anmaßen wollten; ihre Handlung ist nur eine im Sinne der Verpächterin fortgesetzte Ausübung des von der letzteren erworbenen Rechtsbesitzes und darüber, ob dieser Rechtsbesitz zur Erwerbung der Dienstbarkeit führen könne oder geführt hat bezw. ob sich die Handlung und das Vorgehen der Verpächterin und Eigentümerin der Grundstücke, zu deren Bewirtschaftung das Fahrrecht in Anspruch genommen werden will, als Anmaßung einer Dienstbarkeit im Sinne des § 523 A. BGB. darstellt, kann nur über eine gegen sie anzubringende Klage entschieden werden" U. E. lag kein Hindernis vor, den Prozeß mit den Pächtern durchzuführen, über den Bestand der Servitut zu Gunsten der Verpächterin Beweis zu erheben und beim Gelingen desselben die Klage abzuweisen.

Daß hier die Eigentumsklage gegen den Afterbestandnehmer ausgeschlossen ist, dürfte nie bezweifelt worden sein, ebenso aber auch nicht, daß sie nach Beendigung des Hauptverhältnisses gegen den Afterbestandnehmer zulässig ist, weil er eben den Hauptbestandnehmer in der Innehabung vertritt.[1])

Aber auch, wo solche Regelung fehlt, wird sich dieser Gesichtspunkt festhalten lassen. Es wird daher gegen die Eigentumsklage zu schützen sein: der Depositar des Pfandgläubigers, des Nießbrauchers, derjenige, der eine Sache vom Nießbraucher, vom Kommodatar, vom Mieter geliehen erhalten hat usw.

Selbst die unbefugte bezw. im Vertrage ausdrücklich untersagte Überlassung der Sache [2]) an den Dritten wird die Eigentumsklage nicht ohne weiteres begründet erscheinen lassen, es wäre denn, daß solche Überlassung nach gesetzlicher [3]) oder vertragsmäßiger Bestimmung ein Auflösungsgrund des Hauptvertrages ist, mit dem dann auch der Einredeschutz des Inhabers dahinfällt.

Die Einwendung dinglichen Rechtes an der Sache gegenüber an sich begründetem obligatorischem Anspruche auf Rückstellung [4]) dürfte nach österreichischem Rechte auszuschließen sein.[5])

11.

Bisher war durchwegs von rechtsverteidigenden Einreden gegenüber dem Herausgabeanspruche die Rede. In einem Falle ist es jedoch zweifelhaft, ob er den anspruchsverneinenden oder rechtsverfolgenden Einreden zuzuzählen ist.

---

[1]) s. § 568 CPO.

[2]) § 1098 A. BGB „wenn es ohne Nachteil des Eigentümers geschehen kann, oder im Vertrage nicht ausdrücklich untersagt worden ist".

[3]) § 978 A. BGB. i. f.

[4]) S. oben S. 212 ff.

[5]) § 1109 A. BGB. Es bleibt dies jedoch zweifelhaft. Einzelne Fälle können sich hier sehr kraß gestalten und man wird es dem österreichischen Richter kaum verargen, wenn er den Eigentümer gegen dolose auf ein blos formell bestehendes obligatorisches Rückforderungsrecht gegründete Ansprüche in Schutz nimmt.

§ 999 BGB. besagt:

Der Besitzer kann für die Verwendungen eines Vorbesitzers, dessen Rechtsnachfolger er geworden ist, in demselben Umfang Ersatz verlangen, in welchem ihn der Vorbesitzer fordern könnte, wenn er die Sache herauszugeben hätte.

Die Verpflichtung des Eigentümers zum Ersatze von Verwendungen erstreckt sich auch auf die Verwendungen, die gemacht worden sind, bevor er das Eigentum erworben hat.

Es handelt sich um den Kardinalfall des Zurückbehaltungsrechtes, die Geltendmachung desselben zur Erlangung des Ersatzes von Verwendungen.

Die Einrede geht aktiv auf den Nachfolger im Besitz, passiv auf den Nachfolger im Eigentum der Sache über.

Es sind verschiedene Erklärungen dieser auch dem gemeinen Rechte [1]) bekannten Erscheinung gegeben worden.

Windscheid [2]) erklärt, der dritte Erwerber habe den Gegenanspruch, weil der gegen ihn durchgeführte Eigentumsanspruch auf den verwendenden Eigentümer zurückschlägt. Also wieder der Gedanke der Regredienteneinrede.

Von anderer Seite wird dem Anspruche auf Ersatz der Verwendungen dingliche Wirkung vermöge des Gedankens beigelegt, daß die Verwendungen in der Sache aufgegangen sind. In dem juristisch einheitlichen Eigentum der Sache steckt ökonomisch das Eigentum zweier Personen: jenes des Eigentümers an der Sache und jenes des Verwendenden an den Verwendungen.

Wer in der Folge den Besitz der Sache überkommt, der ist der Eigentumsklage hinsichtlich der Verwendungen nicht ausgesetzt, weil auf diese der Anspruch des Eigentümers sich nicht erstreckt. Jener braucht die Sache daher nur nach Ersatz der Verwendungen herauszugeben.[3])

---

[1]) l. 14 § 1 D. 10. 3. [2]) Pand. I. § 195 Anm. 1 a.

[3]) Vgl. Bähr, Krit. Vierteljahrsschr. XXVIII. S. 417, der treffend hervorhebt: „Einer Übertragung des Anspruches auf Ersatz der Verwendungen bedarf es um so weniger, als eine solche gerade in dem wichtigsten Fall, wo dieser Ersatz begehrt werden kann, nämlich wenn der Verwendende in dem guten Glauben, selbst Eigentümer zu sein, die Sache besessen und veräußert hat, vernünftigerweise gar nicht vorkommen kann."

Folgerichtig müßte man das Zurückbehaltungsrecht auch demjenigen geben, der den Besitz der Sache nicht im Wege der Rechtsnachfolge nach dem Verwendenden überkommt. Freilich wird er eventuell den hierdurch erzielten Betrag dem Verwendenden oder seinem Rechtsnachfolger als Bereicherung herausgeben müssen.

Die Einrede wäre hier ursprünglich rechtsverteidigend, wobei allerdings die Sondernatur des Falles das verteidigte Recht an den Verwendungen in einen Ersatzanspruch und die Einrede in eine rechtsverfolgende umschlagen läßt.

Es kann aber auch argumentiert werden:

Die in die Sache gesteckten Verwendungen werden ein Teil der Sache, verschwinden in ihr, und es tritt an ihre Stelle im Vermögen des Verwendenden ein obligatorischer Ersatzanspruch gegen den Eigentümer. Der dritte Besitzer muß die Sache mit den in ihr steckenden Verwendungen dem Eigentümer herausgeben, den obligatorischen Ersatzanspruch hat er aber nur, wenn er ihn im Wege der Abtretung vom Verwendenden überkommen hat. Solche Abtretung ist in der Regel besonders bei entgeltlichem Erwerbe der Sache als in der Parteienintention liegend anzunehmen, da hier der Wert der Verwendungen im Kaufpreise mit bezahlt werden dürfte.

Das BGB. hat sich in § 999, wie Stammler scharfsinnig nachgewiesen hat,[1]) die zuletzt erörterte Lehre angeeignet und ihr durch den ergänzenden Rechtssatz, wie ihn Stammler aus § 999 BGB. herausgeschält hat, Ausdruck gegeben: „Der Ersatzanspruch wegen Verwendungen geht im Zweifel auf den in einer Rechtsnachfolge eintretenden Erwerber des Besitzes über.[2]) [3]) [4])

---

[1]) a. a. O. S. 77 f.

[2]) Vgl. Mot. III. S. 416.

[3]) Es bleibt jedoch bei dieser Konstruktion unerklärt, warum auch der neue Eigentümer der Sache dem Ersatzanspruche ausgesetzt ist (§ 999 Abs. 2) und warum der Cessionar des Ersatzanspruches gerade das Rechtsmittel der Retention hat.

[4]) Mit dem Kriterium der Rechtsnachfolge lehnt Romeick a. a. O. S. 31 für die Fälle der abgeleiteten Schuld des Untermieters (zc.) richtig auch den Übergang des Ersatzanspruches des Mieters wegen Verwendungen auf den Untermieter (zc.) ab, weil er „lediglich ein ius tertii“ bilde.

IV. Bedeutung und Kritik des Satzes: „Die Einrede aus dem Rechte des Dritten ist unzuläſſig und nur ausnahmsweise zuläſſig".

1.

Wir haben uns zunächst mit der Wendung: Eine Einrede ist aus dem Rechte eines Dritten auseinanderzusetzen.

Nach dem Wortsinn und dem Begriff der Einrede kann jene Wendung ein Doppeltes bedeuten.[1])

Sie kann besagen:

1. Die Einrede entstammt der Rechtsstellung eines Dritten, d. h. sie ist ein dem Dritten aus seiner Rechtslage erwachsener, ihm zustehender Behelf, eine zunächst ihm gegebene Einrede.
2. Die Einrede hat zum Inhalt das Recht eines Dritten, ohne daß diesem Dritten eine Einrede gegeben wäre.

[1]) Zur Zeit der Entstehung dieser Redewendung hatte sie eine nicht mißzuverstehende Bedeutung. Die Einrede galt damals als ein der Klage vollständig analoges Mittel zur Durchsetzung eines Rechtes des Beklagten. Beruhte die Klage auf einem Rechtssatze zu Gunsten des Klägers, so beruhte die Einrede auf einem solchen zu Gunsten des Beklagten. Der Satz „reus in exceptionibus actor" hatte zunächst keine Sonderbeziehung zur Behauptungs- und Beweislastfrage, sondern war der vollkommenste Ausdruck einer Anschauung, welche Klage und Einrede als ganz wesensgleiche Erscheinungen auffaßte (vgl. dar. Albrecht, Exceptionen § 20 ff.). In derselben Weise also, in der wir heute davon sprechen, daß die Klage aus einem Recht des Klägers stammt, ebenso konnte die damalige Zeit davon sprechen, daß die Einrede aus einem Rechte des Beklagten ist. Und da die Auffassung von dem Wesen der Einrede in ihren Grundzügen bis zum 19. Jahrhundert nicht verändert wurde (vgl. Albrecht a. a. O.), so ist es begreiflich, daß diese Wendung und der aus ihr abgeleitete Satz niemals auffallen konnte, vielmehr als selbstverständlich betrachtet wurde. Es erklärt sich daraus die Spärlichkeit der Literatur zu dieser Frage überhaupt, wie die Eigentümlichkeit, daß man den Satz von der Unzuläſſigkeit der Einrede „aus dem Rechte des Dritten" selbst nie in Zweifel zog.

Beispiele für die erste Deutung sind die meisten der von uns bisher erörterten Fälle, Beispiele der zweiten Art: die Einrede des mit der Vindikation in Anspruch Genommenen, das Eigentum stehe nicht dem Kläger, sondern einem Dritten zu; des geklagten Beschädigers, der Beschädigte sei versichert, habe also den Anspruch gegen den Versicherten.[1]) Dagegen würde die Einrede des vom Eigentümer auf Herausgabe einer Sache Belangten, es stehe einem Dritten eine zum Besitz der Sache berechtigende Servitut zu, unter die erste Kategorie fallen, insofern an die für den Dritten gegebene Möglichkeit dabei zu denken wäre, der Vindikation eine Einrede entgegenzusetzen.

Einreden der zweiten Art sind nun in der Tat von der Praxis als Einreden aus dem Rechte Dritter aufgefaßt, von der Wissenschaft als solche innerhalb unseres Problems erörtert worden.

Man ist jedoch heutzutage so ziemlich darüber einig, daß diese Fälle überhaupt nicht zum Problem gehören, daß sie entweder Fälle bloßer Klagsleugnung betreffen, (wer auf Herausgabe einer Sache vom Eigentümer belangt, auf das Eigentum eines Dritten hinweist, leugnet lediglich das Eigentum des Klägers und veranlaßt ihn zum Beweise), oder unter den Gesichtspunkt der compensatio lucri cum damno fallen,[2]) oder sich nach den Grundsätzen über Konkurrenz und Solidarität entscheiden, wonach der eine Schuldner aus dem Bestand eines zweiten Anspruches in gleicher Richtung zu seinen Gunsten keine Folgerungen ableiten darf, indem hier erst die Erfüllung lösend wirkt.

Der Satz, die Einrede aus dem Rechte des Dritten ist unzulässig, ist daher auf jene Fälle zu beschränken, da eine Einrede zunächst als dem Dritten zustehend in Frage kommt und nun die Möglichkeit ihres Gebrauches durch einen andern zu erklären ist.

---

[1]) Daß in dem zweiten Beispiel der Berechtigte, dessen Recht zum Inhalt der Einrede gemacht wurde, der Kläger ist, würde nichts verschlagen, da der Kläger in seinen Beziehungen zu anderen Personen selbst als Dritter erscheint.

[2]) Oertmann, Die Vorteilsausgleichung beim Schadensersatzanspruch S. 23 Anm. 1.

2.

Die Einrede, *ist aus dem Rechte* des Dritten, kann nun unter Zugrundelegung jener eingeschränkten Anwendung mit Rücksicht auf die dreifache Art von Einreden heißen:

1. Die Einrede ist eine Tatsache, aus der sich ergibt, daß gegen einen Dritten ein Anspruch nicht besteht;
2. sie beruht auf einem Rechte[1]) des Beklagten, das sie
   a) verteidigt oder
   b) verfolgt.

Diese dreifache Deutungsmöglichkeit, besonders die Beziehung zu einer Einrede als Tatsache, kommt in jener Wendung, welche bloß *von dem Rechte* des Dritten spricht, nicht ganz klar zum Ausdruck.

Dazu kommt, daß im engsten Zusammenhang mit der Einrede aus dem Rechte *des* Dritten die Einrede aus dem Rechte *gegen* den Dritten steht. So ist es z. B. eine Einrede aus dem Rechte *des* Dritten, wenn der Bürge die Einrede des Hauptschuldners erhebt, eine Einrede aus dem Rechte *gegen* den Dritten,[2]) wenn der Hauptschuldner eine ihm gegen den Gläubiger zustehende Einrede dem Regreß nehmenden Bürgen entgegensetzt und es läßt sich an allen einschlägigen Fällen erproben, wie leicht eine Eventualität in die andere umschlägt.

Wird nun erwogen, daß der Begriff der Einrede immer eine Rechtsbeziehung, ein Rechtsverhältnis zu einer zweiten Person voraus=

---

[1]) Es ist festzuhalten, daß hier von einem „Rechte" des Beklagten nicht im Sinne eines „Einrederechtes", „Gegenrechtes", „Kannrechtes", sondern von einem gewöhnlichen dinglichen oder obligatorischen Rechte die Rede ist, das mittelst Einrede geschützt, verfolgt wird.

[2]) Der Ausdruck Einrede aus dem Rechte gegen den Dritten verdankt seine scharfe gegensätzliche Prägung der Formulierung Stammlers. Sonst begegnet man namentlich zur Bezeichnung dieser Art von Einreden dem Ausdruck „Einrede *aus der Person* des Dritten", so: Einrede aus der Person des Cedenten, aus der Person des Promissars (beim Vertrage zu Gunsten des Dritten). Vgl. bei Wieland, Der Wechsel und seine civilrechtlichen Grundlagen, passim: Einreden ex persona indossantis. Der Sprachgebrauch befindet sich hier mit demjenigen der römischen Rechtsquellen in Übereinstimmung. Vgl. z. B. „exceptionem ex persona debitoris" in l. 19 D. 46. 2.

setzt, so erscheint es viel angemessener, in allen diesen Fällen von Einreden aus dem fremden Rechtsverhältnis zu sprechen.

Es ist damit ein genauerer, richtigerer und auf alle in Betracht kommenden Fälle gemeinsam passender Ausdruck gewonnen, wobei es unbenommen bleibt, von Einreden aus dem Rechte des Dritten und gegen den Dritten als von Unterarten jenes Oberbegriffes zu sprechen.[1])

3.

Unser Problem lautet:

Welche rechtliche Grundlage hat der Satz: „Die Einrede aus dem Rechte des Dritten ist unzulässig?"

Wie erklären sich die Ausnahmsfälle der Zulässigkeit solcher Einrede?

Bevor die Antwort auf diese Fragen gesucht wird, ist hervorzuheben, daß „unzulässig" hier die Bedeutung von „unstatthaft", „durch die Rechtsordnung verwehrt" hat, was sich aus der Dogmengeschichte des Satzes unzweifelhaft ergibt.

Es ist zu anfang dieser Untersuchung darauf verwiesen worden, daß die Postglossatoren, welche das Dogma aufstellten, damit den Gedanken zum Ausdrucke bringen wollten, es handle sich bei der Einrede aus dem Rechte des Dritten um die Ausübung eines fremden Rechtes, welche ohne eine legitimierende Vermittlung zwischen dem Recht des Dritten und jenem des die Einrede Gebrauchenden ebenso unzulässig, rechtlich unstatthaft, unerlaubt sei, wie die sonstige Ausübung fremder Rechte ohne diesbezügliche Legitimation. Dies mußte bis in die jüngste Zeit so bleiben, weil man eben in der Einrede d. h. in der prozessualen Verteidigung des Beklagten die Ausübung eines diesem zu-

---

[1]) Wir betrachten es als Bestätigung der Richtigkeit der von uns für das Phänomen gewählten Bezeichnung, daß Rauchenberger eine fast wörtlich gleiche Wendung („Einwendungen aus fremden Rechtsverhältnissen" a. a. O. S. 8) zur Benennung des den Einwendungen aus dem Rechte Dritter und gegen Dritte gemeinsamen Oberbegriffes gefunden hat. Rauchenberger gebraucht diese Wendung nur im Vorübergehen, ohne daß die Einführung des Begriffes des Rechtsverhältnisses ihn zu einer Nachprüfung der Formel veranlassen würde, daß eine Einrede „aus dem Rechte" einer Person ist.

stehenden Rechtes sah.[1]) Diejenigen, welche auch heute noch in der Einrede ein Gegenrecht des Beklagten erblicken, müssen jene Auffassung der Postglossatoren auch heute noch als richtig ansehen, und so steht auch die Untersuchung Stammlers, der die Einrede als Gegenrecht betrachtet,[2]) auf dem Standpunkt, die Einrede aus dem Rechte des Dritten sei unstatthaft.[3])

Es wird sich im folgenden zeigen, inwiefern der Satz in diesem Sinne richtig ist.

4.

Soll die Antwort auf jene beiden Fragen aus dem Begriffe der Einrede gesucht werden, so sind mit Rücksicht auf die Spaltung dieses Begriffes nach den Gesichtspunkten von Tatsache und Recht zunächst zwei andere Fragen zu stellen:

I. Inwieweit können Tatsachen, die zunächst innerhalb des fremden Rechtsverhältnisses einredewirkend bestehen, innerhalb des eigenen als Einreden vorgebracht werden?

II. Inwieweit können Rechte, die zunächst innerhalb des fremden Rechtsverhältnisses bestehen, innerhalb des eigenen als Einreden geltend gemacht werden;

Die Antwort auf diese beiden Fragen liegt in den zwei analytisch aus dem Begriffe der Tatsache und des Rechtes hervorgehenden und daher nicht weiter zu beweisenden Sätzen:

I. Auf Tatsachen, sie mögen sich wann und wo immer ereignet haben, kann sich jedermann berufen. Von ihrer Geltendmachung kann niemand ausgeschlossen werden, es geschähe denn durch einen ausnahmsweisen Befehl des positiven Rechtes.

---

[1]) S. oben S. 232 Anm. 1.

[2]) a. a. O. S. 17.

[3]) Hallenser Festgabe S. 26 „hier, wo es sich darum handelt, Rechtszuständigkeiten des Dritten ohne dessen Einwilligung für sich . . zu benutzen." S. 29 . . . „daß eine Einrede aus dem Rechte des Dritten überall da rechtlich statthaft ist" . . . Siehe auch die Äußerung von Martin Wolff unten S. 239 Anm. 1.

II. Rechte kann nur derjenige geltend machen, dem sie von der Rechtsordnung verliehen sind. Dritte sind von ihrer Geltendmachung ausgeschlossen, sie wäre ihnen denn als Ausnahme durch einen Satz des positiven Rechtes gestattet.

Zu I. Auf Tatsachen kann sich jedermann berufen. Niemand kann davon ausgeschlossen werden, aus einer Tatsache die sich für seine Rechtsstellung aus ihr ergebenden Folgerungen zu ziehen. Es ändert an dieser Eigenschaft der Tatsachen nichts, daß sie innerhalb des fremden Rechtsverhältnisses wirkend, aufgetreten sind.

Daraus ergibt sich der Satz:

Einreden aus dem fremden Rechtsverhältnis sind, soweit sie Tatsachen geltend machen, stets zulässig, sie wären denn ausnahmsweise durch Gesetzesvorschrift verboten.

Demnach erschiene hinsichtlich der Einreden, die Tatsachen geltend machen, die ganze bisherige Fragestellung falsch. Es könnte sich garnicht darum handeln, Ausnahmsfälle der Zulässigkeit solcher Einreden zu suchen, sondern diese wären gerade Regelfälle; zu suchen aber wären Fälle, in denen jene Einrede ausnahmsweise unzulässig ist.

Zu II. Rechte kann nur derjenige geltend machen, dem sie von der Rechtsordnung verliehen sind. Dritte sind von ihrer Geltendmachung ausgeschlossen, sie wäre ihnen denn als Ausnahme durch einen Satz des positiven Rechtes gestattet.

Hierzu ist noch eine Bemerkung zu machen: Ein analoger Grundsatz gilt auch bezüglich der passiven Seite der Rechte. Sie können nur *gegen* den geltend gemacht werden, gegen den sie von der Rechtsordnung verliehen sind.

Hier sind aber ihrer Natur nach die absoluten Rechte auszunehmen, weil sie gegen jedermann gehen. Daher kommt es, daß der Fall, wo der Beklagte seine Einrede auf ein absolutes (dingliches) Recht stützt und der eingeklagte Anspruch sein berechtigtes Subjekt gewechselt hat, aus dem Problem herausfällt. Wo das eingewendete Recht gegen alle Welt geltend gemacht werden kann, ist nicht weiter zu fragen, wie es gegen den Dritten gerichtet werden könne.

Im übrigen ergibt sich hier der Satz:

Einreden aus dem fremden Rechtsverhältnisse sind, soweit sie fremde Rechte geltend machen, stets unzulässig, sie wären denn ausnahmsweise durch Rechtsvorschrift gestattet.

Die Formel klingt derjenigen ähnlich, die seit jeher als Leitsatz der zu lösenden Aufgabe galt.

Es ist jedoch darauf hinzuweisen, daß die Sonderung der Einreden nach den Gesichtspunkten: Tatsache — Recht noch nie auf unser Problem angewendet worden ist[1]) und es lehrt ein Blick auf die Geschichte des Problems in Wissenschaft und Praxis, daß es fast ausschließlich nur einredeweise geltend gemachte Tatsachen waren, auf welche der Satz von der Unzulässigkeit der Einrede aus dem Rechte des Dritten angewendet wurde. Es ist hier ferner daran zu erinnern, daß das Gebiet der rechtsverfolgenden Einrede gegenüber dem der sog. „technischen Einrede", der Einrede als „Gegenrecht" ein äußerst eingeschränktes ist, besonders wenn die Anfechtung und Aufrechnung zum außerprozessualen Rechtsgeschäft gestaltet ist, daß somit die zweite Formel ein sehr beschränktes Anwendungsgebiet hat. Es wird sich aber am Schlusse auch zeigen, daß dieser Formel ein ganz anderer Sinn zu unterstellen ist, als ihn die Wissenschaft dem Satze von der Unzulässigkeit der Einreden aus dem Rechte Dritter unterlegt.

5.

Es entsteht nun aus den beiden von uns aufgestellten Sätzen folgendes Bedenken:

Wenn die beiden Regelsätze von allgemeiner, selbstverständlicher Giltigkeit sind, die Ausnahmen aber als auf positiver Anordnung des

---

[1]) Gelegentlich der Behandlung einzelner „Ausnahmefälle" findet sich eine solche Unterscheidung manchmal, so bei Mitteis für die Einreden des Bürgen (in Iherings Jahrb. XXVIII), bei Menzel, Für die Einreden des Schuldübernehmers (in Grünhuts Zeitschr. XI. S 677 f. [man vgl. aber, wie die Polemik gegen Regelsberger in Anm. 125 den springenden Punkt der Frage verfehlt]). Für unser Problem ist jene Unterscheidung aber nirgends verwertet.

Gesetzes beruhend hingestellt werden, so ist eine weitere Erörterung der Sache teils überflüssig, teils aussichtslos: überflüssig, weil die Regel keines Beweises bedarf, aussichtslos, weil positiv gesetzlich angeordnete Ausnahmen einheitlich nicht erfaßt, unter einen systematischen Obersatz gar nicht gebracht werden können.[1])

Dazu ist nun zu bemerken, daß unsere Aufgabe gar nicht darin besteht, die Ausnahmen von jenen beiden von uns aufgestellten Sätzen,[2]) sondern jene Erscheinungen zu prüfen, welche man bisher als Ausnahmen von dem Prinzip der Unzulässigkeit der Einrede aus dem Rechte des Dritten fassen zu sollen glaubte. Es ist zu prüfen, warum die Einrede gerade in diesen Fällen *zulässig* sein soll, es ist Sinn und Zweck jener für alle Erörterungen unseres Problems charakteristischen Kasuistik zu untersuchen.

Indem diese Untersuchung im folgenden unternommen wird, sind wieder die anspruchsverneinende rechtsverteidigende und rechtsverfolgende Einrede wegen ihrer inneren Verschiedenheit von einander zu sondern.

6.

Anspruchsverneinende Einreden. Wenn ich dem A 100 aus einem Darlehen schulde, so kann es mir wenig helfen, daß C an D eine Forderung auf 100 hat, daß D diese Forderung etwa schon

---

[1]) Insoweit erschiene Martin Wolffs Resignation gegenüber unserem Problem gerechtfertigt. Vgl. Martin Wolff a. a. O. S. 16: „Welche andere Formel wohl haltbar sei? Wohl keine. So wenig es bisher gelungen ist, die Fälle, in denen jemand ein fremdes Recht kraft Gesetzes erwirbt (cessio legis) unter eine allgemeine Formel zu bringen, so wenig dürfte dies für diejenigen Fälle gelingen, in denen jemand fremde *Rechte* kraft Gesetzes zur Stützung eigener Rechte vorbringen kann."

[2]) Als Ausnahmen solcher Art kämen etwa in Betracht: Für den Satz von der Zulässigkeit der Einrede als Tatsache: Der Ausschluß solcher Einreden in Fällen gutgläubigen Forderungserwerbs und abstrakter Verpflichtung; für den Satz von der Unzulässigkeit der Einreden als Übung fremder Rechte: Die im modernen Rechte anerkannte Möglichkeit der Verfügung über fremdes Recht. — Man sieht, wie weit abseits diese Fragen von unserem Problem liegen.

bezahlt hat, daß er die 100 nicht zu zahlen schuldig ist, weil C sie ihm erlassen hat usw.

Versuche ich, dem A im Prozesse diese Umstände einzuwenden, so werde ich damit nicht gehört, aber nicht, weil ich es nicht darf, sondern weil zwischen jenen Tatsachen und dem gegen mich geltend gemachten Anspruch jeder logische Zusammenhang fehlt. Meiner Einwendung würde die logische Schlüssigkeit mangeln. Hätte ich aber etwa die Schuld des D übernommen und A wäre der Cessionar des C, so wäre jener Zusammenhang vermöge der zwischen den Rechtsverhältnissen bestehenden Verbindung gegeben.

Es entsteht also die Frage, wie müssen zwei Rechtsverhältnisse zu einander stehen, damit Tatsachen, die innerhalb des einen anspruchsverneinend auftreten, auf das andere überhaupt hinüberwirken können?

Der Beantwortung dieser Frage dient jene Kasuistik. Sie hat also nicht die Aufgabe, die rechtliche Zulässigkeit, sondern die juristisch logische Möglichkeit unserer Einrede, wie sie sich aus dem Gefüge der Rechtsverhältnisse ergibt, zu erklären, aufzudecken.

Die anspruchsverneinende Einrede empfängt ihre Bedeutung nur von dem Anspruch, dem sie gegenübersteht. Ihr Begriff, ihre Wirkungsfähigkeit ist nur von diesem Anspruche aus verständlich. So kommt es, daß in allen einschlägigen Fällen die Erklärung der Einredewirkung aus der Verknüpfung zweier Ansprüche sich ergibt.[1])

---

[1]) Dies ist neuestens von Martin Wolff gegenüber Stammler in Abrede gestellt worden. Wolff (a. a. O. S. 15 Anm. 1) stellt folgendes Beispiel auf: „Der Eigentümer eines Grundstückes klagt gegen den bösgläubigen Besitzer auf Herausgabe der gezogenen Früchte; der Beklagte wendet ein, daß er Besitzmittler eines gutgläubigen Oberbesitzers (Verpächters) sei, der dem Kläger gegenüber ein Recht auf die Früchte hätte. § 991 Abs. 1 BGB." Hier habe der Kläger einen Anspruch gegen den Beklagten, nicht aber gegen den Dritten (mittelbaren Besitzer); und doch könne der Beklagte zu seinen Gunsten Einwendungen ex persona tertii geltend machen. Das Argument Wolffs bezieht sich auf einen Fall der rechtsverteidigenden Einrede. Übrigens kommt hier auch ein Anspruch gegen den mittelbaren Besitzer in Frage. Der Fall kann nur insofern unter unser Problem fallen, als daran gedacht wird, daß der mittelbare Besitzer gegenüber dem Eigentümer durch Einrede geschützt ist und wir diese Einrede nun beim unmittelbaren Besitzer finden.

Diese Verknüpfung ist aber eine kausale, d. h. der Bestand des einen Anspruches ist von dem des andern abhängig, der eine Anspruch ruht derart notwendig auf dem andern, daß er wegfällt, wenn der seine Unterlage bildende Anspruch nicht gegeben ist.

Besteht nun gegenüber dem fremden Anspruche eine seine Entstehung hindernde oder ihn vernichtende Tatsache, so existiert er nicht oder nicht mehr. Demnach kann auch der logisch an seine Existenz geknüpfte Anspruch nicht entstehen oder nicht mehr bestehen.[1])

Wer nun in solchem Falle sich innerhalb des eigenen Rechtsverhältnisses zu verteidigen hat, der wird erklären, der gegen ihn geltend gemachte Anspruch bestehe nicht zu Recht, weil der seine logische Grundlage bildende fremde Anspruch nicht bestehe, dieser aber bestehe deshalb nicht, weil jene bestimmte rechtshindernde oder rechtsvernichtende Tatsache innerhalb des fremden Rechtsverhältnisses vorliege.

Die kausale Verknüpfung ist also: Die Tatsache innerhalb des fremden Rechtsverhältnisses wirkt gegen den fremden Anspruch Einrede, vernichtigt[2]) ihn und dadurch den auf ihm ruhenden eigenen Anspruch. Ihre Einredewirkung innerhalb des fremden Rechtsverhältnisses gehört zum Kausalnexus. Dadurch wird der Schein geweckt, als entnehme man eine Einrede, als rechtliche Zuständigkeit, dem fremden Rechte.

Die Erkenntnis, daß die Verknüpfung der Ansprüche in unserem Problem eine Rolle spiele, ist nicht neu. Sie findet sich schon bei ältern Schriftstellern z. B. bei Koch.[3]) Neuestens hat Stammler sie mit Entschiedenheit zum Leitgedanken seiner Untersuchung gemacht und an jedem einzelnen Fall der „Ausnahmen" erprobt und begründet. Ihm folgen durchwegs die seither entstandenen Erörterungen unseres Problems es sei hier beispielsweise nur auf Endemann verwiesen.

Allen diesen Erklärungen ist gemeinsam, daß sie — wie schon hervorgehoben[4]) — nur nach Gründen für die Ausnahmen von dem

[1]) Vgl. Koch, Lehrbuch des Civilproc. § 131 Nr. IV. — Auch Koch spricht nur von Zulässigkeit, nicht aber von Möglichkeit der Einrede.

[2]) In jenem Sinne, der sowohl das Hindern der Entstehung als das Vernichten umfaßt.

[3]) a. a. O.

[4]) S. oben S. 14 f.

unantastbaren Dogma suchen, daß ihnen daher auch die Anspruchsverknüpfung nur als Erklärungsgrund für die „Ausnahmen" erscheint.

U. E. macht diese Argumentation einen gewaltigen Sprung:

Wir haben den Satz: „Einreden aus dem Rechte eines Dritten sind unzulässig" und als Grund desselben den Gedanken: Die Einrede sei ein Recht des Beklagten, dessen Ausübung durch einen Andern als eben den Berechtigten geradeso unstatthaft sei, wie bei beliebigen sonstigen Rechten. Ferner sind uns eine Reihe anerkannter Ausnahmen gegeben, die mit einer besondern Anspruchsverknüpfung begründet werden.

Nun liegt es im Wesen der Ausnahme, daß sie den der Regel unterworfenen Tatbestand zwar enthält, daß aber bei ihr irgend ein modifizierendes Moment hinzutritt, welches die Anwendung der Regel ausschließt; und die „Erklärung" einer Ausnahme besteht eben darin, daß gezeigt wird, wie der Grund der Regel im Fall der Ausnahme vermöge jenes Momentes außer Kraft gesetzt wird.

Auf unser Problem angewendet, muß die Erklärung der Ausnahmen vermittelst der Anspruchsverknüpfung — wenn sie sich als Erklärung bewähren soll — es begreiflich machen, daß der Grund der Regel, nämlich die Unstatthaftigkeit der Ausübung fremder Rechte durch die Anspruchsverknüpfung entkräftet ist. Wir glauben nun, daß ein logischer Zusammenhang zwischen den beiden Gedanken: „Die Ausübung fremder Rechte ist unstatthaft" und „Es liegen Ansprüche mit solcher Verknüpfung vor, daß die Existenz des einen von der des andern abhängt" in dem Sinne, daß der zweite Gedanke den ersten in sein Gegenteil verkehrt, nicht vorhanden ist. Es ist und bleibt ganz unverständlich, warum das eine durch das andere soll beeinflußt werden. Indem die Deduktion von dem Vorhandensein des zweiten Momentes auf das Gegenteil des ersten schließt, begeht sie einen Sprung, mit dem sie eine unüberbrückbare logische Kluft übersetzt.

Es ist keine Überbrückung dieser Kluft, wenn an jene Lehre gedacht wird, welche in der Einrede zwar ein Recht sieht, aber ein Recht, welches durch seinen Bestand den Anspruch hemmt, dem es gegenübersteht. Wir haben zu Eingang dieser Untersuchung darauf hingewiesen,[1]) daß die Beeinflussung des Anspruches hier nicht durch das „Recht" der Einrede, durch die Realisierung eines ihm entsprechenden Machtinhaltes, sondern durch die Tatsache des Bestandes eines solchen Rechtes bewirkt wird, daß wir es hier mit einer anspruchshemmenden Tatsache zu tun haben, nicht in ihrem Wesen, sondern nur in der Stärke ihrer Wirkung von anspruchsverneinenden Tatsachen verschieden. Zwischen der Annahme einer solchen den Anspruch hemmend beeinflussenden Tatsache und dem Gedanken der Anspruchsverknüpfung besteht allerdings ein logischer Zusammenhang, nicht aber zwischen dieser Annahme und dem Gedanken von der Unstatthaftigkeit der Übung fremden Rechtes. Die Brücke läßt sich also wohl bei dem Endpunkt der Anspruchsverknüpfung verankern, nicht aber bei jenem der Unstatthaftigkeit der Übung fremden Rechtes, wo vielmehr die Kluft in unverminderter Breite fortbesteht.[2])

---

[1]) S. oben S. 23, 28 f.

[2]) Genau denselben Gedankensprung begeht die neueste Bearbeitung unseres Problems durch Rauchenberger. Auch ihm steht der Satz selbst unangreifbar fest und es sind nur seine Ausnahmen, die zu erklären sind. Auch Rauchenberger findet die Erklärung der Ausnahmen in einer besondern Anspruchsverknüpfung, ohne daß ihm die Unverträglichkeit dieser Lehre mit dem Geiste des Regelsatzes auffiele. Allerdings glaubt er die für die Einwendung aus dem Rechte Dritter und gegen Dritte gefundene Formel, für die Einrede aus dem Rechte Dritter und gegen Dritte durch einen Zusatz modifizieren zu müssen, weil die Einrede begrifflich ein Gegenrecht gegen einen bestehenden Anspruch sei. Nachdem für die Einwendung die Formel aufgestellt worden: . . „ist das Verhältnis ein derartiges, daß die Verpflichtung des jetzigen Beklagten mit rechtlicher Notwendigkeit bedingt ist durch die Entstehung der Verpflichtung desjenigen, aus dessen Recht die Einwendung entnommen werden soll, so ist die Einwendung aus dem Rechte des Dritten zulässig — nachdem diese Formel aufgestellt worden, wird ausgeführt: Die Einrede „ist begrifflich ein Gegenrecht gegen einen bestehenden Anspruch; besteht der Anspruch aus irgend einem Grunde nicht mehr, dann ist für ein solches Gegenrecht kein Raum mehr, es fehlt dann das Objekt, gegen welches sich das Gegenrecht richten könnte. — Die Einrede aus dem Rechte eines Dritten und gegen Dritte ist also nur unter der Voraussetzung denkbar, daß die Verpflichtung des primär Einredeberechtigten noch fortbesteht. — Die Einrede aus dem Rechte eines Dritten und gegen Dritte ist daher nur dann zulässig, wenn der Bestand der Verpflichtung des

7.

Es ist hervorzuheben, daß auch Rechte und Rechtshandlungen als Erscheinungen der Rechtswelt unter den Gesichtspunkt der Tatsache fallen.[1]) Die Existenz eines Rechtsgeschäftes, eines Rechtsverhältnisses, eines Rechtes als einer innerhalb der Welt der Rechtsphänomene einmal aufgetretenen Erscheinung ist eine Tatsache. Auf diese Tatsache kann sich jeder zur Geltendmachung der sich für ihn daraus ergebenden Folgen wie auf jede sonstige Tatsache beziehen. Und nicht nur jenes Rechtsgeschäft, Rechtsverhältnis, Recht, sondern auch die Akte, welche es ins Leben rufen, die Elemente seiner Struktur sind solche Tatsachen.

Die Geltendmachung einer solchen Tatsache ist von der Ausübung des in dem als Tatsache in Betracht kommenden Rechtsgebilde steckenden Machtinhaltes wohl zu unterscheiden.

Auf der Verkennung dieses Unterschiedes beruht es, wenn man die Bekämpfung eines dinglichen Anspruches durch den Hinweis darauf, daß das geltend gemachte dingliche Recht nicht dem Kläger, sondern einem Dritten zustehe, als Einrede aus dem Rechte des Dritten faßte,

---

jetzigen Beklagten nicht nur durch die Entstehung der Verpflichtung des ursprünglich Einredeberechtigten, sondern auch durch den Fortbestand derselben mit rechtlicher Notwendigkeit bedingt ist." — Der Gedankengang Rauchenbergers ist also — wenn wir recht verstehen — der: Soll eine Einrede möglich sein, so muß der in Frage kommende Anspruch bestehen; da nun bei unserem Problem eine Einrede zwei Ansprüchen entgegen gesetzt wird, so müssen beide giltig bestehen, damit von Einrede ihnen gegenüber die Rede sein kann. Zugegeben, daß diese Schlußfolgerung mit der Theorie der Einrede als eines einem giltigen Anspruche entgegenstehenden Gegenrechtes übereinstimmt, so ist damit nicht im Entferntesten erklärt, wieso das Gegenrecht von dem Dritten an den Beklagten kommt. Wieso dieser Rechtsübergang aus der Formel Rauchenbergers folgen soll, ist unmöglich einzusehen. Er kann eben aus dieser, sowenig als aus irgend einer andern auf dem Moment der Anspruchsverknüpfung beruhenden Formel folgen, weil hier jedweder gedankliche Zusammenhang fehlt.

[1]) Ebenso wie Rechte als Sachen in Betracht kommen können, die als solche, wie sonstige Dinge, selbst wieder Objekte von Rechten, von Rechtsakten, von rechtswidrigen Angriffen sein können S. Stammler, Schuldverhältnisse S. 10; Jung a. a. O. Anm. 64 S. 37 i. f.

deren Zulässigkeit im Zweifel sein könne,[1]) und darauf beruht ferner die in der Praxis bis in die jüngste Zeit zu beobachtende Zaghaftigkeit bei Zulassung des Einwandes der Simulation unter Dritten.

Die Simulation ist — wenn sie sich auch in Form einer Rechtshandlung vollzieht — doch eine Tatsache. Es kann sich daher jeder auf sie berufen, auch wenn sie unter Dritten vorgekommen ist.[2]) Wenn dem Dritten bisweilen die Erhebung des Simulationseinwandes versagt bleibt, so kann dies nicht aus dem Gedanken unbefugten Eingriffes in eine fremde Rechtssphäre, sondern nur darin seinen Grund haben, daß in der Simulation, soweit sie sich gegen den Dritten kehrt, häufig auch eine Übertragung der Legitimation zur Geltendmachung der Rechte gegen Dritte steckt, daß somit in dem simulierten Geschäfte

---

[1]) Endemann, a. a. O. S. 520 bei und in Anm. 57, weist auf die Frage hin, daß mehrere Prätendenten für einen Nachlaß oder als Sondernachfolger in ein Recht auftreten und der Streit darum geführt wird, welchem unter ihnen das Recht zustehe. Seine Erörterung bezieht sich auf die Frage der Behauptungs- und Beweislast. Für unsere Untersuchung sind damit Fälle für eine Sonderbetrachtung nicht gegeben. Wenn der Testamentserbe dem das Testament anfechtenden Verwandten des Erblassers einwendet, es sei ein näherer Verwandter vorhanden (a. a. O. Anm. 57), so unterscheidet sich dieser Fall nicht von dem der Einwendung, nicht dem Kläger, sondern einem Dritten stehe das Eigentum zu. Es handelt sich hier vom Standpunkte unseres Problems aus um die Frage, ob dem Kläger kraft seiner Verwandtschaft ein Anfechtungsrecht zusteht oder nicht.

Der Streit zwischen den beiden Forderungsprätendenten (a. a. O. Anm. 57) ist analog zu behandeln, wie die Fälle der sog. Konfliktsklage. S. dar. unten S. 254.

[2]) Neuner, Wesen und Arten der Privatrechtsverhältnisse, hebt richtig die Realität des Obligationsverhältnisses als Bestandteil des Vermögens hervor und führt zwei Folgen derselben an: 1. Die Erzwingbarkeit der Anerkennung durch Dritte bei der Liquidationsklage. 2. Die Verpflichtung jedes Dritten, sich störender Eingriffe zu enthalten. Es ist in diesen zwei Anwendungsfällen nur an die Berechtigung der im Obligationsverhältnisse stehenden gegenüber Dritten gedacht. Als drittes wäre aber als die Umkehrung, die Berechtigung Dritter gegenüber den aus dem Obligationsverhältnis Berechtigten hervorzuheben, sich auf den Bestand der Obligation zu berufen. — Aus diesem Gesichtspunkte ist das Problem von der Simulation zu lösen.

ein zweites legitimierendes Geschäft steckt, welches dann seine Wirkung äußert.

Es ist daher nicht nötig und geradezu irreführend, wenn die Berechtigung zur Geltendmachung der Simulation an ein besonderes Interesse geknüpft wird.[1]) Wenn freilich die Simulation für die Kontrahenten „Rechte auf Auflösung“ des Vertrages[2]) erzeugen, die Einrede der Simulation sich aus einem den Kontrahenten zustehenden „Rechte auf Ungiltigkeitserklärung des Vertrages“ ableiten würde,[3]) dann läge die Sache allerdings anders. Aber auch dann könnte das „Interesse“ des anfechtenden Dritten wenig helfen.

Es unterliegt heute jedoch wohl keinem Zweifel mehr, daß das simulierte Rechtsgeschäft als solches gar keine Rechtswirkungen erzeugt, nichtig, ein juristisches Nichts ist.[4])

Wer Simulation unter Dritten behauptet, macht daher eine bloße Tatsache, die Nichtigkeit des betreffenden Rechtsgeschäftes geltend.[5])

8.

Auf eine reine Tatfrage läuft auch die Einrede hinaus, Kläger habe kein Interesse an der Klage, weil er das durch sie zu Erzielende einem Dritten herausgeben müsse. Auch dieser Fall hat schon die

---

[1]) Gruchot III. Folge Bd. III. S. 124 f.: „Weist der im Mandatsprozesse Verklagte ein materielles oder prozessualisches Interesse an der Frage, ob die Cession des Klägers simuliert ist, nach, so ist das erlassene Mandat aufzuheben, wenn festgestellt wird, daß die Cession nur bezweckte, den Kläger wegen Forderungen an den Cedenten durch Verpfändung sicherzustellen, nicht aber auf ihn das Eigentum des Forderungsrechtes zu übertragen.“ S. 126: „Allerdings ist anzuerkennen, daß nach allgemeiner Rechtsregel die Legitimation des Verklagten zur Erhebung des Einwandes (der Simulation) von dem Nachweise der durch das simulierte Geschäft eingetretenen Benachteiligung des eigenen Rechtes abhängig bleibt.“ (!)

[2]) Kroll, Klage und Einrede S. 121.

[3]) Kroll a. a. O. S. 120.

[4]) Vgl. A. BGB. § 916, sächs. bürgerl. GB. § 828, ALR. I. 4 §§ 52—56, Dernburg, Pr.Pr.R. 4. Aufl. § 104, § 127 Anm. 10.

[5]) Mitteis, Iherings Jahrb. XXVIII. S. 106: „Auf die Nichtigkeit darf sich jedermann . . . berufen.“

Postglossatoren beschäftigt.[1]) Neuestens ist er im Versicherungsrecht[2]) und im Rechte des Kommissionsgeschäftes lebhaft erörtert worden.[3])

Darf der vom Kommissionär belangte Vertragsgegner geltend machen, der Kommissionär habe kein Interesse an der Leistung, weil er sie dem Kommittenten herausgeben müßte?

Die Frage, deren Bejahung jedes Kommissionsgeschäft illusorisch machen würde, wird mit Recht allgemein verneint.

Zur Begründung finden wir manchmal den Gedanken der exceptio ex iure tertii herangezogen. So argumentiert v. Thur:[4])

> ... „ich glaube, daß der Schuldner nicht befugt ist, die Beziehungen des Gläubigers zu dritten Personen aufzudecken, wenn der Gläubiger seinen Anspruch begründen kann, ohne diese Beziehungen zu berühren. Das wäre eine unzulässige Einrede ex persona tertii. Denn jedenfalls wäre der Gläubiger um den Wert der Ware reicher geworden, wenn der Schuldner sie ihm geliefert hätte; ob er verpflichtet ist, diese Ware an einen Dritten gegen einen andern Wert einzutauschen, geht den Schuldner nichts an. Man bedenke die Möglichkeit, daß diese Beziehungen zum Dritten sich auflösen und der Gläubiger die Leistung definitiv in seinem Vermögen behält." [5])

Soweit diese Argumentation das Moment der „unzulässigen Einrede ex persona tertii" heranzieht, ist sie u. E. verfehlt oder zum

---

[1]) S. Baldus a. a. O. Er spricht von einer exceptio, quae requirit ius opponentis und sagt: „si quidem ex forma sui requirit ius opponentis non potest excipi de iure tertii". Exemplum in exceptione: dolo facis petere, quod restiturus es, ut l. 8 D. 44. 4. Nam ex forma sui debet continere ius opponentis: ut dolo facis quia petis, quod mihi vel quasi mihi restiturus es, ut l. 44 § 1 D. 24. 3, l. 9 § 1 D. 12. 4.

[2]) S. RG. XXIII. Nr. 15.

[3]) Regelsberger in Iherings Jahrb. XXXXI. S. 251 ff.

[4]) „Eigenes und fremdes Interesse bei Schadensersatz aus Verträgen" in Grünhuts Zeitschr. Bd. XXV. S. 536 Anm. 24.

[5]) Vgl. Crome, Die partiarischen Rechtsgeschäfte (1897) S. 303. „Der Schuldner weiß und muß wissen, daß er sich (der Schadenersatzverpflichtung) nicht durch rabulistische Erwägungen ex iure tertii, auf dessen Rechnung das Geschäft geht, ganz entziehen kann."

mindesten nicht tief genug durchdacht. „Die Beziehungen" zum Dritten sind ein zu unbestimmter Begriff, um die letzte Grundlage der Erwägung bilden zu können. Es ist zu fragen, ob die Berufung auf diese Beziehungen durch den Beklagten Tatsachenbehauptung oder Rechtsübung ist. U. E. kann es keinem Zweifel unterliegen, daß wir es bei dieser Einrede nur mit Tatsachenbehauptung zu tun haben, z. B. selbst wenn der Fall folgende krassere Gestaltung annimmt: Der Kommissionär hat mit dem Gelde des Kommittenten Ware gekauft, der Kommittent hat auf die Ablieferung der Waare schenkungsweise verzichtet. Der Schuldner wird allerdings solchenfalls jenen Verzicht nicht einredeweise geltend machen dürfen, aber nicht, weil er unbefugt in fremde Rechte eingreifen würde, sondern weil der Obersatz seiner Verteidigung, es fehle dem Kläger das Interesse, zu dem in der Behauptung des Verzichtes des Kommittenten liegenden Untersatze nicht stimmen würde. Es liegt also wieder nicht eine Frage der Zulässigkeit, sondern der Schlüssigkeit, der logischen Möglichkeit vor.

Es kommt nur darauf an, ob der Kommissionär wirklich ein Interesse an der Leistung hat. Gelingt es dem Schuldner logisch unangreifbar den Mangel eines solchen Interesses beim Kläger aus dessen Beziehungen zum Kommittenten nachzuweisen, so kann ihm die Befugnis hierzu nicht abgesprochen werden.[1]) v. Thurs Argumentation selbst läuft schließlich nicht auf den Mangel einer Befugnis des Beklagten, Rechte Dritter geltend zu machen, sondern darauf hinaus, ein Interesse des Klägers denn doch als gegeben darzutun.[2]) [3])

---

[1]) In dem oben (vor. Seite) aufgeworfenen Zweifelsfalle ist Mangel eines Interesses nicht gegeben.

[2]) Das Gleiche gilt von der Einwendung des mit der Minderungsklage in Anspruch genommenen Verkäufers, der Käufer habe vollwertig weiter verkauft. Vgl. Seuff. Arch. Bd. XXII. Nr. 29 und dazu Oertmann, Vorteilsausgleichung S. 101.

[3]) Wird als Voraussetzung eines jeden Anspruches unter allen Umständen ein Interesse des Klägers an der Leistung erfordert, dann ist die Frage, ob der Kommissionär eine Interesseforderung aus unterbliebener Erfüllung gegen den Vertragsgegner auch in jenen Fällen geltend machen dürfe, wo er unzweifelhaft jeder Haftung gegenüber dem Kommittenten ledig ist, verneinend zu beantworten. Daß dieses Ergebnis praktisch ganz unbefrie-

9.

Schließlich ist es in diesem Sinne auch nur eine Tatfrage, wenn sich der in Anspruch genommene Schuldner auf den Bestand des Anspruches des Klägers gegen einen Dritten beruft. Es wäre verfehlt, hier den Gesichtspunkt fremder Rechtsübung walten zu lassen und von hier aus den Fall zu entscheiden, der lediglich nach den Grundsätzen über solidarische Ansprüche oder Klagenkonkurrenz, allenfalls über die compensatio lucri cum damno zu entscheiden ist. Auch auf diesem Wege ergibt sich uns also die bereits früher gewonnene [1]) Erkenntnis von der Notwendigkeit, diesen Fall aus dem Problem auszuscheiden.

---

digend und mitunter für das Billigkeitsgefühl und die Verkehrsmoral sehr verletzend ist, darauf ist namentlich in jüngster Zeit wiederholt verwiesen worden (Vgl. statt aller früheren Regelsberger in Iherings Jahrb. XLI. S. 251 ff. Freilich darf die Rücksicht auf die Moral nicht zu weit getrieben werden. Wo ein Schade garnicht vorhanden ist, weil er durch gewisse Umstände paralysiert wurde, da kann noch so große Verwerflichkeit des Tuns eine civile Haftbarkeit nicht begründen. Vgl. dagegen die Entscheidung des Oberlandesgerichtes Braunschweig vom 26. Januar 1891, Seuff. Arch. XLVI Nr. 173 und die von Oertmann, Vorteilsausgleichung S. 100 daran geknüpften Bemerkungen.) — Eine Lösung dieser Frage kann im Rahmen unseres Problems nicht erfolgen; denn es handelt sich um die außerhalb desselben und u. E. nur im Wege einer Revision der Lehre von kontraktlicher und außerkontraktlicher Schadenshaftung zu lösende Vorfrage, inwiefern jemand für den Schaden aufzukommen hat, den sein vertragswidriges, jedoch nicht unter den Begriff der unerlaubten Handlung im Sinne deliktischen Verhaltens fallendes Betragen einem Dritten zugefügt hat. — Hinter dieser Vorfrage erst tauchen die Fragen auf, ob der Kommissionär kraft eigenen Rechtes ein fremdes Interesse geltend mache und welches das Maß dieses Interesses sei, ob umgekehrt der Kommittent selbständig den Interesseanspruch gegen den Vertragsgegner erheben, oder ihn etwa nur als eine Art gesetzlicher Cessionar des Kommissionärs geltend machen dürfe und inwiefern er überhaupt vom Vertragsverhältnis zwischen dem Kommissionär und seinem Gegner abhängig sei. Sind diese Fragen entschieden, dann lassen sich auf Grund der von uns gegebenen Lösung alle in unser Problem einschlagenden Fragen glatt beantworten. Ein detailliertes Eingehen auf dieselben unterbleibt daher. Es könnte nur Wiederholungen des bereits Erörterten bringen.

[1]) S. oben S. 233.

10.

Es gilt nun, die verschiedenen Möglichkeiten kausaler Anspruchsverknüpfung aufzusuchen und anzugeben. Soviel wir sehen, sind es folgende:

1. Eine kausale Verknüpfung von Ansprüchen wird zunächst dadurch bewirkt, daß die Verpflichtungen, deren aktive Erscheinungsform jene Ansprüche bilden, kausal verknüpft werden, und dies geschieht, wenn der Bestand der einen zur Voraussetzung der andern gemacht wird, d. h. nach der von uns gegebenen Bestimmung des Voraussetzungsbegriffes, wenn der Bestand der einen Verpflichtung ein Faktor des bei Setzung der andern primär verfolgten Zweckes ist.[1][2]

---

[1]) Die Abhängigkeit vermittelst einer Voraussetzung ist die schwächste Abhängigkeitsform. Es ist selbstverständlich, daß das Gleiche gilt, wenn die Abhängigkeit durch ein stärkeres Mittel, etwa durch Setzung einer Bedingung bewirkt wird.

[2]) Rauchenberger (a. a. O. S. 27 f) gelangt zu der Formel: „Ist das Verhältnis ein derartiges, daß die Verpflichtung des jetzigen Beklagten mit rechtlicher Notwendigkeit bedingt ist durch die Entstehung der Verpflichtung desjenigen, aus dessen Recht die Einwendung entnommen werden soll, so ist die Einwendung aus dem Rechte des Dritten zulässig."

Was vorerst die Einführung des Begriffes der „Bedingtheit" in diese Formel anlangt, so ist dagegen nichts einzuwenden, wenn damit — wie es Rauchenberger ja wahrscheinlich meint — bloß ein allgemeiner Ausdruck für kausale Abhängigkeit in dem von uns im Texte entwickelten Sinne gewonnen sein soll. Es wird aber von Rauchenberger auf den Wortlaut der Formel besonderer Nachdruck gelegt und in der Abhängigkeit der einen Verpflichtung von der bloßen Entstehung der andern das unterscheidende Merkmal gegenüber dem Phänomen der Einrede aus dem Rechte des Dritten oder gegen Dritte gesehen, welche nur dann zulässig sei, „wenn der Bestand der Verpflichtung des jetzigen Beklagten nicht nur durch die Entstehung der Verpflichtung des ursprünglich Einredeberechtigten, sondern auch durch den Fortbestand derselben mit rechtlicher Notwendigkeit bedingt ist".

[Die Unterscheidung zwischen Einwendung und Einrede wird im Sinne der herrschenden Lehre und des deutschen bürgerlichen Gesetzbuchs gemacht]

Diese von Rauchenberger aufgestellten Kriterien der Zulässigkeit von Einwendung und Einrede aus dem Rechte des Dritten und gegen Dritte sind u. E. unhaltbar. Der Wortlaut der ersten Formel ist übrigens nicht genau. Der Sinn der ersten Formel kann nur der sein: Wenn die Verpflichtung des

Diese Erscheinung tritt in allen Fällen accessorischer Haftung, ferner in den Fällen sog. indirekter Leistung, vor allem bei der Delegation auf. Bei der Delegation wird jedoch das Moment der Anspruchsverknüpfung durch die regelmäßig bei ihr auftretende Abstraktion vom unterliegenden Verhältnis ausgeschaltet. Vermöge der Abstraktion

Dritten nicht entstanden ist, so fällt auch die durch sie bedingte Verpflichtung des Beklagten weg, was der Beklagte mittelst zulässiger Einwendung aus dem Rechte des Dritten geltend macht. Daraus würde e contrario folgen, daß diese Einwendung unzulässig ist, wenn einmal die Verpflichtung des Dritten giltig entstanden ist. Diese Schlußfolgerung steht aber mit den gewöhnlichsten und häufigsten der hier einschlagenden Erscheinungen im Widerspruch. Der Bürge hat die Einwendung der Zahlung des Hauptschuldners auch dann und am häufigsten dann, wenn die Hauptschuld bei Eingehung der Bürgschaft noch nicht bezahlt war, also zu Recht bestand. Nach dem nackten Wortlaut der Formel Rauchenbergers müßte diese Einwendung dem Bürgen aber versagt sein, denn die giltige Entstehung der Hauptschuld ist hier gegeben.

Der Wortlaut der Formel Rauchenbergers würde also den hier zu erklärenden Phänomenen nicht gerecht werden. Wir müssen sie aber über ihren Wortsinn hinaus dahin erweitern, daß nicht nur die Entstehung, sondern auch der Fortbestand der Verpflichtung des Dritten für die Verpflichtung des Beklagten bedingend sein muß, damit eine Einwendung aus dem Rechte des Dritten zulässig sei, in dem Sinne, daß der Fortfall einer der beiden Bedingungen die Verpflichtung des Beklagten hinfällig und damit die Einwendung zulässig macht. Daß solche Interpretation der Meinung Rauchenbergers selbst entspricht, beweist der von ihm der Formel nachgeschickte Satz (S. 28): „Ist die Entstehung einer Verpflichtung mit rechtlicher Notwendigkeit bedingend für die Entstehung und den Bestand einer andern Verpflichtung, so ist es einleuchtend, daß Tatsachen, welche die Entstehung jener ersten Verpflichtung leugnen oder *ihre nachträgliche Aufhebung bedeuten*, auch für die andere, rechtlich bedingte und abhängige Verpflichtung von maßgebendem Einfluß sein müssen." Ohne hier die Richtigkeit des Schlusses von der bedingenden Kraft der *Entstehung* auf die bedingende Kraft des *Fortbestandes* der Verpflichtung des Dritten einer Prüfung zu unterziehen, ist jedenfalls das eine sicher, daß die Bedingtheit durch den Fortbestand der ersten Verpflichtung in die Formel Rauchenbergers für zulässige *Einwendung* aus dem Rechte des Dritten hineinzudenken ist.

Damit ist scheinbar der Unterschied der beiden Formeln für Einwendung und Einrede verwischt Nur „scheinbar", weil er in Wirklichkeit fortbesteht und darin zu suchen ist, daß die *Einwendung* aus dem Rechte des Dritten

fällt auch der Vertrag zu Gunsten eines Dritten aus diesem Zusammenhange. Hier sind nicht die Einreden aus dem Vertrage gemeint. Daß diese nicht unter das Problem fallen, beruht — wie oben[1]) dargetan — darauf, daß der Promittent dem Begünstigten unmittelbar aus dem Vertrage haftet, ohne daß das Recht des Begünstigten die Person des Promissars passieren würde. Gedacht ist hier vielmehr an das zwischen Promissar und Promittent bestehende Verhältnis. Dieses mag wohl für den Promittenten die Voraussetzung seiner Verpflichtung sein, es wird davon aber abstrahiert. Deshalb ist der Promittent wohl der Einreden aus dem Vertrage, nicht aber jener aus der Person des Promissars teilhaftig.

schon dann zulässig sein soll, wenn bloß die Entstehung bedingend ist, während die Einrede aus dem Rechte des Dritten nur dann zulässig sein soll, wenn giltige Entstehung und giltiger Fortbestand der Verpflichtung des Dritten für die Verpflichtung des Beklagten bedingend ist.

Soll nun eine Parallele zwischen beiden Formeln überhaupt bestehen, so muß die zweite Formel so aufgefaßt werden, daß die Einrede aus dem Rechte des Dritten (und gegen Dritte) dann zulässig ist, wenn auch nur eine der beiden Bedingungen, also Entstehung oder Fortbestand der Verpflichtung des Dritten im konkreten Falle fehlt und dadurch auch die Verpflichtung des Beklagten beeinflußt wird.

Gerade diese Auffassung will aber Rauchenberger mit seiner Formel ausschließen, wodurch diese Formel ganz unverständlich wird und jeden Zusammenhang mit der ersten Formel verliert. Denn dort macht der Ausfall der bedingenden Verpflichtung die Einwendung zulässig, hier soll der Ausfall die Einrede unzulässig machen. Der logische Fehler, der hier begangen wurde, ist oben (S. 242 f.) besprochen worden, hier genügt die Feststellung, daß zwischen der Formel für die Einwendungen aus dem Rechte des Dritten (und gegen Dritte) und jener für die Einreden aus dem Rechte des Dritten und gegen Dritte kein Zusammenhang herstellbar ist, daß keineswegs diese beiden Formeln von jener für „Erfüllungseinwendungen" durch „gradatim" sich steigernde Voraussetzungen geschieden sind (so Rauchenberger S. 28 Anm. 22), sondern daß die Voraussetzungen der einzelnen Formeln von einander durchaus verschieden sind und daß wir es nach diesen Formeln nicht mit einem einheitlichen, das ganze Problem umfassenden und für die Kategorien von Einwendung und Einrede blos durch Hinzutreten eines besondern Momentes modifizierten, sondern mit drei innerlich durchaus verschiedenen Erklärungsgründen zu tun haben; s. oben S. 193 Anm. 2.

[1]) S. 134 f.

2. Kausale Verknüpfung besteht ferner unter identischen Ansprüchen, wie sie die Fälle der Succession aufweisen. Die Verknüpfung ist hier allerdings eine innigere, von der Identität aller Anspruchselemente getragene, woraus sich für diese Fälle auch eine Vereinfachung der unser Problem lösenden Formel ergibt. Sie lautet hier einfach: Die anspruchsverneinende Einrede ist der Ausdruck eines Mangels des gegenüberstehenden Anspruches. Ist der neue Anspruch mit dem alten identisch, so muß er auch identische Mängel haben, also identischen Einreden ausgesetzt sein.[1] [2])

3. Einer Reihe von Fällen liegt das Gemeinsame zu Grunde, daß jemand seinen Angriff oder seine Verteidigung, also seine Anspruchsbehauptung oder die Verteidigung gegen solche darauf stützt, daß ein anderer Anspruch besteht oder bestand.

Hierdurch ist dem Gegner die Möglichkeit gegeben, seinen Angriff auf diese Grundlage der gegnerischen Position zu richten, zu zeigen, daß der zur Begründung herangezogene fremde Anspruch nicht besteht

[1]) In den Fällen der Accessorietät und Succession drängt sich die Notwendigkeit des Einredenüberganges als etwas geradezu Selbstverständliches auf. Diese Fälle wurden denn auch von den Postglossatoren (vgl. Baldus und Bartolus a. a. O.) und ihren Nachfolgern (vgl. Zanger a. a. O.; vgl. insbesondere auch Bayer, Vorträge über den gemeinen ordentlichen Civilprozeß [10. Aufl. 1869] S. 623: „Nach Grundsätzen über die legitimatio ad causam activam darf keine exceptio ex iure tertii abgeleitet werden, d. h. die Einrede muß sich auf ein Recht stützen, welches dem Beklagten selbst zusteht und nicht einem Dritten .... Indessen können doch die Rechtsnachfolger und die Bürgen des ursprünglichen Verpflichteten in der Regel von allen Einreden Gebrauch machen, deren sich Letzterer selbst hätte bedienen können, sofern dieselben nicht rein persönlicher Natur [exc. personae cohaerentes] sind") den andern Ausnahmsfällen ohne weitere Erklärung gegenüber gestellt. Die übrigen Fälle faßte man unter dem Gesichtspunkte einer exceptio ex iure tertii prorsus extranei zusammen und hier begann erst die Erklärungskunst der Kommentatoren.

[2]) Es ist nur die Kehrseite dieses Gedankens, wenn die Einreden des früher Verpflichteten dort nicht zugelassen werden, wo ein Verhältnis der Rechtsnachfolge nicht besteht, wie bei Pflichten, die durch den Eintritt in einen gewissen Zustand bestimmt werden, s. Stammler, Hallenser Festgabe S. 74 f.

oder nicht bestand. Dies geschieht wieder durch die Behauptung der diesem Anspruch entgegenstehenden Einreden, so daß wir auch hier Einreden aus dem fremden Rechtsverhältnis finden.

Hierher gehören:

a) die Fälle der sog. „Konfliktsklagen". Dieser von Rocholl[1]) geprägte Ausdruck kennzeichnet, ohne daß zu dem ihm unterlegten Begriffe hier Stellung genommen werden will,[2]) gerade die hier zu besprechende Gruppe. Es handelt sich um den Konflikt der Ansprüche mehrerer auf dasselbe Befriedigungsobjekt gewiesener Gläubiger.[3])

Jede dieser Klagen setzt bei dem Kläger die Behauptung eines Anspruches gegen den dritten Schuldner voraus und bestreitet in den meisten Fällen[4]) den Bestand eines Anspruches des Beklagten gegen jenen Schuldner.

Schon die Postglossatoren[5]) beschäftigten sich mit diesem Falle bei Untersuchung unseres Problems. Zanger[6]) führt ihn als einen Fall der dritten Gruppe von Ausnahmen an, die durch den gemeinsamen Gesichtspunkt zusammengehalten wird: „Nam si rei intersit iure tertii uti, non ambigitur, quin ius ad repellendum actorem allegare possit." Es wird auch der Billigkeitsgrund ins Treffen geführt, der voranstehende Gläubiger würde sich zum Schaden des nachfolgenden bereichern. Herold[7]) schließt sich diesem Argument an. Die Einrede des nachfolgenden Pfandgläubigers sei die exc. doli,

---

[1]) Zeitschr. f. deutsch. Civ. Pr. Bd. VIII S. 343

[2]) Vgl. dazu Rocholl a. a. O. S 343 ff., 405 ff. Dagegen Kohler, Grünhuts Zeitschr. XIV. S. 37 Anm. 2, Leonhard, Zeitschr. f. deutsch. Civ. Pr. XV S. 358, Hellwig, Anspruch S. 502 f, Gaupp-Stein, Kommentar 4. Aufl. (1902) II. S. 681 II.

[3]) Analog der Konflikt zweier Cessionäre derselben Forderung nach Hinterlegung der Schuld, s. Endemann a. a. O. S. 520 Anm. 57.

[4]) Gaupp-Stein a. a. O. Vgl. den Rechtsfall bei Westphal, Rechtsgutachten (1792) II. Nr. 615.

[5]) S. die Citate bei Zanger a. a. O. Nr. 329.

[6]) a. a. O.

[7]) a. a. O.

folglich rei cohaerens, folglich dem Beklagten aus der Sache zustehend. Daß dem geklagten Gläubiger aber eine Einrede aus dem Nichtbestand der Forderung des Klägers auch dann zusteht, wenn dieser Nichtbestand nicht auf der exceptio doli, sondern auf einer andern exceptio des dritten Schuldners beruht, wobei also ein Zustehen der exceptio doli „aus der Sache" gar nicht vorkommen kann — das übersieht Herold. U. E. erklärt sich die Einrede einfach daraus, daß der Kläger seinen Anspruch eben damit begründet, es stehe ihm ein Anspruch gegen den Schuldner zu. Er muß sich also gefallen lassen, wenn ihm der Geklagte das Gegenteil beweist und dies geschieht, indem der Geklagte die Einreden vorbringt, die jenem Anspruche entgegenstehen.[1]) Dies darf er immer, soweit es sich um Tatsachen handelt. Rechte des Schuldners, eine diesem etwa zustehende Anfechtung darf er nicht geltend machen.

Hier zeigt es sich wohl deutlich, wie die Fragen nach der Zulässigkeit und Möglichkeit in unserem Problem geschieden sind.

Jene entscheiden sich nach dem Umstande, ob die Einrede Tatsachen oder Rechte geltend macht, diese nach dem Gegebensein gewisser kausaler Verknüpfung der Rechtsverhältnisse.

b) Wer einen Zweiten im Wege Regresses auf Ersatz des Ausfalles in Anspruch nimmt, den er durch den Anspruch eines Dritten an seinem Vermögen erlitten hat,[2]) muß sich vom Zweiten einwenden lassen, daß jener Anspruch garnicht bestanden habe, weil er mit dieser

---

[1]) Der Kläger tut das Gleiche in seiner Klage oder Replik, denn er will den Anspruch des Beklagten gegen den Dritten als nicht bestehend erweisen. Vgl. Kohler, ACPr. LXXX. S. 167 f.: „Das Verfahren" (in der Vollstreckungsinstanz) „ist daher ein Interferenzverfahren, d. h. ein Verfahren, kraft dessen die Rechte Dritter innerhalb eines obschwebenden Rechtsstreites zur Erledigung gebracht werden."

[2]) Die Regreßforderung muß nicht der effektiven Leistung an den Dritten nachfolgen. Sie kann ihr auch vorangehen und mit der bloßen Haftung des Klägers gegenüber dem Dritten begründet werden. Hierher ist es zu zählen, wenn der Kommissionär den Anspruch gegen den Vertragsgegner aus unterbliebener oder mangelhafter Vertragserfüllung auf seine Haftung gegenüber dem Kommittenten gründet.

oder jener Einrede behaftet gewesen sei.[1]) Auch hier wird also eine Einrede aus dem fremden Rechtsverhältnis eingewendet.[2])

Diesem Gedanken entspringen die Bestimmungen der §§ 931 und 1361 A. BGB.

§ 931. „Wenn der Besitzer wegen eines von einem Dritten auf die Sache gemachten Anspruches von der Gewährleistung Gebrauch machen will, so muß er seinen Vormann davon benachrichtigen, und nach Vorschrift der Gerichtsordnung die Vertretung begehren. Durch die Unterlassung dieses Ansuchens verliert er zwar noch nicht das Recht der Schadloshaltung; aber sein Vormann kann ihm alle wider den Dritten unausgeführt gebliebene Einwendungen entgegensetzen und sich dadurch von der Entschädigung in dem Maße befreien, als erkannt wird, daß diese Einwendungen, wenn von ihnen der gehörige Gebrauch gemacht worden wäre, eine andere Entscheidung gegen den Dritten veranlaßt haben würden."

§ 1361. „Hat der Bürge oder Zahler den Gläubiger befriediget, ohne sich mit dem Hauptschuldner einzuverstehen; so kann dieser Alles gegen jene einwenden, was er gegen den Gläubiger hätte einwenden können."

c) Wer auf Herausgabe einer Sache belangt wird, kann sich damit rechtfertigen, daß sie ihm schuldlos vom Dritten abgestritten worden sei.[3])

Der Kläger wird replizieren können, daß der Beklagte gegen den Herausgabeanspruch diese oder jene Einrede gehabt habe.[4])

---

[1]) So ausnahmslos, wenn der Regreßanspruch aus dem Gesichtspunkte des Schadenersatzes erhoben wird. (Beispiel s. vor. Anm. und Hussarek, „Die familienrechtliche Alimentation nach österreichischem Rechte" in Grünhuts Zeitschr. XX. S. 505 Anm. 38.) Wird er auf nützliche Geschäftsführung gestützt, so wird jene Einrede nicht immer möglich sein, so wenn der Bürge trotz eigener Einreden die vollgiltige Hauptschuld zahlt. Anders, wenn auch die Hauptschuld einredemäßig ist; s. Karl Adler in Iherings Jahrb. XXXIII. S. 202 ff.

[2]) BGB. § 442, s. Mot. II. S. 222 f.

[3]) Crome, Bürg. Recht II. § 276 Anm. 24, Hellwig, Grenzen S. 22 Anm. 55, der hier hervorhebt, daß es sich nicht um die Einrede der Rechtskraft handle.

[4]) Der Fall ist, wenn von der Umkehrung der Parteirollen abgesehen wird, dem unter b verwandt.

d. Wer einen Schadensersatzanspruch auf die Behauptung stützt, daß der Beklagte durch schuldhaftes Handeln einen Anspruch des Klägers gegen einen Dritten vereitelt habe, muß sich gefallen lassen, daß Beklagter ihm die Einreden entgegenhalte, die dem angeblich vereitelten Anspruch entgegenstanden.

Hierher gehört z. B. die Klage des Cedenten gegen den fiduziarischen Cessionar auf Ersatz für den durch schlechte Prozeßführung herbeigeführten Forderungsverlust. Der Cessionar kann sich hier durch Einreden des Cessus schützen. Eigentlich beweist er damit nur die Unvermeidlichkeit des Prozeßverlustes und seine eigene sich daraus ergebende Schuldlosigkeit. Es liegen aber alle Kriterien einer wirklichen „Einrede aus dem Rechte des Dritten" vor. — Der Cedent wird solche Einrede durch Repliken entkräften können, die dem Cessus entgegenzusetzen waren: „Einrede aus dem Rechte gegen den Dritten."

Ganz anders gestaltet sich der Fall, wenn die Klage des Cedenten nicht Ersatz wegen schlechter Prozeßführung, sondern Herausgabe des durch die Prozeßführung Erlangten vom Cessionar fordert. Hat der Cessionar infolge einer Einrede des Cessus den Prozeß verloren und den Gegenstand der Prozeßführung also nicht erhalten, so ist er gegen den Cedenten geschützt. Sein Vorbringen ist hier bloße Klagsleugnung Er leugnet den vom Kläger behaupteten Empfang des Prozeßgegenstandes. Hat er ihn aber etwa vom Cessus erhalten, so kann er die Herausgabe an den Cedenten nicht verweigern, indem er ihm die Einreden des Cessus entgegensetzt — nicht, weil die Einrede als Einrede aus dem Rechte des Dritten unzulässig, sondern weil sie nicht schlüssig wäre. Es handelt sich im Streite zwischen Cedent und Cessionar nur darum, ob der Cessionar die Sache vom Cessus erhalten hat. Ob er sie mit Recht oder nur etwa infolge unterlassener oder schlechter Verteidigung des Cessus erhalten hat, ist gleichgültig. Es handelt sich nicht um ein aus der Natur der Einrede fließendes Hindernis, sondern nur um das Gefüge der Ansprüche.[1] [2])

[1]) Man vgl. ferner folgenden, in der Sammlung von Glaser-Unger Bd. XXXVII. Nr. 978 enthaltenen Fall: Der Notar, der einen Kaufvertrag zwischen A und B verfaßt und die grundbücherliche Einverleibung der Käuferrechte zu erwirken hatte, überreichte das bezügliche Gesuch verspätet,

e. Hier wären ferner Ansprüche Dritter auf Ersatz des Schadens zu nennen, der ihnen durch den Bruch eines unter zwei andern Personen geschlossenen Vertrages erwächst. Der Musterfall [1]) ist der schon erwähnte des Kommittenten, der durch den vom Vertragsgegner des Kommissionärs begangenen Vertragsbruch geschädigt ist.

Dem auf Schadenersatz belangten Vertragsbrecher wird das Recht eingeräumt, gegenüber dem Kommittenten Einreden aus der Person des Kommissionärs insbesondere Kompensationseinreden vorzubringen, dagegen das Recht versagt, gegenüber dem klagenden Kommissionär mit Forderungen gegen den Kommittenten zu kompensieren.[2]) Zur Begründung wird auf die Identität der Ansprüche verwiesen. Es wird gesagt, der Kommittent mache den Anspruch des Kommissionärs geltend.[3]) Soweit dabei die Vorstellung einer Abtretung des Anspruchs des Kommissionärs an den Kommittenten unterläuft,[4]) hat jene Entscheidung ihre Richtigkeit. Wo eine solche Abtretung aber nicht an-

---

infolgedessen ein Gläubiger des Verkäufers eine Hypothek auf das verkaufte Objekt erlangte. Gegenüber der Schadensersatzklage des Käufers wendete der geklagte Notar ein, der Vertrag zwischen A und B sei simuliert gewesen.

Unter denselben Gesichtspunkt gehört es weiter, wenn der wegen Tötung eines Alimentationspflichtigen auf Schadensersatz Belangte einwendet, es sei der Alimentationspflichtige z. Z. der Tötung infolge von eigener Dürftigkeit von seiner Leistungspflicht frei gewesen, obzwar man hier zweifeln kann, ob man es mit einer anspruchsverneinenden oder rechtsverfolgenden Einrede des Alimentationspflichtigen zu tun hat. Letzterenfalls wäre dem Beschädiger die Einrede zu versagen. (Vgl. Mot. II. S. 781 f.) Die Eigenschaft der aus dem benef. competentiae fließenden Einrede personae cohaerens zu sein, muß hier außer Betracht bleiben.

²) Ein ähnlicher Gedankengang besteht in dem Falle, wenn der Bürge einwendet, der Gläubiger habe grundlos einen Anspruch gegen einen Pfandschuldner, Mitbürgen ꝛc. aufgegeben (§ 776 BGB., § 1360 A. BGB.), und der Gläubiger replicando eine dem aufgegebenen Anspruche anhaftende peremtorische Einrede vorbringt.

¹) Einen andern Fall s. b. Regelsberger in Iherings Jahrb. XLI. S. 278 f., s. ferner die Rechtsfälle daselbst auf S. 270 f.

²) Regelsberger a. a. O. S. 280 f. Nr. 7.

³) Regelsberger a. a. O. S. 279 ff.

⁴) Regelsberger a. a. O. S. 279.

genommen wird, ist nicht einzusehen, warum die Annahme der Anspruchsidentität nicht auch die Zulässigkeit der Kompensation mit Forderungen an den Kommittenten gegenüber dem Kommissionär zur Folge haben sollte. Läßt sich dann nicht ebensogut sagen, der Kommissionär mache den Anspruch des Kommittenten geltend?

U. E. liegt dort, wo eine Abtretung des Anspruches des Kommissionärs an den Kommittenten nicht erfolgt ist, die Rechtslage derjenigen beim Vertrage zu Gunsten Dritter ziemlich analog.[1])

Eine analoge Anwendung der bei Verträgen zu Gunsten Dritter in Bezug auf die Einreden des Promittenten entwickelten Grundsätze würde verlangen, daß dem Vertragsbrecher außer den Einreden, die ihm unmittelbar dem Anspruchswerber gegenüber zustehen, auch die Einreden aus dem Vertrage gegeben werden. Im Resultate käme diese Lösung der Entscheidung Regelsberger bis auf den Umstand gleich, daß der Vertragsbrecher Kompensationseinreden gegen den Kommittenten nur hätte, soweit es sich um Gegenforderungen aus dem Vertrage handelte, womit u. E. ein der Billigkeit entsprechender Interessenausgleich erzielt wäre.[2])

4. Eigentümlich ist die Verknüpfung in gewissen Fällen, welche durch folgendes Grundschema gekennzeichnet sind.

A hat von B und C denselben Gegenstand oder Vermögenswert zu fordern. B ist ihm gegenüber durch Einrede geschützt, C aber nicht. Dagegen hat C die Möglichkeit, von B Regreß zu nehmen, falls er dem A leisten muß, so daß B, der gegen A direkt geschützt ist, von ihm indirekt über das Haupt des C erreicht werden kann.

[1]) Die Analogie wäre nicht gegeben, wenn sich annehmen ließe, die Interesseforderung des Kommittenten nehme unter allen Umständen ihren Durchgang durch die Person des Kommissionärs, wie dies z. B. Zimmermann tut. (Vgl. Regelsberger a. a. O. S. 261.) Solche Annahme ist jedoch u. E., wo nicht wirkliche Anspruchsabtretung vorliegt, nicht notwendig.

[2]) Die unter Nr. 3 gegebene Aufzählung erhebt keinen Anspruch auf Vollständigkeit, die bei der Weite des Obersatzes wohl kaum zu erzielen ist. (Vgl. z. B. § 1100 BGB. Der neue Eigentümer kann die Retentionseinrede des Käufers mit Einwendungen zurückschlagen, die dem Anspruch des Käufers vom Verpflichteten aus entgegenstehen.)

Um nun B vollständig zu schützen, wird auch dem C gegen A die Einrede gegeben.

Diese Form von Verknüpfung kommt bei verschiedenen Rechtsverhältnissen vor. Sie bildete schon bei den Römern einen Haupterklärungsgrund des Satzes, daß die Einreden des Bürgen dem Hauptschuldner zustehen, wurde von der gemeinrechtlichen Theorie hauptsächlich bei der Bürgschaft erörtert, bei anderen Rechtsverhältnissen nur flüchtig erwähnt und in neuerer Zeit von Gradenwitz in seinem Buche über die Ungiltigkeit obligatorischer Rechtsgeschäfte sorgfältiger berücksichtigt.

Außer bei der Bürgschaft brachten die Römer diesen Gedanken bei verschiedenen anderen Rechtsverhältnissen zur Anwendung, z. B. bei der Delegation,[1]) bei der exceptio rei venditae ac traditae,[2]) bei der hereditatis petitio gegen den gutgläubigen Erbschaftsbesitzer bezw. der Vindikation gegen dessen Singularsuccessor.[3]) [4])

Die Quellenstelle, welche uns den zuletzt erwähnten Fall übermittelt, l. 25 § 17 D. 5. 3, von Ulpian herrührend, hat bekanntlich zu umfangreichen Kontroversen geführt.

Die Stelle lautet:

„Item si rem distraxit bonae fidei possessor nec pretio factus sit locupletior, an singulas res, si nondum usucaptae sint, vindicare petitor ab emptore possit? et si vindicet, an exceptione non repellatur „quod praeiudicium hereditati non fiat, inter actorem et eum qui venum dedit", quia non videtur venire in petitionem hereditatis pretium earum, quamquam victi emptores reversuri sunt ad eum qui distraxit? Et puto posse

---

[1]) l. 8 § 3—6 D. 16. 1, l. 1 § 8—12 D. 44. 5; s. oben S. 130 f.

[2]) l. 3 D. 21. 3. Vgl. Francke AcPr. XVI. S. 427.

[3]) l. 25 § 17 D. 5. 3. Die von Windscheid befürwortete Ausdehnung dieser Bestimmung auf den Erwerber der durch den gutgläubigen Besitzer veräußerten Früchte ist abgelehnt worden. Vgl. Windscheid-Kipp I. § 186 Anm. 16.

[4]) S. Unger, Verträge zu Gunsten Dritter S. 19 Anm. 22, S. 21 Anm. 25.

res vindicari, nisi emptores regressum ad bonae fidei possessorem habent."

Ihr Sinn ist nach der sich noch von der Glosse herschreibenden gemeinen Meinung folgender:

Der gutgläubige Erbschaftsbesitzer hat alle Erbschaftssachen[1]) veräußert und die Kaufpreise nicht mehr in seinem Vermögen.[2]) Nach den Grundsätzen des SC Juventianum hat er solchenfalls dem Erben nichts herauszugeben: die Erbschaftssachen nicht, weil er sie nicht mehr besitzt, die dafür erlösten Kaufpreise nicht, weil er durch sie nicht mehr bereichert ist. Es findet gegen ihn also die hereditatis petitio nicht statt. Es entsteht nun die Frage, ob der Erbe die Sachen von dem dritten Käufer mit der rei vindicatio fordern könne. An sich wäre die Frage unbedingt zu bejahen. Hier wird aber die Antwort durch eine eigentümliche Komplikation zweifelhaft. Der Käufer wird nämlich, wenn ihm die vom Erbschaftsbesitzer gekaufte Erbschaftssache evinziert wird, den Erbschaftsbesitzer auf Ersatz des Interesses im Wege Regresses in Anspruch nehmen. Auf diesem Wege würde der Erbschaftsbesitzer denn doch gegen die Intention jenes Senatsbeschlusses zur Zahlung herangezogen werden.

Um dies zu verhindern, bekommt auch der Käufer eine exceptio „ne praeiudicium fiat hereditati inter actorem et eum, qui venumdedit."

Es ist übrigens weder der Inhalt dieser exceptio, noch ihre Zulässigkeit und ihre Beziehung zu Ulpian unstreitig, und namentlich Francke[3]) hat mit außerordentlich umsichtiger und scharfsinniger Begründung den Beweis zu führen versucht, daß der Käufer eine solche exceptio keineswegs bekam.

Eine äußerliche Unterstützung findet diese Gegenmeinung in der Haloandrischen Lesart, welche „licet" statt „nisi" hat, wodurch der

---

[1]) Es ist streitig, ob das „rem distraxit" eine Veräußerung der Erbschaft oder einer einzelnen Erbschaftssache bedeutet, für das Prinzip des hier behandelten Falles ist es aber gleichgültig.

[2]) „ut quia consumpsit" sagt die Glosse.

[3]) Exegetisch-dogmatischer Kommentar über den Pandektentitel de Heredidatis petitione (1864).

entscheidende Satz: „et puto posse res vindicari, nisi emptores regressum ad bonae fidei possessorem habent“ einen entgegengesetzten Sinn bekommt.

Eine Aufrollung der Streitfrage in ihrer ganzen Breite hätte keinen Zweck. Für uns ist bloß die Feststellung wertvoll, daß der Gedanke der Regredienteneinrede auch bei dinglichen Ansprüchen möglich ist. Während in den Fällen der Bürgschaft, der Delegation usw. die Einrede aus dem fremden Rechtsverhältnis sich auch aus einer gegebenen Sonderverbindung der Ansprüche (Accessorietät 2c.) erklären läßt, erscheint hier der Gedanke des Regresses als ausschließlicher Grund der Einrede. Es ist aber zu bedenken:

Für sich betrachtet, scheint die Regredienteneinrede auf einer rein äußerlichen Beobachtung der sich beeinflussenden Rechtsverhältnisse zu beruhen. Sie scheint ferner einen inneren Widerspruch in der gesetzlichen Regelung eines Zusammenhanges von Erscheinungen zur Voraussetzung zu haben.

A kann gegen B nicht aufkommen, weil B gegen ihn mit Einrede geschützt ist. Wohl hat aber A nach strengem Rechte einen Anspruch auf den gegenüber B vereitelten Erfolg gegen C, und C hat nach strengem Rechte Anspruch gegen B auf Ersatz des ihm von A Entrissenen. Dasselbe Recht also, daß dem A die Forderung gegen B direkt benommen hat, bewirkt, daß er sie indirekt über das Haupt des C doch gegen B durchsetzt. Darin liegt ein Widerspruch, und die römische Jurisprudenz hat, wo sie solchem Widerspruche begegnete, ihn durch eine auch dem C gegen A verliehene Einrede korrigiert. Die heutige Jurisprudenz, der solche Machtvollkommenheit fehlt, dürfte solche Korrektur nicht vornehmen.[1] [2]) Es ist aber folgendes zu bedenken: Die Regredienteneinrede hat keineswegs die bloße Bedeutung eines

[1]) Vgl. dazu die geistvollen Ausführungen Stammlers in der Hallenser Festgabe für Fitting S. 154 f. über die Nötigung der Gesetzgebung mit unter gegen die Konsequenzen ihrer eigenen Ordnung „zum zweitenmal reagierend vorzugehen“.

[2]) Wo heutzutage das Gewohnheitsrecht noch wirksam ist, da kann das Prinzip der Regredienteneinrede sich noch fruchtbar erweisen, also namentlich auf dem Gebiete des Handels- und Wechselrechtes.

Korrektivs unvollständiger rechtlicher Regelung eines Komplexes von Rechtsverhältnissen, sondern sie kann als primäres Regulativ eines Rechtsverhältnisses dort gedacht werden, wo wir ihren Gedanken auf einen gesetzlich geregelten Tatbestand, z. B. den der Bürgschaft anwendbar finden. Es ist nun zu erwägen, daß solche Regelung, mag sie durch die rechtsbildende Jurisprudenz, wie bei den Römern, oder durch das Gesetz erfolgen, stets einen Grund voraussetzen muß, der doch wieder nur in der innern Verknüpfung der betreffenden Verhältnisse gelegen sein kann. Darauf leitet schon folgendes:

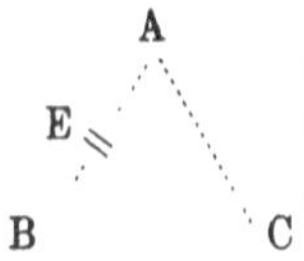

B ist gegen A auf dem direkten Wege durch die Einrede E geschützt und soll nun auch auf dem indirekten Wege über C geschützt werden. Man sieht sofort, daß dieser Schutz auf zwei Arten erreicht werden kann. Man kann die Einrede zwischen A und C oder zwischen B und C anbringen. Mit andern Worten:, B kann nicht nur so geschützt werden, daß C gleichfalls eine Einrede gegen A erhält, sondern auch so, daß B gegen den Regreß von C mit einer Einrede geschützt wird. Im ersten Falle wird A, im zweiten C zu Gunsten des B geopfert. Es kann auch sein, daß B, der gegen A direkt geschützt ist, weil ihm irgend eine formale Position zu gute kommt, doch nicht auch so weit schutzwürdig ist, daß er auch auf dem Umwege über C nicht sollte erreicht werden dürfen.[1]) Solchenfalls müßte die Einrede des C gegen A, des B gegen C entfallen.[2])

Man muß also auch hier schließlich doch auf die innere Verknüpfung der Ansprüche zurückgehen.[3])[4])

---

[1]) Dies hat Francke a. a. O. zu l. 25 § 17 D. 5. 3 (vgl. oben S. 260 f.) für den Erbschaftsbesitzer zu Gunsten der von ihm vertretenen Gegenmeinung treffend ausgeführt.

[2]) S. die Besprechung der hier von den Römern mit feiner Abwägung der gegenseitigen Interessen getroffenen Entscheidungen oben S. 46 ff.

[3]) Unger (Verträge zu Gunsten Dritter S. 18 Nr. 3) zieht hier den Gesichtspunkt der Reflexwirkung heran. Dieser Gesichtspunkt, der hier besonders deutlich hervortritt, trifft auch in den sonstigen Fällen von Einreden aus dem fremden Rechtsverhältnis zu, insofern es das Merkmal der Reflexwirkung einer Tatsache ist, daß sie die faktische, ökonomische oder rechtliche Stellung

11.

Eigentümlich ist das Verhältnis unseres Problems zur rechtsverteidigenden Einrede.

Wir haben das Wesen der rechtsverteidigenden Einrede dahin bestimmt, daß sie wahre Einrede, d. h. Hinweis auf den Nichtbestand des Anspruches, dabei aber doch Rechtsübung ist, indem sie einen Akt der Verteidigung des Rechtes des Angegriffenen an der Sache enthält, deren Herausgabe ihm zugemutet wird.

Dieser Doppelnatur der Einrede entspricht ihr Verhalten zu unserem Problem. Es sind zwei Fragen zu beantworten:

1. Worauf beruht es, daß der Beklagte diese primär dem Dritten zustehende Einrede nicht vorbringen kann? Haben wir es mit einer *unzulässigen* Einrede aus dem Rechte des Dritten zu thun?
2. Wie kommt es, daß mitunter diese Einrede vom Beklagten dennoch vorgebracht werden darf? Ist es *ausnahmsweise*

---

einer Person in unbeabsichtigter und ihrer eigentlichen Bestimmung fern liegender Weise beeinflußt.

A. A. Rauchenberger, der das Problem ausschließt, wo bloße Reflexwirkung vorliege. Er sagt (a. a. O. S. 3): Es „kann von der Anwendung des Problems keine Rede sein, wenn der Bestand einer Einrede zwar auf das Rechtsverhältnis eines Dritten Wirkungen ausübt, der Dritte an dem Anspruche aber gänzlich unbeteiligt ist und jene Wirkung sich daher nur als eine Reflexwirkung darstellt; diesen unbeteiligten Personen steht die Einrede nicht zu, obwohl ihre Rechtsverhältnisse dadurch beeinflußt werden, daß der Einredeberechtigte es unterläßt, die Einrede vorzubringen, oder auf dieselbe verzichtet."

Es ist demgegenüber darauf zu verweisen, daß Jhering auch den Erwerb von Rechten zu den Reflexwirkungen zählt, daß er sogar den „Erwerb negativer Rechte" hervorhebt und die Einrede des Bürgen aus dem Vertrage des Hauptschuldners als Beispiel nennt (Jahrb. X. S. 296), daß er auch die Befreiung von Schulden und Lasten (die im Sinne unserer Deduktionen als anspruchsverneinende Einrede zum Vorschein käme) als Reflexwirkung anführt und auf die Befreiung des Bürgen durch die Zahlung des Hauptschuldners hinweist (a. a. O. S. 296 f.).

Im Sinne Jherings wären also Einreden aus dem fremden Rechtsverhältnis allerdings ein auf Reflexwirkung beruhendes Phänomen, trotzdem der Beklagte nicht nur faktische, sondern rechtliche Vorteile erwerben würde.

Zulässigkeit der Einrede aus dem Rechte des Dritten, die hier vorliegt?

Man könnte sich der Einheitlichkeit der Erklärung zuliebe etwa zu folgender Überlegung versucht fühlen:

In den bisher untersuchten Fällen handelte es sich um obligatorische Ansprüche, welche in bestimmter Art mit einander verknüpft waren, nämlich so, daß der Bestand des einen Anspruchs von dem Bestand des andern abhängig ist.

In den Fällen der rechtsverteidigenden Einrede handelt es sich um dingliche Ansprüche und es läßt sich in allen hierher gehörigen Fällen beobachten, daß die Einrede Erfolg hat, wenn innerhalb jenes Verhältnisses, dem sie entnommen ist, der Anspruch nicht zu Recht besteht. Es scheint sich so die Formel zu ergeben: Der Nichtbestand des Anspruchs im fremden Rechtsverhältnis ist Voraussetzung für den Nichtbestand des Anspruches im eigenen, womit eine vollständige Parallele zu jener andern Formel gewonnen wäre, die da lautet: Der

Das von Rauchenberger angeführte Beispiel beweist nicht dagegen. Es kann sich bestenfalls daraus ergeben, daß nicht überall, wo Reflexwirkung vorliegt, auch Einrede aus dem fremden Rechtsverhältnis anzunehmen ist, was ja sicherlich unbestreitbar ist, keinesfalls aber das Umgekehrte. Übrigens wird dieses Beispiel durch die Prinzipien des Grundbuchwesens unnötig kompliziert. Der Grundstückseigentümer kann vielleicht dem Gläubiger im Nachrange dadurch einen Vorteil entziehen, daß er auf eine Einrede dem Vorranggläubiger gegenüber verzichtet. Das hängt mit Eigentümlichkeiten des Grundbuchwesens zusammen. Der Hauptschuldner aber z. B. kann durch solchen Verzicht dem Bürgen nicht schaden (§ 768 Abs. 2 BGB.).

Allerdings ist mit der bloßen Heranziehung der Vorstellung der Reflexwirkung für unser Problem nichts gewonnen. Der Begriff der Reflexwirkung beschreibt, aber er erklärt nicht. Reflexwirkungen kommen bei den verschiedensten Rechtsverhältnissen vor und haben die verschiedensten Ursachen. Man ist daher mit der Erklärung, die Einrede aus dem fremden Rechtsverhältnis beruhe auf Reflexwirkung, des Suchens nach den Gründen dieser Wirkung keineswegs überhoben und es sei hier nur daran erinnert, daß Ihering selbst die Wirkung von Einreden des Hauptschuldners auf die Rechtslage von Bürgen und Correalschuldnern mit der „Gleichheit der rechtlichen Lage" begründete, die er mit der Gleichheit der lokalen Lage in dem Falle, da Einer die faktischen Vorteile der Aussichtsgerechtigkeit eines Andern genieße, rechtfertigte (a. a. O. S. 272).

Bestand des Anspruches im fremden Rechtsverhältnis ist Voraussetzung des Bestandes im eigenen.

Es ließe sich auch ein Grund für die Verschiedenheit der beiden Formeln finden. Der obligatorische Anspruch beruht auf Tatsachen, die in jedem einzelnen Falle anders sind. Jeder obligatorische Anspruch hat seinen besonders gearteten Entstehungsgrund. Der Bestand des Anspruches ist hier das in jedem einzelnen Falle besonders zu Erklärende.

Der dingliche Anspruch erwächst auf dem Böden des dinglichen Rechtes und hat zwei von vornherein bestimmte Elemente seiner Entstehung: Bestand des dinglichen Rechtes beim Anspruchswerber und Vorenthaltung der Sache durch den Anspruchsgegner. Bei Gegebensein dieser zwei Elemente muß normalerweise der dingliche Anspruch gegeben sein. Ist er es nicht, so bedarf es einer besonderen Erklärung. Hier ist also der Nichtbestand des Anspruches das im besondern Fall zu Erklärende.

So kommt es, daß in jener Formel der Bestand, in dieser der Nichtbestand des Anspruches das Wesentliche, das Element der kausalen Verknüpfung abgibt.

So gut sich nun solche Erklärung dem von uns aufgestellten Prinzip einfügen würde, so können wir sie doch als richtig nicht vertreten.

Es erscheint vor allem an sich bedenklich, den „Nichtbestand“, etwas Negatives, das Nichtvorhandensein eines Umstandes als Grund einer Erscheinung anzunehmen. Zwischen zwei nicht existierenden Erscheinungen kann es offenbar keine Kausalverknüpfung geben. In der Tat, wenn der Nießbraucher die im Nießbrauch stehende Sache verleiht, kann sie der Eigentümer vom Entlehner nicht deshalb nicht zurückfordern, weil er gegen den Nießbraucher keinen Anspruch hat, sondern weil der Nießbraucher ein Recht zum Behalten der Sache hat und dieses Recht auf den Entlehner übergeht. Nicht das Negative, der Nichtbestand des Anspruches gegenüber dem Zwischenmann, sondern das Positive, der Grund des Nichtbestandes, d. i. das Recht des Zwischenmannes auf den Besitz, ist der Träger der Kausalverbindung.

Wir haben oben auf die Doppelnatur der rechtsverteidigenden Einrede hingewiesen. Sie ist Anspruchsverneinung, gleichzeitig aber Rechtsübung. Daraus erklärt sich die im folgenden darzulegende Eigenart ihrer Wirkung.

Besteht an der Sache des E ein dingliches Recht des B und die Sache befindet sich beim Inhaber J, so wird sich J gegenüber der Vindikation des E durch Berufung auf das Recht des B nicht schützen können, denn der Anspruch des E gegen J ruht in keiner Weise auf dem Verhältnis zu B, er ruht nur auf dem Eigentum des E und der Innehabung des J. Das Recht des B ist allerdings dem Bestande nach eine bloße Tatsache, aber es berechtigt bloß den B, nicht auch ohne weiteres jeden Dritten zur Vorenthaltung der Sache gegenüber dem E. J darf sich auf den Bestand des Rechtes also allerdings berufen, aber es nützt ihm nichts, weil aus diesem Bestande zu seinen Gunsten nichts folgt.

Es ist also wieder nicht eine Frage der Zulässigkeit, sondern eine solche der logischen Möglichkeit, die hier in Betracht kommt. Man kann nicht sagen, die Einrede des J hat keinen Erfolg, weil sie aus dem Rechte des B ist. Sie ist gar nicht aus dem Rechte des B, dennoch kann sie nicht wirken, weil sie nicht schlüssig ist.

Dürfte J nicht bloß auf den Bestand des Rechtes des B hinweisen, sondern dessen Machtinhalt ausüben, dann könnte er den Angriff des E abwehren. Dazu fehlt dem J aber an sich die Legitimation, die er erst vermöge besonderer Rechtsbeziehung zu B erhalten kann.

Wo die Einrede also Erfolg hat, beruht das nicht etwa auf einer ausnahmsweisen Gestattung der Entnahme der Einrede aus fremder Rechtsstellung, sondern darauf, daß der sich der Einrede Bedienende vermöge einer vermittelnden Beziehung zwischen seiner und der Rechtsstellung des Dritten (d. i. des dem Eigentümer gegenüber zur Vorenthaltung der Sache Berechtigten) selbst eine dingliche Rechtsstellung zur Sache bekommen hat. Diese verteidigt er mit der Einrede, welche somit seinem eigenen Rechte entspringt.

Somit erscheint hier weder der Satz: „Die Einrede aus dem Rechte des Dritten ist unzulässig“ als herrschende Regel, noch die im einzelnen Falle zu beobachtende Zulässigkeit jener Einrede als Ausnahme von dieser Regel.

Es ist vielmehr zu sagen: Beruft sich der mit dem dinglichen Anspruch Angegriffene auf das Recht des Dritten als gegebene Tatsache, so ist sein Einwand wegen mangelnder logischer Schlüssigkeit abzuweisen.

Versucht er es aber, das Recht des Dritten als Machtinhalt gegenüber dem Anspruch geltend zu machen, so ist ihm die Legitimation zu solcher Geltendmachung fremden Rechtes abzuverlangen und sein Einwand beim Mangel einer solchen allerdings als unzulässig abzuweisen.

Diese doppelte Möglichkeit der Behandlung dieser Einrede entspricht ihrer doppelten Natur, vermöge welcher sie einerseits den anspruchsverneinenden, andererseits den rechtsverfolgenden Einreden nahesteht.

12.

Die rechtsverfolgende Einrede, mit der anspruchsverneinenden den gleichen Namen führend, ist von dieser doch grundverschieden. Es handelt sich um zwei prozessual in der gleichen Erscheinungsform auftretende, materiellrechtlich aber vollkommen wesensungleiche Gebilde. Die anspruchsverneinende Einrede ist eine den gegenüberstehenden Anspruch nachteilig affizierende Tatsache, ein Gebilde, welches Sinn und Bedeutung nur von dem gegenüberstehenden Anspruche empfängt.

Die rechtsverfolgende Einrede ist eine Ausübungsform eines Rechtes. Nicht die „Einrede", die zufällige und keineswegs notwendige Erscheinungsform, sondern das „Recht" ist dasjenige, welches den Wesenskern des Gebildes ausmacht, und es wäre daher richtiger, von *einredeweiser Rechtsverfolgung* zu sprechen.

Das BGB. hat hier eine Grenzverwischung zum guten Teil dadurch unmöglich gemacht, daß es die Rechte der Anfechtung und der Aufrechnung zu außerprozessualen Dispositivakten gestaltet hat. Im Gebiete des deutschen Rechtes hat es — wie dies Thon [1]) bereits im vorhinein erklärt hat — gar keinen Sinn mehr, hier von

[1]) Iherings Jahrb. XXVIII. S. 52 f.

Einreden zu sprechen, und von hier aus brauchte sich unsere Erörterung gar nicht mehr auf diese Gebilde zu beziehen.

Da unsere Untersuchung jedoch auf das Gebiet des BGB. nicht beschränkt ist und für jenes das A.BGB. die Thon'sche Unterscheidung noch immer Geltung beanspruchen darf, so müssen wir uns auch mit diesen Erscheinungen befassen.

Es darf uns nun nicht wunder nehmen, wenn ein so verschieden geartetes Gebilde, wie es die rechtsverfolgende gegenüber der anspruchsverneinenden Einrede ist, auch in Bezug auf unser Problem ein ganz anderes Verhalten zeigt. Der Unterschied ist ein tief einschneidender. Er ist in nuce in der Unterscheidung der Postglossatoren zwischen dem „ius tertii exclusivum iuris agentis sive velit tertius, sive non" und dem „ius tertii exclusivum iuris agentis . . . ita tamen si tertius vult" [1]) enthalten. Es wird dabei noch die weitere interessante Unterscheidung gemacht, ob das ius tertii positum in esse oder in potentia fieri sei, womit offenbar die Wirkung durch den bloßen Bestand des Rechtes des Dritten, von der Wirkung durch seine Ausübung, welche vom Willen des Dritten abhängt, geschieden ist.

Die Unterscheidung wurde von der Praxis richtig handhabt. In dem bei Mevius, Deciss. Nr. 33, angeführten Rechtsfall handelt es sich um die bekannte exceptio „nullitatis et vitii contractus". Es wird die Frage aufgeworfen, ob der Mieter dem Käufer der Mietsache die „exceptio de nullitate et vitio emptionis" entgegensetzen kann, und richtig unterschieden, ob es sich um einen Mangel handle, dessen Geltendmachung rein in den Willen des Käufers gestellt sei, oder um einen solchen, der nur im Einverständnis zwischen Verkäufer und Käufer behebbar sei. Im ersten Falle wird die einredeweise Geltendmachung des Mangels dem Mieter versagt, im zweiten ihm gewährt. Bei Herold [2]) ist diese feine Unterscheidung ganz verloren gegangen, er tut ihrer keine Erwähnung.

---

[1]) So Bartolus a. a. O., der hier am deutlichsten ist, doch findet sich dieselbe Unterscheidung auch bei Baldus.

[2]) a. a. O.

Daß hier eine das ganze Problem durchdringende, es geradezu spaltende Unterscheidung vorlag, daß hier der Schlüssel zur richtigen Lösung aller Fragen überhaupt lag, ist bis nun gänzlich verkannt worden. Und doch ist der Unterschied ein fundamentaler.

Die anspruchsverneinende Einrede empfängt Sinn und Inhalt vom gegenüberstehenden Anspruch. Deshalb war ihre Funktion in Bezug auf ein fremdes Rechtsverhältnis nur aus der Verknüpfung der Ansprüche zu begreifen.

Bei der rechtsverfolgenden Einrede handelt es sich um Rechte, deren Existenz und Wirkung von dem Verhalten der Ansprüche, denen gegenüber sie gerade zur Anwendung kommen, ganz unabhängig ist.[1] Die Verknüpfung der Ansprüche kann uns daher hier nichts erklären und auch der materiellrechtliche Begriff der Einrede muß uns hier im Stiche lassen.

Als einheitliches Prinzip für die verschiedenen hier in Betracht kommenden Einreden kann, da es sich um Rechte handelt, nur der bereits zu Anfang dieser Ausführungen aufgestellte sich analytisch aus dem Begriffe des Rechtes ergebende Satz gelten: Die Ausübung fremder Rechte ist ohne legitimierende Verbindung mit der fremden Rechtslage unzulässig. Die Einrede aus dem fremden Rechtsverhältnis ist hier entweder einredeweise Verfolgung des Rechtes des Dritten oder einredeweise Verfolgung des Rechtes gegen den Dritten. Beides ist nach dem aufgestellten Satze im allgemeinen unzulässig.

In besondern Fällen ist jedoch die Zulässigkeit solchen Rechtsgebrauches zu beobachten. Ihre Erklärung ist hier nicht in einer Verknüpfung der Rechtsverhältnisse, sondern in der besondern Natur der einzelnen Rechte zu suchen, die einredeweise verfolgt werden.

[1] Dies gilt insbesondere auch von dem Anfechtungsrecht. Die „Anfechtbarkeit" des Anspruches ist — soweit damit überhaupt eine rechtlich relevante Eigenschaft des Anspruches bezeichnet wird (s. dar. Zitelmann, Internationales Priv.R. II. S. 35 Anm 7) — eine Folge des Bestandes des Anfechtungsrechtes, nicht aber umgekehrt. Von einredeweiser Anfechtung zu sondern ist natürlich die Einrede der Anfechtbarkeit, die allerdings — soweit sie nach positivem Rechte zulässig ist — in Bezug auf unser Problem den anspruchsverneinenden Einreden anzureihen ist.

13.

Die Behauptung, die Verknüpfung der Rechtsverhältnisse sei hier belanglos, erleidet allerdings scheinbar mehrfache Widerlegung.

Vor allem kann die Anfechtung im Dienste einer wahren anspruchsverneinenden Einrede aus fremdem Rechtsverhältnis stehen, nämlich dann, wenn sie vom Berechtigten ausgeübt, von zwei aufeinander ruhenden Rechtsverhältnissen dasjenige zerstört, welches die Grundlage des andern bildet. So kann sich natürlich der Bürge darauf berufen, wenn der Hauptschuldner die Hauptschuld durch Anfechtung entkräftet hat.

Die Verknüpfung der Rechtsverhältnisse bez. der ihnen entspringenden Ansprüche ist hier allerdings von Bedeutung, aber nur für die nach erfolgter Anfechtung sich ergebende anspruchsverneinende Einrede.

Die Anfechtung selbst ist offenbar von jener Verknüpfung ganz unabhängig. Für sie gilt der allgemeine Satz: das Anfechtungsrecht bez. die Anfechtungseinrede eines andern kann ein Dritter nur geltend machen, wenn ihm das Anfechtungsrecht irgendwie übertragen ist.

Auf eine Verknüpfung der Ansprüche scheint es ferner bei jenen rechtsverfolgenden Einreden anzukommen, deren Wirkung sich in der Leistung Zug um Zug äußert. Die mit dieser Einrede verfolgte Gegenforderung ist mit der Hauptforderung so verknüpft,[1]) daß die Forderungen sich gegenseitig bedingen.

Es kann nicht die Leistung verlangt werden, bevor die Gegenleistung erbracht wird.[2]) Bevor dies also geschieht, entbehrt die Forderung der Wirksamkeit, sie unterliegt einer gewissen Mangelhaftigkeit. Wird nun die identische Forderung oder eine auf ihr ruhende Forde-

---

[1]) Von dieser Verknüpfung zwischen Anspruch und Gegenanspruch ist die Verknüpfung zwischen Anspruch und Anspruch, von der bisher die Rede war, zu unterscheiden.

[2]) Es ergibt sich dies nicht etwa in der Weise notwendig aus der Natur des synallagmatischen Vertrages, daß die Erfüllung der Gegenforderung etwa Klagsvoraussetzung wäre. Der Anspruch besteht schon vorher und es ist nur eine aus dem Postulat der Gleichzeitigkeit von Leistung und Gegenleistung sich ergebende Folge, daß eigentlich nicht gefordert werden kann, bevor geleistet wird. Vgl. Thon, Jherings Jahrb. XXVIII, S. 46 ff.

rung gegen einen Dritten geltend gemacht, so hat der Dritte die Möglichkeit auf jenen Mangel als eine Tatsache hinzuweisen. So erklärt es sich, daß der Bürge die Einrede des nicht erfüllten Vertrages des Hauptschuldners hat.[1]) Beim Bürgen aber hat die Einrede ihren Charakter gewechselt, sie ist nicht mehr rechtsverfolgend, sondern anspruchsverneinend und sie sollte daher Abweisung des Anspruches zur Zeit zur Folge haben. Indem aus Zweckmäßigkeitsgründen Verurteilung der Leistung Zug um Zug erfolgt, hat auch diese Einrede die Wirkung der Rechtsverfolgung. Diese liegt hier aber weder im Wesen noch in der Absicht der Einrede.[2])

14.

Das Recht der Aufrechnung ist an die Inhaberschaft der Forderung geknüpft, mit der aufgerechnet werden soll. Daraus ergibt sich, daß ein Dritter die Aufrechnung nicht geltend machen kann, er wäre dann aktives Subjekt der aufzurechnenden Forderung. Erfolgt die Abtretung des Aufrechnungsrechtes ohne ausdrückliche gleichzeitige Abtretung der Forderung, so ist die Forderung als stillschweigend in der Abtretung des Aufrechnungsrechtes, wenn auch vielleicht durch die wirkliche Vornahme der Aufrechnung bedingt, mit abgetreten anzusehen.

Abweichungen von diesem Grundsatze, wie sie z. B. im Bürgenrecht vorkommen, sind aus der ratio iuris nicht und schwerlich aus der utilitas zu erklärende Anomalien.

15.

In allen bisher erörterten Fällen von rechtsverfolgender Einrede wurde der Fall einer Verschiebung auf der passiven Seite des mit der Einrede verfolgten Rechtes außer Acht gelassen. Dies ist in Kürze nachzutragen.

Wenn eines dieser Rechte dem Verpflichteten gegen den Anspruchsinhaber zusteht und es tritt eine Verschiebung auf der aktiven Seite

---

[1]) Das Gleiche gilt natürlich auch in andern Rechtsverhältnisse z. B. jenem der Schuldübernahme.

[2]) S. oben S. 67 Anm. 4. — Dasselbe gilt in allen andern bei uns früher besprochenen Rechtsverhältnissen.

des Anspruches ein, so vollzieht sich dieselbe Verschiebung offenbar auf der passiven Seite jenes Rechtes.

Man hat die Ausübung dieser Rechte auch nach Eintritt einer solchen Verschiebung zugelassen, wenn der Anspruch beim neuen Gläubiger identisch geblieben ist mit dem Anspruch des alten Gläubigers. Aus der Identität ist jedoch diese Erscheinung nicht ohne weiteres überall zu erklären. Was Anfechtung und Aufrechnung anbetrifft, so wäre die Identität des Anspruches in der Tat ein zureichender Erklärungsgrund, wenn man, wie dies von mancher Seite geschieht, die Anfechtbarkeit (Hellwig) und die Aufrechenbarkeit (Kohler) als Eigenschaften des Anspruches ansähe.[1])

Für die Anfechtung des BGB. greifen hier natürlich die Sondervorschriften von § 143 ein.

Im übrigen ist man, wenn man die Meinung nicht teilt, welche Anfechtbarkeit und Aufrechenbarkeit als Eigenschaften der Ansprüche ansieht, darauf angewiesen, die Richtung der Einrede gegen den Dritten in solchen Fällen mit dem hier auch so ziemlich allgemein verwendeten Gedanken zu rechtfertigen, es dürfe durch einseitige Rechtsakte des Gläubigers die Rechtslage des Schuldners nicht verschlimmert werden.

Was die Einrede der Retention und des nicht erfüllten Vertrages anlangt, so gibt die hervorgehobene Eigentümlichkeit ihrer Wirkungsweise, bei der es auf die Verknüpfung von Forderung und Gegenforderung ankommt, dort wo Identität der Forderung angenommen wird, die Möglichkeit, diese Einreden auch gegen den Dritten zu richten.

16.

Wir sind am Ende unserer Untersuchung angelangt und nun in der Lage, ihre Ergebnisse für die Kritik des Satzes: Die Einrede aus dem Rechte des Dritten ist unzulässig und nur ausnahmsweise zulässig — zusammenzufassen.

Dieser Satz ist zu eng, ungenau und unrichtig.

Es ist nicht zu sprechen von Einreden aus dem Rechte des Dritten, eine Bezeichnung, welche den darunter begriffenen Erscheinungen gar-

---

[1]) S. dagegen Zitelmann, internationales Privatrecht II. S. 35 Anm. 7.

nicht gerecht wird, sondern von Einreden aus dem fremden Rechtsverhältnis und es ist hier zwischen Einreden, welche Tatsachen vorbringen und solchen, welche Rechte geltend machen, zu unterscheiden.

Einreden aus dem fremden Rechtsverhältnis, die Tatsachen vorbringen, sind stets zulässig, aber nicht immer möglich. Ihre Möglichkeit hängt von einer entsprechenden Verknüpfung der Rechtsverhältnisse ab.

Einreden aus dem fremden Rechtsverhältnis, die Rechte geltend machen, sind stets unzulässig. Ihre juristische Möglichkeit und Zulässigkeit ist nicht aus dem Gesichtspunkt bestimmter Verknüpfung von Ansprüchen, denen gegenüber sie geltend gemacht werden, sondern nur nach dem Charakter des Rechtes zu beurteilen, das sie geltend machen.

Mit Beschränkung auf diese Einreden könnte der Satz: „Die Einrede aus dem Rechte des Dritten ist unzulässig" eher aufgestellt werden. Allein es ist besser, ihn auch aus dieser Anwendung zu verbannen; denn er erweckt den Anschein, als ob es sich um einen aus der Natur der Einrede fließenden Gedanken handeln würde, was falsch ist und zu Mißverständnissen Anlaß gibt. Auch würde solche beschränkte Anwendung des Satzes in beständigem Konflikt mit seiner dogmengeschichtlichen Bedeutung sein, da er bisher gerade vorwiegend für die Fälle der anspruchsverneinden Einrede gebraucht worden ist.

Er hätte daher auch hier zu entfallen und wäre durch den nicht mißzuverstehenden, weil selbstverständlichen Satz zu ersetzen: Die einredeweise Verfolgung fremder Rechte ist unzulässig. Ebenso selbstverständlich, als Folge aus den allgemeinen Grundsätzen, wäre die Ausschaltung dieses Satzes in jenen Fällen, wo zwischen der Rechtsstellung des Berechtigten und des die Einrede Gebrauchenden eine legitimierende Verbindung besteht.

Was man aber bisher als „Ausnahmen" von der Regel betrachtete, enthüllt sich uns als eigenstes Anwendungsgebiet der Einrede aus dem fremden Rechtsverhältnis, außerhalb dessen diese Einrede nicht unzulässig, sondern sinnlos wäre.

Druck von Otto Walter in Berlin S. 14.

FSC
www.fsc.org
MIX
Papier | Fördert
gute Waldnutzung
FSC® C083411

Kolibri 360 GmbH
Ferdinand-Jühlke-Straße 7
99095 Erfurt, Deutschland
produktsicherheit@kolibri360.de